本书是国家社会科学基金一般项目
"基于SSP范式的西方职业体育市场秩序演化与中国实践研究"
(14BTY033)研究成果

西方职业体育
市场秩序演化与
中国实践研究

张 兵◎著

中国社会科学出版社

图书在版编目（CIP）数据

西方职业体育市场秩序演化与中国实践研究/张兵著 . —北京：
中国社会科学出版社，2017.12
ISBN 978 - 7 - 5203 - 0971 - 4

Ⅰ.①西…　Ⅱ.①张…　Ⅲ.①职业体育—市场秩序—研究—中
国　Ⅳ.①G80 - 05

中国版本图书馆 CIP 数据核字（2017）第 221646 号

出 版 人	赵剑英
责任编辑	卢小生
责任校对	周晓东
责任印制	王　超

出　　版	中国社会科学出版社
社　　址	北京鼓楼西大街甲 158 号
邮　　编	100720
网　　址	http：//www.csspw.cn
发 行 部	010 - 84083685
门 市 部	010 - 84029450
经　　销	新华书店及其他书店

印刷装订	北京明恒达印务有限公司
版　　次	2017 年 12 月第 1 版
印　　次	2017 年 12 月第 1 次印刷

开　　本	710 × 1000　1/16
印　　张	19.25
插　　页	2
字　　数	284 千字
定　　价	80.00 元

凡购买中国社会科学出版社图书，如有质量问题请与本社营销中心联系调换
电话：010 - 84083683

目　录

第一章　导论

第一节　研究缘起

进入 21 世纪后，我国进入了社会主义市场经济的内涵建设阶段，该阶段以优化社会主义市场经济资源配置方式、调整市场经济结构和塑造市场经济秩序为主要内容。关于社会主义市场经济秩序形塑问题，国务院先后两次专门发文指导该项工作。2001 年，《国务院关于整顿和规范市场经济秩序的决定》即指出，"建立规范的市场经济秩序，既是保证当前经济正常运行的迫切需要，又是完善社会主义市场经济的重要举措"；2014 年，《国务院关于促进市场公平竞争维护市场正常秩序的若干意见》又进一步指出了其重要性，并从放宽市场准入、强化市场行为监管、夯实监管信用基础、改进市场监管执法、改革监管执法体制、健全社会监督机制、完善监管执法保障、加强组织领导 8 个部分给出了具体而明晰的意见。2014 年，党的十八届四中全会做出了全面推进依法治国的战略部署，整顿规范市场秩序、加强企业信用体系建设作为其重要内容进一步得到国家和社会的广泛重视。但现实中，食品安全问题、假冒伪劣商品问题、违规失信事件，却频频发生，同样，在职业体育领域也是如此。

事件一：2015 年，当红国脚孙可，以 6600 万元从江苏舜天俱乐部转会至天津泰达俱乐部。然而，就在各界惊讶天价转会费之际①，更让人瞠目的事情发生了。原来，孙可转会实质上是天津泰达俱乐部的赞助商权健集团的行为，而权健集团花天价买孙可的目的是让泰达俱乐部做出更多的让步，而最终这场博弈却使双方越走越远。结果泰达俱乐部宣布不承认这一转会，新晋标王陷入无球可踢境地。于是，一桩天价转会最终变成了一场闹剧。（整理自《北京晚报》）

事件二：2015 年 11 月 21 日，2015 年亚冠联赛决赛第二回合，广州恒大主场 1:0 击败迪拜阿赫利捧得冠军。比赛中，恒大球员身披一套印有"恒大人寿"胸前广告的球衣出战。而在赛后，恒大胸前广告赞助商"东风日产启辰"发表声明称，恒大并未如约身穿印有该赞助商广告的球衣出战，该违约行为侵害了赞助商的合法权益，并要求恒大尽快就此事进行公开解释说明。随后，恒大方面也承认了违约行为，承认该行为侵害了赞助商的合法权益，并表示，愿意按照合同规定进行相应的赔偿。被作为中国职业体育运作标杆的广州恒大足球俱乐部出现如此明显的违约行为，着实让人惊奇。（整理自网易体育）

事件三：2016 年 3 月 16 日，CBA 总决赛第三战在四川赛区（成都）打响。而在赛后，辽宁队球员在酒店的门口和四川队的球迷发生了大规模冲突。当辽宁队球员走出大巴准备返回酒店的时候，和酒店门口的四川球迷发生了言语上的冲突，之后冲突进一步升级，多名球员和球迷厮打在了一起。职业运动员与球迷冲突震惊世界，而随后中国篮协的相关处理方式与意见同样引起全社会的广泛关注。（整理自人民网）

事件四：2016 年 4 月 16 日，中超联赛有限责任公司发出一份处理决定函：在 2016 中国平安中超联赛第四轮长春亚泰与华夏幸福的比赛中，现场出现了商务违规情况。河北华夏幸福俱乐部主教练（李铁）整场比赛穿着非耐克品牌的运动鞋（阿迪达斯）在教练席指挥比赛，且未做遮挡处理，此行为违反《中国足

---

① 当时的转会费创国内球员之最。

球协会超级联赛商务管理规定》和《进一步规范各俱乐部着装要求的通知》。中超公司认为，在中超第三轮河北主场对阵苏宁的比赛中，李铁的鞋子已经违规，赛后华夏幸福已经收到中超公司的书面处理意见，但未予重视，在第四轮比赛时也未进行有效整改，故对其进行相应处罚。不过，更让人不解的是，在中超第五轮华夏幸福和石家庄永昌的比赛中，李铁继续穿着阿迪达斯的球鞋指挥比赛，现场转播镜头甚至给了李铁球鞋一个特写。（整理自凤凰体育）

事件五：在中国职业足球联赛管办分离已然启动背景下，中国职业篮球联赛的管办分离亟待解决。2016 年 4 月，由姚明牵头成立的中职联公司先后与篮协进行了两次会谈，然而双方无法就"CBA 联赛公司的组织结构设计、联赛商务开发权向谁授予"等核心问题达成共识，利益阻挡了 CBA 改革，CBA 联赛乱象不断，改革路在何方？成为社会各界拷问的焦点所在。（整理自光明网）

于是，不禁要问：职业化发展 20 年后，我国职业体育为何相关事件还不见消亡呢？是什么原因催生了这种行为的屡次出现呢？又该如何做呢？而相关问题的解答显然是有利于我国职业体育联赛有序健康发展，以顺应体育产业汹涌的市场浪潮。

当然，这首先要从职业体育的运行特征谈起。关于职业体育，阿伦·古特曼在《从仪式到记录：现代体育的本质》中，从人类为了消遣目的而进行的无功利性活动——游戏出发，将游戏分为本能游戏和有组织游戏（指有组织的、规则限制的），而在后者中，包含竞争游戏（竞赛）和非竞争游戏两类，体育作为身体竞赛活动与智力竞赛活动一起构成了竞赛游戏。如果沿承古特曼的推理，则可以在身体竞赛（体育）中按照是否商业化（以营利为目的）进一步进行划分，即经营型体育（体育产业）与非经营型体育。体育产业中，根据是否具有游戏竞赛的本体性区分，又可以进一步区分为非本体性竞赛产业和本体性竞赛产业两种，其中后者主体上即为职业体育，具体如图 1 - 1 所示。如此来看，职业体育，实质上是原有人类本源意义上的游戏活动的社会化变迁样式。

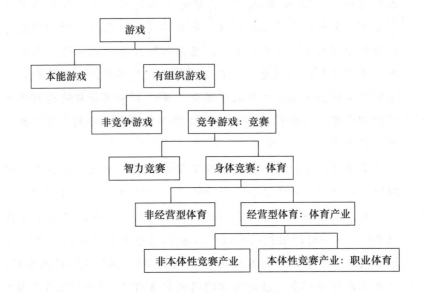

图 1 – 1　职业体育概念衍生示意

从自由和无任何动机的游戏活动出发，经历了组织化、竞争化、身体化、商业化改造实践，并最终又回归本性的体育游戏样式，方为职业体育。也就是说，"职业体育不是体育与生俱来的存在态势，而是随着社会发展的社会选择存在态势，是体育的社会'衍生物'"。[①] 从缘起来看，职业体育是在西方特定社会背景下，特别是资本主义制度的不断调适扩张过程中，西方"体育与娱乐融合共生的'Sportainment'趋向产物"。[②] 体育功能和属性的社会性变迁历程中碰上了西方工业革命后的工业化、城市化、娱乐化实践，是催生职业体育的关键

---

　　① 张兵：《走向秩序——我国职业体育发展研究》，博士学位论文，南京师范大学，2012 年，第 26 页。

　　② 林虎勇等研究显示，在娱乐日益影响社会生活的背景下，西方职业体育发展中呈现出一种强劲的体育与娱乐融合共生的"Sportainment"趋向；这种"Sportainment"趋向和西方职业体育赛事的运作机制的形成之间有着密切的关系。参见林虎勇、刘爽、慎弘范等《西方国家职业体育的"Sportainment"趋向及其启示》，《沈阳体育学院学报》2014 年第 5 期。

所在。而从演变历程来看，职业体育首先要经过竞赛游戏的组织化和目的化过程；其次进入竞赛的商业化、产业化实践；最后"磨砺"出组织体系完备、内部运行规范及专业化、市场化程度高的样态，以迎合社会需求的变迁。

关于职业体育的概念，学术界往往将其定义为："一种高度专业化、商业化的高水平竞技体育。"[①] 从组织体系层面看，职业体育是以体育为经营和运作客体，以经济性为显耀特征的组织模式。面向观众诉求，围绕体育竞赛活动，以俱乐部为主体，以联盟或联赛为组织样式，进行体育赛事产品的运营，这是职业体育运行体系的基本特征。事实上，产生于西方发达资本主义国家的职业体育，在运营过程中特别强调其体育赛事产品和体育赛事产业的特性，其游戏规则"受竞技游戏规则与经济游戏规则的双重制约"[②]，在具有体育竞赛特质的同时，还需具备市场特性。正因为如此，职业体育的市场特性往往被认为是其核心表征，因此也赋予了职业体育在组织形态和制度设置中遵循市场规律的约束，其产权配置、商业营销、市场销售等各环节蕴含着明显的市场秩序。市场秩序作为一种职业体育受约束的状态出现，成为表征职业体育是否健康发展的关键所在。

上述当前中国职业体育中存在的问题显然与我国职业体育市场秩序的缺失有关。当然，即使了解了我国职业体育存在市场秩序缺失的问题，那么该如何做呢？而且，中国职业体育是一个"舶来品"，是在中国体制改革背景下，学习和借鉴西方体育的产物。职业体育，在西方已有百余年发展历程，已经是一种成熟业态；而在中国仅有二十余年发展历程。具有后发性的我国职业体育，目前尚处在探索和发展阶段，面临着许多的问题和挑战，有必要借鉴、吸收西方先进职业体育成功的经验。因为，职业体育缘起于西方，经历百余年发展，已积累形成了成熟的运行体系，在收入创造、成本控制、法律法规、文化建设等方面具有明显优势，在组织结构、产权制度安排、经营方式和

---

① 胡利军：《中国职业体育发展研究》，《体育科学》2010年第2期。
② 张文健：《职业体育联盟的组织模式研究》，《上海体育学院学报》2006年第1期。

创新意识等方面具有成功经验，这些值得当前处于双轨制阶段、面临众多运行缺陷的我国职业体育，有效合理地借鉴与学习。问题是，即便承认中西方职业体育制度变迁的方向和目标具有一定程度的趋同性，但有关西方职业体育对我国可资借鉴的价值，也必须在我国现有的社会环境互动中被确认；而且，其所涉及的社会环境问题，还需要在职业体育历史演化进程中加以确认。

现实问题是，我国职业体育长期以来"迷恋"于西方职业体育的运行样式，CBA 模仿 NBA，中超联赛模仿欧洲联赛（特别是英超联赛），西方追求公司治理体系和政府无为而治，我们也追求；西方强调竞争平衡，于是我们就想着如何进行竞争平衡。事实上，任何理论都有适用性。西方职业体育的发展经历了"一个漫长的、艰巨的演变过程"，涉及与西方社会政治经济环境、生产生活方式以及文化氛围等因素的互动，同时也有赖于围绕职业体育内部各要素的合理配置，从而逐渐达到系统的最佳效果。即西方职业体育运行模式和理论是建立在西方的经验之上，是在特定文化背景下方有效用的。因此，"一味地用西方的范式解释中国问题，用西方的概念去裁剪中国现实，用西方的理论去指导中国实践，结果不但不能解决中国问题，反而形成误判，导致问题的恶化"。[1] 于是，跳出西方职业体育发展之路径依赖，进行本土化搭建，方能探究到解决中国问题之策。

本土化架构，实质上就是"把西方的发明、西方的概念拿来以中国的方式用，加以改良、活学活用、西餐中吃，以适合我们做事的方式，与中国的传统有所结合，纳入中国的体系中"。[2] 近年来，有关"中国模式"吸引了全世界的关注。之所以如此，在于它是根源于中国特有的经济社会背景和发展环境中，并在国际舞台的对话中获得认同与"尊重"，其背后隐藏的是制度适应性和高效性，是"我国继承自身历史文化，比较各国经验，独立创建的新发展模式和新公平模

---

[1] 周文：《中国经济学须挣脱西方概念囚笼》，《环球时报》2016 年 2 月 2 日。

[2] 成中英：《不能完全按照西方模式进行中国的研究》，《中国社会科学报》2009 年 11 月 3 日。

式"。① 从这个意义上讲，吸收先进的成果，为我所用，从而形成自己的发展理论和话语体系，是中国经济社会发展取得巨大成就，追寻"中国梦"之关键所在。

同样，在全球化背景下我国职业体育欲有所突破，也需打破西方职业体育的话语垄断，结合自身实际，建构自己的发展理念。当然，这涉及一个前提，即如何看待西方职业体育运行规律与理论。理论上讲，探明了西方职业体育运行的规律体系，充分吸收其经验，然后进行本土化建构，无疑是相对经济的。以职业体育产权为例。遵循市场运行规律，一切与职业体育相关的资源都是商品化的，一切职业体育产品的运行都是市场化的，这是职业体育当前显示的基本特征，也构筑了职业体育市场秩序的基本旨趣。遵循市场规律，按照市场法则办事，则意味着，职业体育运行主体必须是产权清晰的，是有明显的利润追求取向和激励机制的，是可以遵循价格机制进行市场运作的。现实中，西方职业体育提供了明显的范本。无论是欧洲职业体育联赛，还是北美职业联赛（如 NFL、NBA 等），都强调职业体育经营者是独立的经营个体或实体，对俱乐部和联盟拥有处置权、收益权等相关权益；而且要求内部产权分类清晰，谁拥有什么必须是明确规定的，可以实现经营权和所有权的分离。换句话说，职业体育市场秩序范式下，产权私有化是其最基本的经济规范。反观我国，从转轨而来的职业体育，近年存在众多发展问题，往往被冠以与我国职业体育的产权不清有关，而沿承的相关政策指向，无论是管办分离，还是体育产业国务院相关政策，都将产权问题作为解决我国职业体育发展的重要举措。这是否就意味着，当前我国必须要像西方一样建立一个产权清晰且私有化明确的职业体育产权制度体系呢？当然，答案是否定的。因为，西方职业体育的运行模式，离不开其赖以生存的带有社会性的体育竞赛活动和社会需求；也离不开与宏观经济、社会、发展等环境的协调与配合。

由此可见，孤立地进行西方职业体育运作模式的移植和经济学层

---

① 陈平：《剖析"中国模式"》，《中国国情国力》2014 年第 6 期。

面的参照，往往无法取得理想的效果。这提示我国职业体育的研究应该从我国社会基本结构关系和社会运行特征出发，在社会性基础上研究职业体育的商业化和产业化运作。换句话说，就是如何从社会学与经济学等多元视角去研究职业体育所涉及的经济与社会关系问题，找出核心要素，并以此促进其走向秩序，展现我国职业体育具有特色的良性运行态势，成为当前重要任务。

秩序问题一直伴随人类社会自然化的表征，是哲学、伦理学、经济学、法学等学科的重要研究课题，备受关注。在市场化倾向明显的现代社会，经济秩序和社会秩序尤为受到关注。西方职业体育的良性发展显然与其建立的某种秩序有关，而我国职业体育建设的目标也恰恰谋求建立一种良性的适合我国国情的体育职业化秩序。因此，站在谋求发展的理路上，研究职业体育市场秩序中带有规律性的问题，探明和理顺职业体育内外部复杂关系，在现实中具有一定的价值与意义。本书借助成熟的SSP分析范式将繁杂的职业体育形成与运作体系进行结构化处理，以市场秩序结构因素及其演化过程为核心，遵循"西学中用"原则，探讨其演化规律，并提出可行性强的政策建议，从而突破思维模式上的束缚，实践切合性强，有助于解决我国职业体育经济社会问题，推进中国特色职业体育建构。同时，本书以市场秩序为核心考察对象，借助结构分析有效把握西方职业体育运行机制，可以更准确地认清职业体育运行实质，把握职业体育运行规律，完善职业体育相关理论体系。

第二节 核心概念阐释

伴随社会主义市场经济的深入发展，市场秩序概念已然不是一个新鲜的概念。培育市场秩序、建立社会主义市场经济秩序等表述屡见报端。那么何为市场秩序，它包括哪些内在特征，又具有何种本质规定性，就首先是需要明确的议题。关于市场秩序，按照词源学的理解，就是"市场＋秩序"，或者说是一种秩序，是一种市场的秩序。

这也意味着，探究市场秩序概念，首先要从秩序概念入手，其次再揭示市场经济运行中的秩序。

一　秩序概念阐释

在汉语中，"秩序"一词由"秩"和"序"二字构成，它们本源意义上都含有"次序"之意。《现代汉语词典》中，关于"秩序"的注释为"有条理、不混乱的情况"。何为"有条理、不混乱的情况"，实质就是一种有次序、整齐规则的状态。从系统角度看，"秩序是约束和（元素）行为相互作用下的系统组织状态"[①]，表现为"自然界与社会进程运转中存在的某种程度的一致性、连续性与确定性"。[②]于是，秩序可以看作为表征事物存在状态的指标，"指构成事物的各个部分或要素之间是否符合逻辑的、自然的、有条理的、和谐的排列或联系的状态"。[③]

当然，任何的状态都是相对而生的，背离参照系，则状态的表征往往趋于模糊。因为，在社会系统中，秩序往往是人们期望的，甚至是暗含着"某种确定的和具体的""总体状态"[④]，并作为参照系存在。如此一来，秩序往往内含有序与无序的差异性意蕴，前者是指"系统的要素或部分之间或系统之间的有规则的联系和转化，是系统组织性的标志"；后者是指"系统内部或系统之间的要素或部分之间或系统之间的混乱而无规则的组合，以及物体运动转化所呈现的随机性"。[⑤]而一旦秩序具有了这种符号意蕴性，则意味着，"秩序"概念中包含两个指向表征：其一为事物实存的"秩序"，用以显现事物现实存在状态，即"实然秩序"；其二为理性的规范意义的"秩序"，用以表征事物应该具有和显现的状态，也即"应然秩序"。而且正因

---

① 巫东浩：《秩序及其数学理论》，《自然辩证法研究》1995年第5期。

② ［美］埃德加·博登海默：《法理学——法哲学及其方法》，邓正来译，华夏出版社1987年版，第207页。

③ 市场秩序评价体系课题组：《当代中国市场秩序的评价体系》，《教学与研究》1998年第1期。

④ ［英］阿尔弗雷德·诺思·怀特海：《过程与实在：宇宙论研究》，杨富斌译，中国城市出版社2003年版，第152—153页。

⑤ 田润峰：《论秩序》，硕士学位论文，陕西师范大学，2002年，第3页。

为如此，赋予秩序的社会研究以意义，即基于秩序的可考察性，探究事物是否具有"秩序"，这种秩序是应然秩序还是实然秩序，且应然秩序与实然秩序之间是否有差异，现实中该如何进行调适。也即才能实现韦伯语境中，"以明确'准则'为取向时，一种社会关系的意义内容方可成为'秩序'"，"方可称为'有效'"。[①]

在社会研究视野下，"秩序"应被看作是一种可考察的、具有规律性的事物存在状态。明确了秩序概念后，则需要把握市场秩序的概念。事实上，如果说秩序是一种事物存在状态，则意味着市场秩序，是秩序的一种类别，或者更准确地说是一种细分类别。因为市场秩序的概念本质上隶属于经济学的研究范畴，研究的是社会经济存在状态问题。

二 市场秩序概念

市场作为经济体系的基础性构建，往往具有狭义和广义之分。狭义的市场就是交易场所，是达成谷物与牲畜交换行为的平台；而广义的市场则是社会交易行为发展到一定阶段的产物，是由生产、分配、交换、消费各环节构成的复杂体系，包括价格机制、交易机制、竞争机制等内容，并连带市场交易的外部环境（市场制度）体系。如此一来，市场秩序也理应有狭义和广义之分。狭义的市场秩序，是指市场交易平台所呈现出的合社会期望与市场规律性的状态，而广义的市场秩序则包含内容广泛，不仅包括市场交易主体行为的规范性、市场交易产品的合社会需求性及其数量质量上规范性，还包含市场运行机制的稳定性、一致性和确定性，等等。而且，相关研究所涉及的市场秩序更多地隶属于后者，研究广义上的市场秩序，本书也是如此。

关于市场秩序的概念，不同的研究者有不同的界定。有人认为，市场秩序就是"人们之间物质利益关系和人与自然环境之间能量交换关系的规范和有序化状态"。[②] 也有人认为，"市场秩序在本质上是一

---

① ［德］马克斯·韦伯：《经济与社会》第一卷，阎克文译，上海人民出版社 2010 年版，第 122 页。

② 魏成元、刘晓红：《市场经济秩序的本质属性及其启示》，《湖北社会科学》2002 年第 10 期。

种富于理性的、稳定的、自由的、可扩展的利益共享秩序"。[①] 还有人提出，市场秩序是"市场机制在配置资源的过程中所出现的利益和谐、关系和谐、收益共享、竞争适度、交易有序、结构稳定的状态"。[②] 总体来说，市场秩序，学界往往存在三种主要的理论分野：其一，将秩序看作是市场经济运行的状态表征，用以反映市场是有序的还是无序的，市场组织结构是高绩效的还是低绩效的。其二，将秩序看作是市场运行的制度组合及其效用。市场秩序与市场规则的关系密切，前者是后者存在效用的显现，而后者则是前者显现的必要条件。其三，将秩序看作是市场经济运行中的调节方式。在该意义下，市场秩序是相对于计划秩序而存在的。本书主要支持第一种观点，首先将市场秩序看作是市场运行的一种状态。

当然，承继上文关于秩序是具有参照性的判断，市场秩序所要呈现的状态需要有参照，这种参照是什么呢？诚然市场是复杂的，从运行过程来看，包括生产、分配、交换、消费等众多环节，涉及政府、企业、消费者、中间组织等多元主体，并以契约为基本制度，资源配置的基本机制，以竞争和交易为核心，构筑复杂的市场过程。如果说自由与约束是人类行为乃至社会存在的两个基本面，那么对于市场经济而言，也是如此。前者，则要求市场经济运行中，个人逐利自由、生产经营自由、市场竞争交易自由以及产品消费自由，在竞争机制主导下依赖契约达成市场运行的有序。当然，涉及契约，也就延伸出约束来。而之所以需要约束，也即是为了市场行为的可预期性，或者说秩序性。正是在这个意义上说，市场秩序可以看作为构筑市场经济的不可缺少的基本条件。而出于保障市场经济的可预期，秩序在市场运作中，大体上应具有以下规定性：首先，市场秩序是市场主体相近或者一致价值追求关系的存在，利益趋同或者利益可调和性是市场秩序存在的基本条件。其次，市场秩序的存在与维系意味着市场规则的应

---

① 李建华、张善炎：《市场秩序、法律秩序、道德秩序》，《哲学动态》2005 年第 4 期。

② 纪宝成：《论市场秩序的本质和作用》，《中国人民大学学报》2004 年第 1 期。

然存在，因为市场主体利益的调和离不开市场规则体系的有效作用。再次，基于市场规则衍生的社会环境决定性，市场秩序又需要一个开放的运行体系，用以不断适应社会环境的变化，诱导出顺应社会发展的市场行为。最后，市场秩序作为反映市场运行的状态存在，其形成与演进多是内生的，即便是外部力量强制推进的，也必须建立在内部力量的有效协同与调和基础上。

如此大体可以看出，市场秩序作为一种市场存在状态，其本质上是为了描述市场的秩序有无的，其所反映的是在复杂市场过程中，竞争、交易等行为之间及其背后所显现的关系。或者是有序，或者是无序，不同的状态对市场运行及其绩效意义不同。于是，作为秩序在市场中的映像，市场秩序背后体现的是借助市场运行中各关系来揭示复杂市场经济行为状态的目的性，可识别、可考量应是市场秩序所内含的本质意蕴。从状态属性看，有市场秩序则意味着市场显示出相对稳定、和谐有效的运行状态。

三 职业体育市场秩序辨识

关于职业体育市场秩序是什么的研究相对匮乏。其中，翁建锋在《我国职业足球竞赛市场秩序研究》一文中指出，"中国职业足球竞赛市场秩序内涵为：中国足球协会的管理和经营行为、职业足球俱乐部的经营行为、球迷的消费行为、运动员的竞赛表演行为和裁判员的执法行为"；而其外延则为"足球管理体制、法制和各主体的文化道德等方面"。事实上，不仅对职业体育（足球竞赛）市场秩序进行有创建的框化，而且对核心概念的内涵与外延认识上也存在明显的偏差，没有将现象提升为理论。而另一相关成果《走向秩序——我国职业体育发展研究》，则在组织结构维度和经济社会维度上对职业体育的秩序进行研究，大体上分析了职业体育要取得良好秩序的组织要素、结构模式，以及其实践中彰显出的合经济规律性与社会演化性特征[①]，但是，该成果所研究的对象是职业体育的秩序，而非职业体育

---

① 张兵：《走向秩序——我国职业体育发展研究》，博士学位论文，南京师范大学，2012 年，第 33—48 页。

市场秩序。事实上，有关职业体育的秩序或者更进一步讲职业体育的市场秩序，与职业体育市场秩序之间还是有所差别的。对于前者而言，更多表述的是职业体育在经济社会互动中所呈现出的市场运行状态，具有实存性，反映在职业体育中则是职业体育运行调节方式和制度存在状态体系，而不具有功能性，即没有对职业体育运行实践的条件与控制效用；相反，后者则是职业体育复杂运作所体现出的一种特定状态，反映在职业体育中体现为职业体育社会权力分工与行为状态选择；在两者的关系上，职业体育的市场秩序以职业体育市场秩序为基础，对职业体育的市场秩序的建构工作以科学地透视各地职业体育市场秩序为前提。当然，该过程事实上也为职业体育市场秩序的发展提供了选择和操作的平台。

张明科（2006）指出，"在现代体育市场经济体系中，体育市场秩序是指以明晰的产权为基本制度，以价格体系为资源配置的基本机制，以有效竞争为结构特点的体育市场经济体系在配置资源中所呈现出来的和谐、有序、稳定的运行状态"。换句话说，如果将市场秩序，理解为市场运行中的可辨识、可考量的状态，那么体育经济行为中的可识别的、可考量的元素即是在市场运行体系中显现出来的产权制度、资源配置机制、市场竞争结构等方面，对于职业体育而言亦是如此。不过，张兵（2012）关于职业体育的秩序研究，则认为，"职业体育的秩序性不仅反映在其本体规律性上，还体现在其要素构件与组织方式、行为与功能的有序性上"。他指出，"职业体育的秩序作为秩序在职业体育领域的映像，是职业体育运行要素实践状态的表征"；而"作为描述职业体育的运作状态的表征体系"，职业体育的秩序是"职业体育主客体实践结果"，是"职业体育合规律运行的社会选择结果"，是"维持职业体育稳定与发展的运作结果"。当然，需要指出的是，职业体育的秩序是一个外延范畴更为宽泛的概念，因为职业体育的秩序不仅包括市场上的商业运行实践，而且包括职业竞赛实践，而且两者在内容和运行维系方式上具有明显的差异性。同样，职业体育市场秩序也不同于一般的体育市场秩序，对于后者而言，体育市场秩序更多地带有一般市场秩序的规定性，或者说仅仅是体育这一泛类所呈现出来的市场秩序，没有明显市场秩序规定性上的差异性。①那么何为职业体育市场秩序呢？

沿承前文，职业体育作为一种竞技体育市场化、商业化运作样式，经济性是其基本特质。也正因为如此，职业体育方有市场秩序的意蕴。如果说市场秩序是市场运行中的可辨识、可考量的状态，顺应之，则职业体育市场秩序是职业体育运行中所呈现出的可识别的、具有规律性的存在状态，其内在所体现的是职业体育中人与人之间关系及其背景互动中所呈现出来的结构关系。

其一，职业体育市场秩序是一种稳定的、有序的市场状态。其可辨识和可考量性源自市场运行的合规律性与社会诉求性，而内在于特定经济社会运行环境的特质也赋予市场秩序以规则依赖性。因为，职业体育市场组织架构、运行维系等都是在市场运行中实现的，表现为可观察的一系列的特定规则和规范。遵循社会秩序的一般样式，职业体育市场秩序应该具有运行上的稳定性和持续性、内部构件要素组合上的制衡性、市场行为上的规范性和可预测性等基本特征。②

其二，职业体育市场秩序，体现的是职业体育市场实践中的内在规定性，这种规定性又主要表现在内外组织结构关系〔如在职业体育产品生产过程中协会（联盟）、俱乐部、运动员、裁判员等多元主体之间的分工协作生产〕和市场交易、竞争等实践关系上。市场秩序一旦形成，则意味着关系被固定化，或者成为法则规范，或者成为内在伦理，发挥着保障市场运行的功效。从这个意义上讲，市场秩序的有无，不仅对市场运行中的竞争、交易等行为有直接关系，还会对市场运行物的市场绩效产生重要影响。

其三，秩序本身不是一种孤立的抽象存在，具有不同行为特征的市场主体在极其复杂的运作过程中，遵循某种运行规律的实践中所形成的状态，即为市场秩序，而市场秩序的性质"是由社会中居于支配

---

① 相关问题，只需去查阅纪宝成和张明科的研究即可。参见纪宝成《论市场秩序的本质和作用》，《中国人民大学学报》2004 年第 1 期；张明科《我国体育市场秩序的本质与作用的理论分析》，《体育与科学》2006 年第 2 期。

② 邹吉忠：《论现代社会的秩序问题》，《河北学刊》2002 年第 1 期。

地位的某种评价体系——创造并维持这种秩序的那种制度的规范性内容——所决定的"。① 而一旦将职业体育看作为围绕体育竞赛的市场化、商业化运行样式，则意味着，职业体育市场秩序是表征职业体育市场化运行状态的元素，其内含的体育竞赛秩序往往为其基础性构建存在。事实上，正因为如此，方能保障职业体育运行中呈现出连续性、稳定性和确定性的基本特征。

其四，职业体育市场秩序可以在不同层面进行框化。从运行状态看，则可以分为职业体育静态市场秩序和职业体育动态市场秩序，前者主要是指在某一时间和空间中，职业体育在构件要素、组合方式和运行规范等方面所表现出的整体和稳定状态；后者是指在发展变化过程中，职业体育作为一个整体所表现出的动态特征。从形成动因上看，可以将职业体育市场秩序分为自序演化的职业体育市场秩序和理性构建的职业体育市场秩序两类，其中自序演化的职业体育市场秩序则强调市场秩序形成过程中，主要依赖自身的力量在市场自生自发的实践中博弈出秩序来；而后者则重视人为的因素作用，是按照某种理性设计路径逐渐演化而来的。

其五，职业体育市场秩序的形成与维系是有条件的。职业体育市场运行于一个多元化、复杂化的社会系统中，包含着多要素、多关系的内部体系。职业体育市场秩序就需要建立在特定规则体系基础上，借助市场主体间关系的均衡化、协同化来实现。符合市场客观规律和社会运行规范，市场有序实践所涌现出的秩序自然是和谐、有序、稳定的。但现实中，职业体育市场运行是有条件的。对于一般商品而言，王晓东（2004）指出，商品市场有序运行的约束条件主要应包括下述几方面：（1）供略大于求的买方市场；（2）流通主体的独立、分散决策；（3）流通渠道组织完善成熟；（4）流通基础设施保障有力；（5）市场监管制度完备有效。西方经济学者更是总结了"十七个以上的严格的假定条件"，"其中最为核心的六个是：信息是完全

----

① 郭旭新：《论经济转型中的秩序——关于可持续发展的制度经济学解释》，《南京社会科学》2007 年第 1 期。

的、对称的；市场是完全竞争的市场；经济活动不存在外部性；规模报酬不变或递减；不存在交易费用；交易双方是完全理性的"。[①] 当然，对于职业体育而言，相关因素同样重要，而且职业体育自身的规定性，特别是市场秩序依赖竞技竞赛秩序生成的特性，充分展现了职业体育市场秩序形成与维系的艰巨性。另外，需要指出的是，职业体育市场秩序形成与维系的条件必定是建立在一定社会经济环境中的，是职业体育内外力量共同作用，不断演化的结果。

第三节　研究视角选取

职业体育遵循市场机制、在市场运行中形成的可资识别的有规律性样式即显现市场秩序，但职业体育市场秩序是一个复杂的概念体系，包含丰富内容，如何进行有效切入就成为首先需要解决的问题。

一　SSP 分析范式解析

市场作为经济体系的基础性构建，围绕资源的生产、交换、消费及分配实践构筑了经济学的基本议题。在经济学理论范式演化中，经历了内涵与外延的变迁过程。在早期古典经济学理论家那里，市场作为社会交换场所的存在，伴生于社会集会活动，实现斯密语境中的"给我我想要的、你得到你想要的"，达成 1 担谷与 2 只羊或 1 头牛的交换行为。在古典经济学理论家那里，市场社会的核心机制即是竞争，只要有竞争存在，个人理性上的"主观为己客观为人"冲动就会引导人们追求利润，实现经济发展，并自觉遵守市场规则的约束。经济活动以市场为中心，依赖价格制定和资源配置机制，带有某种内在魔力的实现资源调配。事实上，正是基于这种市场制度的自我调节过程，催生了资本主义社会的兴起。然而，在资源稀缺背景下，市场活

---

① 魏成元、刘晓红：《市场经济秩序的本质属性及其启示》，《湖北社会科学》2002 年第 10 期。

动中经常由于这样或那样的原因（如先赋资源差异、公共品等），扰动市场竞争资源配置实践，市场万能论随之"破产"。交易成本的存在，市场信息不完全、不对称的情况出现，古典经济学，乃至新古典经济理论都显示了众多不适应。因为新古典经济理论能够解释发达国家的市场运行情况，但没有解释市场和整个经济是如何演化的。在他们的研究框架中，往往事前预设某些条件是先赋的，即经济行动者或组织运行于一个公共服务充沛的社会环境中，不存在任何资源、信息冲突（或冲突已解决）；而他们真正关心的唯有竞争，唯有最大化自身所得。这种宏观笼统的思考问题的方式固然有其可取之处，一旦分析具体问题特别是涉及历史比较问题时，则由于缺乏对有关制度和政治社会环境的系统和全面把握，使问题解决经常演化为断章取义式的片面勾画。现代经济学业已明确，市场不仅是实践平台，还是一种制度体系，是用以框定市场行为主体权益配置，解决交互作用的冲突协调机制。也就是说，市场本身就是一个权利分配体系，涉及围绕资源的合法性定位问题。作为制度体系的市场，规定各参与主体行为边界和机会边界，利用竞争和利润激励机制实现交易均衡，使得资源流向帕累托最优。不过产权、契约等都是在制度演化的实践中形成的，它们走向上与最优化绩效获得应该是同步，而非彼此互为前提的。

跳出静态分析的理论架构，则意味着环境、人类行为的意向性等都应成为理解市场行为的关键指标所在。于是，"诺斯把制度选择的决定因素归结为三类：行动者的动机（其效用函数）；环境的复杂性（特别是不确定性）；行动者辨识和安排环境（衡量和实施）的能力"①，就带有明显的正当性与适合性。基于制度产生与演化，后续青木昌彦、张五常等开始关注环境的变迁对人类市场行为的影响。环境变迁所引起的人类行为意向性改变致使社会和市场共同信念发生变迁，市场制度和市场运行结构体系应然转变。市场制度、市场组织结构与市场绩效之间的关系议题成为经济学关注的热点所在。

美国经济学家阿兰·斯密德也加入了这一讨论行列，当然，与诺

---

① 周业安：《制度演化理论的新发展》，《教学与研究》2004 年第 4 期。

斯、威廉姆森他们一样，斯密德最早的关注焦点也是集中于制度（特别是产权）的变迁与制度绩效上的，旨在探讨"当利益发生冲突要实现共享的目标时，财产规则怎样构建人类的关系并且影响人民的决策参与？结果会怎样影响经济绩效？"① 他首先认识到，"不同的物品特性会带来不同的人类相互依赖关系，由此，相同的制度或权利应用于具有不同特性的物品时，会带来不同的绩效"，于是，"绩效是既定状态下权利选择的函数"。② 他意识到，"变迁可能是由于制定规则的规则和环境状态两者之一（或者两者都）发生变化"③，人们相互之间的关系特性及其影响这种相互依赖性的环境或市场产品特性就显得尤为重要，它们是什么？它们实质就是状态，并"由制度为人类交易提供的秩序所决定"④；其相互依赖性关系的表述即成为结构，"界定了他们的相对机会束"；而绩效作为存在关系中现实的利益衡量变量出现。据此，斯密德提出，"状态、结构和绩效的关系是人们经历状态的高度组织化的机会束的认知和行为规则的函数"。⑤ 一个新的理解经济变迁的范式形成，这一范式即为 SSP 范式。

SSP 范式是"状态（Situation）—结构（Structure）—绩效（Performance）"关系分析范式。斯密德认为，"状态变量表明人类相互依赖性的源泉，人类相互依赖性必须根据制度结构给定秩序"，在分析中，"状态是固有的，而结构是选择的"。⑥ 于是，在既定的状态下，结构是可选择的（当然不是个人的选择，而是一种基于环境的公共选择），而在给定的状态下，所选择的结构决定或直接影响着市场制度安排和运行体系，并决定或直接影响着绩效。而且更为关键的是，

① ［美］A. 爱伦·斯密德：《财产、权力和公共选择》，上海人民出版社 1999 年版，第 276—277 页。

② 同上书，第 55—57 页。

③ ［美］阿兰·斯密德：《制度与行为经济学》，刘璨、吴水荣译，中国人民大学出版社 2004 年版，第 13 页。

④ 同上书，第 15 页。

⑤ 同上书，第 13 页。

⑥ ［美］A. 爱伦·斯密德：《财产、权力和公共选择》，上海人民出版社 1999 年版，第 56 页。

"SSP 分析范式从分析事物原初状态开始，到最终绩效的考察，是一条逻辑链的完整展开"。①

而在如何应用这一范式时，斯密德强调，"理论由变量和变量（过程）之间的相互关系所组成，它确定变量类别，变量及其大小影响一些绩效的计量，而且，理论表明在一些过程中，变量之间如何彼此相关"。结合其基本理论假设，可以认为，该范式分析的关键即在于把握不同变量之间的关系，梳理出变量之间如何进行相互影响。事实上，斯密德的理论研究更多的是应用这一范式展开的，诚如其在产权问题时所言及的：

> "应用这一范式的分析首先是要搞清楚哪种物品值得重视，也就是说，物品的哪些内在状态特征导致人类之间的相互依赖性，进而一个人的行为会影响到他人。其次是揭示与公共选择有关的权利结构的特征。最后，通过观察不同时空下同一物品不同权利结构的绩效来验证假设"。②

如此来看，SSP 范式对于揭示不同时空中同一物品的不同发展结果具有天然的适用性，或者说理论缘起上即为解决该问题而生的。在策略上，首先要梳理出不同的状态变量，其次根据不同状态变量下（制度、组织等）的结构关系特征，找寻其对状态变量的对应关系，最后再根据绩效显现来判断结构特征的问题所在。换句话说，在 SSP 范式中，结构特征具有核心地位，它是确定状态、考评绩效的关键指标，把握不同结构特征也就可以分清和找寻出不同状态以及其绩效的差异所在。由此来看，从推进我国职业体育市场秩序形成角度看，一旦承认我国职业体育发展需要借鉴和学习西方职业体育发展经验，则意味着，探究中西职业体育不同发展状态以及绩效差异的关键，即在

---

① 卓萍：《基于 SSP 范式的公共组织绩效差异研究》，《厦门理工学院学报》2010 年第 2 期。

② ［美］A. 爱伦·斯密德：《财产、权力和公共选择》，上海人民出版社 1999 年版，第 60 页。

于找到两者之间存在的结构特性差异。当然，这种结构既可能是组织结构的，也可能是制度结构及其运行机制。但不论是何种范式，至少可以明确该范式对解决本书研究问题具有天然的适用性和可操作性。

二　研究切入点选择

本书选择以组织结构变迁为核心切入点，而将制度结构看作是推动或诱发组织结构变迁的关键变量看待。之所以如此，在于组织是当今社会最为显著的特征，各种各样、无所不在、无所不包。概念上，组织往往被认为是"系统地将我们生活的各个方面的工具——被计划、被系统化、被科学化、使其更加有效和有序及接受'专家'的管理"。[①] 换句话说，组织是社会运行中为了某一目标而设计出来的社会集聚单位，带有明显的工具属性，如何适应经济社会背景，更好地推进社会发展，成为组织之所以被建构的核心所在。与松散的社会相比，组织又是一个精细化、严密化、规范化的运行体系，它承载着集体行动，提供着社会内部互动实践的平台。其间，行动者通过协商、谈判、分工、合作及竞争，建构组织运行规范，界定组织运行边界，维系组织与特定社会情境的互动，是布迪厄所强调的"行动者创造一个行动空间——场域"的一种。职业体育作为一种复杂的社会建构物，是基于复杂的组织关系而存在的，处理和协调内外部不同组织间关系而寄予在各种相关利益群体的社会联系中建立一种秩序，是维系职业体育运作的关键所在；而且处理社会关系、架构组织体系的实践，往往决定职业体育系统行为效用的显现。进一步讲，职业体育发展变迁及其机制流变实践，就映射于以组织关系网络为特质的要素组合和功能显现过程的变迁历程。

另外，遵循布迪厄"场域"论断，则原有我国举国体制下的竞技体育组织运行实践带有鲜明组织场域特征。该组织场域，往往被冠以专业队竞技体育体制，依靠国家力量而存在，国家垄断了所有的稀缺资源，组织架构上沿用带有明显层级体系的行政运行体制，"组织—

---

① ［美］W. 理查德·斯科特、［美］杰拉尔德·F. 戴维斯：《组织理论：理性、自然与开放系统的视角》，高俊山译，中国人民大学出版社 2012 年版，第 5 页。

条龙、思想一盘棋、训练一贯制"是其鲜明写照。当然，作为社会构建物，组织化的场域是顺应经济社会变迁而不断发展的。布迪厄（2009）指出，"场域仅通过存在于其中的行动者而存在"，"特定的社会结构支配了场域固有的趋势"。在特定的社会背景下，我国选择了举国体制这种带有明显强功效性的竞技体育运行体制，而随着社会的变迁，举国体制所依赖的社会结构发生了变化，竞技体育运行组织场域也必然随之而变化。

在竞技体育职业化改革前，我国竞技体育具有明显的公共性，是国家体制内的事业，由国家统养，服务于国家意志；运行中则以集体利益为导向，体育的一切活动都是依赖外在的权威设计和指令的"有形之手"来达成，从而形成一种自上而下、有目的协调的行政管理体系状况。因此，竞技体育的举国体制提供的是一种完全的计划秩序，或者说是政府行政主导的组织场域。随着我国改革开放和以经济建设为中心方针的确立，原有体制顺应国家战略转移成为必然选择。在此背景下，西方发达国家的体育运行模式逐渐受到关注与重视，体育产业化、市场化作为体育改革的一个重要内容逐渐得到政府和社会各界的认同，竞技体育运行体制向社会化、职业化转向成为适应时代要求的应然举措。1992 年 6 月，北京红山口全国足球工作会议开启了我国竞技体育职业化的"阀门"。会议明确提出了"适应体育职业化改革趋势，建立职业足球市场"的改革发展目标，并通过了中国足球职业化改革大纲，决定经过两年时间的筹备正式推出中国足球职业联赛。1994 年，中国足球率先作为试点开始了以"以协会实体化、俱乐部制和产业开发为重点"的职业化改革历程。伴随中国足球职业化改革的启动，原来企业赞助性质或由企业和体委联办性质的足球队纷纷转型，成立职业足球俱乐部，注册成为企业法人公司。随后，篮球、排球、乒乓球、围棋等项目也先后进行了职业化改革，推出了主客场制的职业俱乐部联赛。与职业化、产业化相适应，我国体育管理体系也伴随经济、政治体制改革而逐步推进。1993 年 5 月，国家体委出台的《国家体委关于深化体育改革的意见》就明确了"建立与社会主义市场经济体制相适应，符合现代体育运动规律，国家调控，依托社会，有自我发展活力的体育体制和良性循环的运行机制"的改革目标，拉开了"稳住一头，放开一片"的体制改革，先后将41个单项运动协会和56个项目实体化，成立了20个项目管理中心。随后，我国职业体育开始了职业体育俱乐部实体化改革的步伐，职业足球、职业篮球等俱乐部相继进行了法人治理结构改革；同时大力推进职业联赛体系建设，如中国职业足球联赛在2004年进行了类"英超"的中超联赛体系建设，中国篮球职业联赛（CBA）也推进了类美国职业联赛联盟（NBA）建设。近年，以维护职业体育联赛秩序、提高职业体育发展水平、促进职业体育健康发展为目标，又进一步加快了职业体育管理体制改革步伐，管办分离议题浮出水面，并以中国足球协会的去行政化改革进入实质性运行阶段。以职业足球联赛为代表的我国职业体育，逐渐走向以市场机制为主体的实践，步入市场经济组织场域。

2014年，《国务院关于加快发展体育产业促进体育消费的若干意见》提出了"推进职业体育改革"议题，强调"完善职业体育的政策制度体系，扩大职业体育社会参与，鼓励发展职业联盟"，"加快现代企业制度建设"，"改进职业联赛决策机制，充分发挥俱乐部的市场主体作用"；随后，2015年《中国足球改革发展总体方案》系统部署了"调整改革中国足球协会""改革完善职业足球俱乐部建设和运营模式""改进完善足球职业联赛体制"等工作。上述文件在为我国职业体育（足球）指明发展方向的同时，也提出了众多尚待探究的议题：我国职业体育改革应走向何处？如何在相关政策牵引下，让市场机制发挥主体作用，提高我国职业体育成熟度和治理水平？如何推进职业体育组织运行体系建设，完善职业体育俱乐部运营模式和联赛运营体系，规范我国职业体育市场秩序？又该如何看待西方职业体育，把握其内在规定性，找寻为我所用之处？

细数相关问题，它们或宏观或微观地将我国职业体育未来发展的关键，引向了诸如联赛管理机构建设、俱乐部建设和联赛体系建设方面，或者更具体地讲，将问题指向我国职业体育相关组织建设领域，带有明显促进我国职业体育有序健康发展的动因。换句话说，当下研究我国职业体育未来运行系统重塑实践，找寻其发展走向，需要在组织演化的要素重组与功能重建实践中进行探解。

如此，则意味着在经济社会学分析范式下，以组织演化与结构变迁为切入点，综合运用组织社会学、演化经济学、产业组织等理论方法，深入西方职业体育演化历程，以探究职业体育市场秩序的内在特质，在此基础上，结合我国职业体育组织发展变迁历程和当前现实，以探究其组织演化的规律，把握其后续发展趋势，方能探究职业体育运行规律和内在特质，提出实践策略，服务实践。

第四节　研究对象与研究思路

一　研究对象选取

本书旨在系统地分析职业体育市场秩序的理论体系和演化路径。具体来说，就是要探明职业体育市场秩序是什么样的一种状态，西方职业体育为何会有秩序，而我国职业体育却为何又没有秩序，以及我国职业体育该如何建立市场秩序等问题。而现实是，职业体育作为一种竞技体育商业化、市场化运行样式，存在众多样式，当前具有较大影响力的是北美职业体育（MLB、NFL、NBA 等）、欧洲足球联赛（欧冠、西甲、英超等）、职业网球赛事（四大公开赛等）、F1 等。从运动员角度看，既有个人竞赛的，也有集体或团队竞赛的；从竞赛组织样式看，既有赛会制的，也有联赛制，还有混合型的。而本书研究的主体是联赛制的团体性项目，其中，对于西方职业体育的分析更多的是围绕欧洲足球联赛和北美职业体育两个有代表性的样式展开，而中国职业体育的分析则相对集中于职业化程度高的中国职业足球联赛和中国职业篮球联赛。

二　研究思路设计

本书基于这样的逻辑假设展开：尚处发展中的我国职业体育需要学习与借鉴西方职业体育的经验教训。而研究实践总体上遵循提出"问题—分析问题—解决问题"的思路。其中的核心部分为借助 SSP 分析范式提取出影响中外职业体育市场运行状态和绩效达成的结构因素及其演化过程变量，并重点考察政府与市场关系演变特征。具体思路如图 1-2 所示。

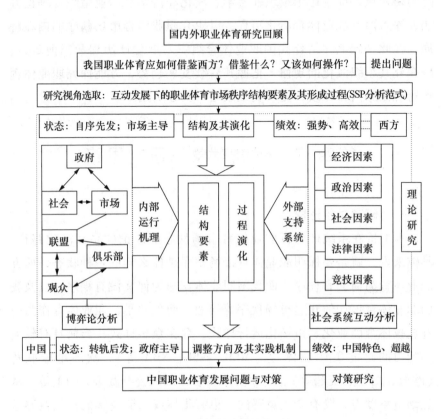

图 1-2 研究思路设计示意

总体而言，本书在经济社会学研究视阈下，力图借用斯密德的 SSP 范式（即状态—结构—绩效分析范式），主要围绕以下三个问题展开：第一，是什么原因使西方职业体育如此强势有序发展？关键性的因素有哪些？第二，这些关键性的结构因素是如何演化而来的？其间政府和市场分别发挥什么样的作用？第三，我国职业体育又该如何做？即通过研究分析是什么原因致使西方职业体育呈现当前状态，找寻其发展关键节点及其结构变迁特征，揭示西方职业体育发展中政府与市场角色演变规律，在此基础上，探究我国职业体育市场秩序建构的逻辑方位。

基于上述研究思路，研究整体内容框构如下：

第一章是导论。主要阐释选题缘起与研究意义，界定核心概念，架构研究视角选取、研究思路与方法。

第二章是文献综述。职业体育缘起于西方，经历百余年发展，已积累形成了成熟的运行体系；作为后发的中国职业体育也经历了20余年的发展历程，在探索与发展实践中积累了一定的经验和教训，这些都或多或少得到国内外学者的关注，并以理论研究成果的形式呈现出来。本书对近15年国内相关研究文献分布进行统计分析，并围绕研究主题，遵循以下类别展开梳理，即西方职业体育市场运行体系及秩序样态、中国职业体育市场秩序以及中国职业体育该如何借鉴与学习西方之成功经验。最后，对相关研究进行简要归纳与评论，梳理出相关研究的基本脉络，为后续研究奠定基础。

第三章是西方职业体育市场秩序的理论分析。首先，对职业体育市场秩序内在机理进行细致分析，找出其背后隐藏的层级体系，勾画理论认识框架。其次，解构职业体育市场体系，深入考察职业体育内部运行机制，分析职业体育市场结构要素体系、市场功能要素体系（市场机制、市场治理等）与市场秩序之间的关系，架构职业体育市场秩序的完整体系。

第四章是西方职业体育市场秩序演化分析。本章首先综合应用社会系统互动理论，以经济社会变迁与市场结构选择的互动关系为切入点，分析西方职业体育内部运行机制与外部支持系统的交互作用规律，探究西方职业体育不同社会阶段面临的重大问题与市场结构变化，并归纳形成西方职业体育市场秩序的演化规律及其政府与市场角色顺应性变化特征。其中，阶段划分以近现代西方重大社会变迁节点框划，选取工业革命至大萧条前、大萧条至第二次世界大战、资本主义黄金时代和全球化四个阶段。其次，探讨职业体育市场秩序演化的动力机制，揭示社会发展依赖性、消解不确定性、专业化发展是诱导西方职业体育市场演化的关键所在。再次，归纳分析职业体育市场秩序演化方式，揭示西方职业体育演化过程带有市场主导自序演化的基本特征，是在特定的社会背景下，在市场与政府协同参与下经由迎合西方社会变迁的市场机制自序演化运行的结果。最后，探讨欧美职业体育差异化的运行模式与秩序样态的深层原因，提出不同社会背景和运行条件下，职业体育市场秩序可能会演化出差异化的样态，并据此得出如下启示：中国职业体育发展有自身独特的条件和优势，借鉴西方经验也需要结合中国实际，要走中国特色的职业化、市场化发展之路。

第五章是我国职业体育市场秩序的建构逻辑。本章深入我国职业体育市场演化的历程，分析其内含的内源性结构转型发展特征，找寻其当前发展状态及面临问题，并通过两个案例进行详细分析。其中，案例分别选取广州恒大足球俱乐部亚冠"球衣门"违约失信事件和中超联赛高薪引援恶性竞争问题。

第六章是我国职业体育市场秩序的建构基点选择。本章基于市场秩序结构体系变迁实践，强调结合我国职业体育演化特征和绩效诉求，应加强我国职业体育市场基础要素、市场组织、综合运行体系建设，并分别在产权与契约制度体系建设、职业体育联盟建设和管办分离改革三个方面下功夫，构建具有中国特色的职业体育运行体系，催生我国职业体育市场秩序。

第七章是我国职业体育市场秩序的建构策略解析。本章根据我国职业体育市场秩序建构逻辑和建构基点选择，架构我国职业体育市场秩序的建构策略，提出：在制度建设方面应围绕架构经济制度、政治法律和伦理道德三种制度力量耦合体系进行系统化建构；在组织再造和组织完善方面应围绕利益共同体进行完整体系建构；在以管办分离改革为主体的管理体制建构实践中应以综合治理体系为导向有节奏地推进；而在基于中国当前实践的政府作用策略方面应强调扶上马送一程，重视政府介入的机理与方式随市场发育状况而变化。

第八章为余论：中国特色职业体育研究前瞻与思考。本章为研究的后续设想与思考，即关于中国特色职业体育建构的相关设想。以回应本书涉及的如何借鉴与学习西方职业体育市场秩序演化规律、走中国特色职业体育发展之路。

三　研究方法

（一）文献资料梳理法

即对相关文献资料进行收集、整理、分析，以期梳理出前人有建设性的研究成果，为我所用。

（二）历史与比较研究法

本书应用该方法主要是将职业体育放在特定历史背景中考察，对中西方职业体育市场秩序演进和发展特征进行比对，以找寻中西方职业体育市场秩序结构变量、形成方式（政府与市场作用机制）的差异。

（三）博弈论分析法

本书将利用博弈论分析工具分析职业体育运行机制各构成部分之间的关系与冲突，研究各个结构变量对职业体育实存状态、市场绩效的作用过程，以及该过程中各种博弈力量适应外部支持系统的博弈变迁特征。

（四）网络结构分析法

该方法是源于结构功能主义的系统论分析工具。本书应用该方法对职业体育市场秩序演化的外部支持系统及其与内部运行机制的互动进行详细分析，以找寻其演化规律。

（五）案例分析法

以具有显著价值的职业体育市场运行案例，为研究主题提供佐证。

第二章 文献梳理

伴随经济社会的发展，职业体育，作为一种特殊业态在西方出现，并逐渐形成规模，成为西方体育产业的核心所在。在改革开放和社会主义市场经济大潮中，1994 年我国职业体育正式起航，随即相关研究陆续出现，特别是进入 21 世纪以后更是呈现逐年增加的态势。在中国知网（CNKI）系统中，以"职业体育"为检索词在"篇名"中进行检索，2000—2015 年，共可查获 849 篇文献，其中 CSSCI 期刊185 篇。如图 2 - 1 所示，相关文献呈现逐级增长趋势，其中尤以2005 年和 2010 年出现两个较大幅度的增长点。

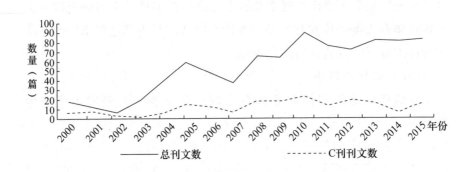

图 2 - 1　2000—2015 年"职业体育"研究主题年度变化情况

选取 CSSCI 期刊的 185 篇文章作为考察对象，分析发现，在研究主题上，"俱乐部"和"联盟"为两个核心词汇，研究大多围绕之展开，并包括"组织""市场""法制""反垄断""治理""竞争平衡""劳资谈判"等细分核心研究词汇，关键词中含有上述词汇的文献占总数的 61.6%。事实上，上述问题恰恰为职业体育研究的核心所在，因为职业体育在组织运营层面可以分为俱乐部和联盟两个层次，围绕两个层次，在特定的社会经济、政治、法律背景下，依靠组织架构和市场制度形成有效用的治理体系和市场运作规范，既是西方职业体育成功之经验所在，也是我国职业体育力图发展与完善之处。当然，从研究对象的国别上区分，关于职业体育的研究，无非包括西方职业体育研究和中国职业体育研究两类。而对现有文献（185 篇 C 刊文献）考察发现，研究西方职业体育规律并力图运用于解决中国职业体育问题研究占有相当高比例（68.1%）。这与中国作为后发职业体育国，在体制和机制上有许多尚待完善之处而西方职业体育恰恰已经形成较为成熟规律有关，理论上具有应然性。

值得重视的是，有关"职业体育市场秩序"的研究主题，在已有文献中少见，没有专门讨论职业体育应该具有什么样的市场秩序。由此，基于上述关于文献分布的统计，本书拟围绕职业体育市场行为、市场组织及其形成展开梳理，其目的往往带有迎合或者说服务于中国职业体育发展，更好地探讨散落于文献中的涉及职业体育市场秩序的内容。

第一节　职业体育生产与销售相关研究

缘起于西方资本主义社会的职业体育，是一种特殊的体育运行模式，以体育竞赛为内核，以商业化、市场化运作为基本机制，以满足社会大众体育观赏诉求为基本旨趣，成为当代体育产业的核心构件。那么，追求商业化的职业体育，它生产什么？又有谁去消费显然是首先需要明确的问题。丹尼尔·S. 梅森（Daniel S. Mason, 1999）指出，职业体育往往以团队运作的样式生产竞赛产品，为社会大众提供娱乐，以满足他们需求。而消费这种竞赛产品的对象主要有以下四类：一是球迷群体，他们购买门票以及球队与中间商的衍生产品；二是电视和相关媒体公司，他们选择体育赛事为媒介进行经营活动；三是社区及当地政府组织，他们在设施等方面为俱乐部提供支持；四是赞助商和中间商，他们借助职业体育扩大或者创造自己的营销与盈利机会。强调职业体育以团队生产特性，以更好地创设满足社会大众诉求的运动竞赛产品，这一理念其实在罗滕伯格（Rotenberg，1956）的经典研究中已然有所体现，而且正是怀着更好地服务于职业体育市场需求的目标，罗滕伯格认为，职业棒球大联盟（MLB）的运动员人力资本配置举措（保留条款），是可行的，有利于保障联盟的成果。进一步看，如果承认"观众是职业体育的衣食父母"，那么他们的投入有"直接投入和间接投入两种方式"，其中，前者包括"购买球票、购买俱乐部提供的商品等"；后者是指"通过对赛事的关注给投资者所带来的广告效应，所有门票收入、广告赞助、电视转播费、纪念品销售等等"。① 如此来看，职业体育的生产与销售显然具有区别于一般产品的内在规定性。

在生产样式上，职业体育呈现出"竞赛"＋"经营"的样式。其中"竞赛"作为带有明显体育运动特质的元素，保证其具有不同于其他娱乐方式的特征，为彰显其独特风格和吸引力奠定基础；而"经营"这种商业化、市场化元素又赋予其区别于一般体育运动竞技的特质。当然，这种样式也极易衍生出关于职业体育无论是以竞赛为中心还是以经营为中心的争论。因为，以竞赛为中心则意味着职业体育运作的最终目标指向了获胜，而对于经营为中心而言则往往强调盈利最大化。如此，"获胜最大化"和"利润最大化"成为关于职业体育生产目标的两个差异化取向。弗格森（D. G. Ferguson，1991）等通过对美国国家冰球联盟（NHL）球队的定价模型研究发现，NHL联盟球队是利润最大化者；而佩德罗·加西亚·德尔·巴里奥（Pedro Garcia - del - Barrio et al.，2009）对英国和西班牙足球俱乐部的研究，发现它们的经营行为更接近获胜最大化。有些学者②进一步提出，"获胜最大

---

① 刘金利：《情感营销：中国职业体育的主要营销策略》，《中国体育科技》2006年第3期。

② Helmut, M. , "Dietl, Markus Lang, and Stephan Werner, Social Welfare in Sports Leagues with Profit - Maximizing and/or Win - Maximizing Clubs", *Southern Economic Journal*, Vol. 76, No. 2, 2009, pp. 375 - 396.

化"和"利润最大化"是欧美职业体育在经营模式上的主要区别。"追求利润最大化的俱乐部不在乎获胜如何，除非它们影响到经营利润，如北美职业体育联盟（NFL、NBA 等）；相反，获胜最大化的俱乐部追求球队赢得更多比赛，因此，他们要求足够多的有天赋球员，直到再增加 1 位的边际收益为零为止"。① 关于职业体育生产目的的早期研究显示，"投资俱乐部往往看作是球迷行为的延伸"，于是，他们更重视获胜最大化追求；而后续投资人代替运动员占据主导位置角度来看，则"追求或重视球队的盈利，而将获胜作为手段"。② 也有学者认为，"对于一个球队来说，虽然他们表面上压力主要源自竞技成绩，但是真正的内在动因却是追求竞技和经济上的双赢"。③ 当然，客观来说，无论是强调利润最大化的北美职业体育联盟，还是追求获胜最大化的欧洲职业体育俱乐部，在这两个动机之间找到平衡点应该是一个常态。这个平衡点是什么？球迷的兴趣或者球迷福利即是其核心所在。因为，不论追求利益共同体利润最大化，还是以自身俱乐部利润最大化为宗旨，其所达成目标的途径，都需要通过球迷来"买单"，门票收入也好，转播收入也罢，脱离球迷群体就失去了财务收入的一切。

事实上，欧美职业体育生产目标上的差异，并非简单体现在其"以利润最大化"或者"获胜最大化"这一单一指向上，更为关键的是，欧美职业体育围绕各种运营目标产生了一系列与之协调、配套的运行机制，创造了精彩的竞技比赛和严密的组织模式，在"主观为己、客观为人"的实践中，更好地满足体育迷的需求。

第二节 职业体育组织运行机制相关研究

职业体育，这种运动竞赛的商业化、市场化样式，在生产与销售

① 石武、郑芳：《欧美职业体育联盟的比较研究》，《西安体育学院学报》2008 年第 1 期。

② Wray Vamplew, *Pay Up and Play the Game: Professional Sport in Britain*1875－1914, New York: Ccambridge University Press, 1988, p. 180.

③ Whannel, G., *Fields in Vision: Television Sport and Cultural Transformation*, London: Routledge, 1992, p. 200.

方面展现了区别于一般产业的特殊性。当然，这种特殊性需要有所依托，这种依托的核心即是其组织运行机制。张保华（2009）在《职业体育服务业研究》一书详细阐述了职业体育产权关系、组织架构、治理体系都为了赛事产品的质量服务的理念。而现实的职业体育确实和通常的企业运行方式之间存在差异性。其中，"一个重要的差异就是职业体育联盟为了追求利润最大化而平衡各俱乐部竞争实力"，"这种差异是治理结构的差异，这种差异也源于契约选择，也是契约选择的结果"①；郑志强（2008）认为，与一般产业不同，职业体育的生产者和消费者都进行了很大程度的专用性投资，契约的不完善促使这些市场交易主体必然寻求各种特殊的治理机制来保护其投资，否则各种机会主义行为将不可避免，对专用性投资的保护正是解决职业体育市场各种问题的关键。

从组织架构上看，职业体育生产包括职业体育俱乐部和职业体育联盟（或者联赛）两个组织实体。张林等（2001）认为，"职业体育俱乐部的本质是向社会提供服务；个人物品、企业性质的经济实体、生产经营等，是职业体育俱乐部的特征"。NEALE（1964）则通过对职业体育中的运动竞争与经济竞争之间的分析，认为虽然运动队（俱乐部）在法律意义上是一个企业（为利益所驱动），但它在经济学家的意识里并不是一个企业，因为一个单一的球队不能供应整个市场，进而提出只有整个联盟才能被看作是一个企业。而彼得·J. 斯洛尼（Peter J. Sloane，1971）的《职业足球经济学：足球俱乐部的效用最大化》一文对尼尔联盟是企业而个别球队或俱乐部不具有企业性质的结论提出了质疑，他关注欧洲足球联赛（英国足球），提出英国足球俱乐部绝大多数经济方面的决定，在场馆、球员等方面具有决定性自主权，组织者（足总）更多的是提供比赛规则等，完全不具备企业性质。国内学者李燕领等（2013）提出了一个折中的观点，即"职业体育联盟属于企业与市场之间的中间组织，是市场和企业的互嵌，具有市场和企业的二重性，因组织成本、市场交易成本高低而体现出企

---

① 黄胜：《职业体育联盟的契约特性与契约选择分析》，《体育学刊》2013 年第 4 期。

业属性和市场属性的强弱"。事实上，相关争议的背后隐藏着对职业体育市场特性把握上的差异。

关于职业体育市场特性，在国内，杨年松是较早分析职业体育的产品及其组织生产问题的学者，他在《职业竞技体育经济分析与制度安排》（2006）一书中，提出了职业体育服务产品的准公共性和经济特性，揭示了职业体育产品的团队生产性，以及由此所连带的职业体育产权和市场问题，对把握和了解西方职业体育（联盟）生产和市场交易特性具有一定作用。周平（2005）在《从产业组织理论角度探讨国外职业体育市场的主要特征》一文中，指出职业体育产业的三大特征，即共同生产性、市场分割性、行业内和行业间竞争激烈。而郑志强（2008）提出，职业体育主要的市场特征包括带有自然垄断性质的联盟、相互竞争与合作的俱乐部和深入参与生产的各种类型消费者三点，这三个特点决定了职业体育特殊的组织形态和制度安排。总体来看，职业体育市场运行中所呈现的竞争与合作关系上的复杂性，恰恰反映了职业体育区别于其他产业的特性。

多层面特殊关系，需要职业体育保持自身独特的运行机制和盈利模式，处理好多元化的关系，以维系正常运转。詹姆斯·P. 奎克和罗德尼·D. 福特（James P. Quirk and Rodney D. Fort, 1997）在《财源：职业运动队的经营》一书中，详细分析了职业体育运行中的保留条款、联盟竞争平衡、市场特许经营权、税收、场馆运营、联盟成本收益（电视转播收益）分摊机制等具体运行机制，并认为，这些机制的共同效应方是职业体育取得成功之关键所在。对于北美职业体育联盟而言，以整体利润最大化为目标，在追求竞争平衡的路径上，采取了收入分享、自由代理、工资帽、倒序选秀等制衡机制，这些联盟规则对维系联盟正常运营具有重要意义。[①] 而对于职业俱乐部老板（业主）来说，在他们的心目中，自身球队的成功不仅依赖于自身、而更依赖于"联盟中其他球队的成功以及作为一个机构的联盟的成功"，

---

① Rob Ford, Jmaes Quirk, Cross – subsidization, "Incentives and Outcomes in Professional Sports Leagues", *Journal of Economic Literature*, Vol. 33, No. 3, 1995, pp. 1265 – 1299.

"球队们还是尽量把它们的竞争限于竞技场上，并且在限定范围内限于对天才运动员的争夺上；在竞技场外，球队业主们相互将对方当作同事而非对手，他们一起力图通过最大化收入和控制成本来最大化他们的财富。"① 而国内学者王庆伟（2005）指出，美国职业体育联盟的运行机制包括目标机制、市场机制、投资机制、竞争机制、营销机制、激励与约束机制和监督机制七个方面。王建国（2005）则重点关注职业联盟的制衡机制，指出制衡机制是以联盟法规、政策为强力约束手段，以促进联盟各主体达到均衡的发展状态，实现利润最大化。张文健（2006）则关注于职业体育联盟的组织，并将职业体育联盟的组织模式在经营模式、利益分配模式和激励模式上进行区分，指出联盟在经营模式上强调统一行销和与中介的合作，而球员市场分配和收入分配是联盟利益分配的核心。之后，郑志强（2009）在《职业体育的组织形态与制度安排》一书中提出，"职业体育的组织形态和制度安排是职业体育各相关利益者通过各种竞争和合作手段，保护其专用性投资，抑制机会主义的层次治理机制"。即将职业体育的组织设置和制度体系建设都看作是职业体育从运动员控制范式向资本家控制范式转换过程中，资本投资人带有目的性选择的结果；其中不论是组织架构（替代组织、辅助组织和法律组织），还是制度体系（操作规则、经济制度和法律制度），都是为了解决复杂利益相关者之间的关系的，或者说它们都是治理机制。张保华（2013）在《职业体育联盟的特性与治理研究》一书中指出，在职业体育的组织架构方面，职业体育联盟具有契约性，而且正是这种契约性为联盟架构了利益相关者治理模式。

而欧洲职业体育则以开放式联赛方式运营，其获胜最大化的取向，也使其在组织结构与运行机制上区别于北美职业体育联盟。"升降级的开放结构"是欧洲职业体育模式的基本特征。当然，从源头上看，"早期的欧洲职业体育也是讲究利润分享的"。不过，这种利润分

---

① ［美］布拉德·汉弗莱斯、丹尼斯·霍华德：《体育经济学》第二卷，赵长杰译，上海人民出版社 2012 年版，第 88 页。

享"目标上不是为了强调竞争平衡"，其目标是："为了保障俱乐部运营的财务状况"，如"1905 年苏格兰的足球联赛，从 1905 年就开始推出（实施）利润分享政策，当时分享的是门票收入，收入的 1/3 用来分享，而 2/3 则可以不分享。"[1] 而 20 世纪 80 年代欧洲各国足球联赛陆续取消职业联赛收入强制性共享，加上博斯曼法案出台，开放结构带来的俱乐部自身利润刺激，拉开了欧洲职业（足球）俱乐部之间的军备竞赛。据此有学者[2]认为，欧洲足球联赛财政困惑的出现，与其采取"升降级的开放结构"有关，带有治理体系和市场秩序样式上的本然性。从资源（主要是运动员人力资源）供给角度看，开放结构的运动员人才供给，给予俱乐部争取好成绩、征战欧洲赛场以获得更大利润的刺激。"胜者通吃市场"，改变了原有球员市场的状况，球员市场摆脱原有的"双边垄断谈判"样式，"对于超级球星而言，市场变为了买方市场"[3]，其结果是，大型俱乐部（巴塞罗那、皇家马德里等）通过压缩自身的剩余收益来支付球员的高昂工资和转会费；相反在北美职业体育中则不存在这种状况。

总体来说，以维护市场运营目标为基点，职业体育选择了具有特殊性的组织架构和市场运行机制，而且也正是这种综合治理体系，保障了职业体育联盟内部竞争平衡的有效实践和市场秩序的正常运作。已有文献关于职业体育市场该如何运行以及需遵循何种秩序之研究，更多散落于职业体育市场结构、组织体系、运行机制、市场治理等相关研究之中，这些论述或多或少涉及了职业体育该如何维系市场秩序之问题，然缺失系统性探讨是显而易见的。

---

①　Wray Vamplew, *Pay up and Play the Game: Professional Sport in Britain*, 1875 – 1914, New York: Cambridge University Press, 1988, p. 144.

②　Umberto Lago, Rob Simmons, Sterfan Szymanski, "The Financial Crisis in European Football: A Introduction", *Journal of Sports Economics*, No. 7, 2006, pp. 3 – 12.

③　Pedro Garcia – del – Barrio, Francesc Pujol, "Hidden Monopsony Renta in Winner – Take – All Markets——Sport and Economic Contribution of Spanish soccer Players", *Managerial and Decision Economics*, Vol. 28, No. 1, 2007, pp. 57 – 70.

第三节　职业体育组织模式及其形成研究

诚然，任何的社会运行体都不可能是生来即有的，职业体育组织运行机制也是随着经济社会变迁而来的，并综合实践演化出职业体育市场秩序。关于西方职业体育演化之研究，首先要明晰是什么原因催生了职业体育这种样式，又为何出现于西方社会。迈克尔·利兹等（2003）认为，"工业革命所带来的兴旺繁荣和体育事业的发展之间有着联系"，"职业体育于 19 世纪中叶在英国和美国兴起，归功于人们生活水平的提高所导致的闲暇时间的增加"。这种观点得到众多学者①的认同。雷·范普鲁（Wray Vamplew，1988）提出，"体育成为产业的基本条件是：收入的增加和休闲时间的增加"；而职业体育作为产业样式出现的条件是：（1）"体育俱乐部适应市场地位进行有限责任公司化"；（2）"股东从具体经营实践中脱离出来，推行了委托—代理制"；（3）"有一定的体育设施和体育固定赛事资源作为基础并经历巨额的投资成为一种赚钱的行当"。艾瑞克·霍布斯鲍姆（2014，中译本）在《资本的年代：1848—1875》中为我们描述了职业运动（足球）产生的场景，"英国职业运动员开始出现于 20 世纪 70 年代后期，他们基本上是为了一份工作，加上荣誉，有时再加上一点意外收获而踢球。"与艺术领域，为艺术而艺术的争论存在一样，体育领域中，也存在为体育而体育之争论。其背后反映了当时社会追求与社会生活关联性，即资产阶级主导之自由精神以及精神和物质双重追求生活方式，与现实艰辛生活之间存在巨大鸿沟。当然，促进了部分体育运动从资产阶级及其以上阶层中剥离出来，成为"世俗"之物（赚钱买卖），这在一定程度上也奠定了职业体育发展之基础。"供大众观赏的体育活动，也是发源于中产阶级。这时期的中产阶级

---

① ［澳］麦克林·赫德·罗杰斯：《现代社会游憩与休闲》，梁春媚译，中国旅游出版社 2015 年版，第 4—16 页。

年轻人为各项运动筹组俱乐部，并规划比赛，从而使体育规则得以定型——如英式足球。要到19世纪70年代末80年代初，体育活动才真正掌握在工人阶级手中。"① "从根源上看是资本主义制度的建立以及自身的不断调整，带动了世界经济的持续增长"②，是催生职业体育产生并不断演化的关键。

而一旦职业体育作为一种商业运营样态出现，"它基本上是沿着符合体育产品和体育产业特性的路径发展起来的"。③ 其变迁的内在动力，"主要是追求个人利益、降低交易成本"，外在动力则为"英国的产业革命以及美国的城市化及其工业化推动了职业体育制度变迁"、"政府给予良好的经济政策、法律政策"。正是这种内外的动力，使得西方职业体育大体经历了这样一个过程："乡村体育—商业化体育（城市体育）—职业体育（资本体育或电视体育）的过程"。④

当然，嵌套于特定社会环境中，是经济社会运行体的共性特征，职业体育也一样。Satoshi Shimizu（2010）对日本棒球联赛的建立与发展历程研究显示，日本棒球联赛的建立与日本城市优先发展特色产业规划有关，其中最为关键的是铁路、百货商场和报纸等。在这种发展战略中，棒球联赛作为一种刺激人们关注公共利益的机制发挥作用。也正因为如此，棒球联赛成为联系经济、社会以及政府的有效手段。事实上，对于职业体育的演化发展而言，特定政治法制条件是必须考虑的议题。彭贻海（2004）指出："职业体育是建立在各种法律和法规基础之上的，是建立在关于权利义务的个人合同各项条款基础之上的。"而综观国内相关研究，近年关于职业体育法律问题的分析逐渐成为一个热点问题。姜熙等（2015）基于对西方职业体育的反垄断法案分析，探讨了在反垄断法（《谢尔曼法》等）下职业体育联盟

---

① ［英］艾瑞克·霍布斯鲍姆：《资本的年代：1848—1875》，张晓华等译，中信出版社2014年版，第354页。

② 凌平、何正兵：《美国职业体育管理体制初探》，《体育与科学》2003年第1期。

③ 周平：《从产业组织理论角度探讨国外职业体育市场的主要特征》，《体育与科学》2005年第4期。

④ 王庆伟、王庆锋：《西方职业体育制度变迁的比较研究》，《体育与科学》2006年第1期。

及其准入限制的合法性，认为适应法律精神，是职业体育联盟演化的关键所在；而且这种合法性还体现在联盟对赛事资源的市场行为、运动员流动限制以及市场赞助行为等方面的应然性调整上。"制度创新是美国职业体育快速发展的关键，尤其是管理者的创新、各种促进联盟竞争均衡的制度安排以及市场需求导向是促使美国职业体育制度变迁的核心和关键。"①

在发展历程上，钟秉枢等（2006）认为，世界职业体育俱乐部发展历程可以追溯到 17 世纪中叶的资产阶级革命时期，贵族运动催生了俱乐部这一娱乐化组织样式，欧美各国出现了各类业余体育俱乐部，职业体育俱乐部应运而生，随后经历了职业俱乐部与业余俱乐部并存五个发展阶段。胡利军（2010）也将职业体育发展的历史阶段划分为五个历史时期，以 17 世纪初英国商业体育出现为萌芽标志，以 1750 年英国新马克特（New Market）赛马俱乐部为俱乐部诞生的标志，以 1871 年全美职业棒球运动员协会成立为职业体育联盟诞生标志。郑志强（2009）以组织形态和制度变迁为切入点，则将职业体育发展历程划分为萌芽阶段（19 世纪中期至 20 世纪初期）、稳定发展阶段（20 世纪初期至 20 世纪中期）和全球扩张阶段（20 世纪中期以后）。事实上，不论采取何种划分方法，也不论划分为几个阶段，但有一点是显然易见的，即西方职业体育的演化经历了漫长的发展阶段，其间发生了众多组织结构和运行机制的变迁，而且正是这种变迁调整实践，成就了其代理职业体育最高水平的应然性。

第四节　中国职业体育发展历程及市场演化

诚然，理论研究的目的是服务实践。在中国体育产业大发展背景下，研究职业体育，无论是探讨职业体育的市场特性，还是分析西方

---

① 郑芳：《美国职业体育制度的起源、演化和创新——对中国职业体育制度创新的启示》，《体育科学》2007 年第 2 期。

职业体育运行机制，其落脚点都应回归我国职业体育该如何发展议题上。于是，我国职业体育是如何来的？具有什么样的特征？现在存在哪些问题？又该何去何从？我国职业体育该如何借鉴学习西方职业体育的成功经验，汲取"养分"为我所用？这些问题自然成为关注的重点。

关于我国职业体育的形成与发展，张林等（2001）指出，它是"建立社会主义市场经济体制过程中各种内外因素变化与作用的结果，是我国竞技体育发展中的制度创新"。于永慧（2013）认为，"中国职业体育的改革动力既有上层政府的重视，又有下层社会结构变迁的动力"。顾晨光（2009）在制度经济学框架内，对职业体育（足球）俱乐部缘起进行了细致分析，提出欧洲大多数职业俱乐部是遵循市场自发推动模式形成的；而我国职业体育（足球）则与之不同，更多的是政府主导推动的产物，这也使我国职业体育（足球）俱乐部在产权、市场治理（管理）、运营目标上存在区别于西方职业体育（足球）的内在规定性，并伴生一系列社会问题的出现。

至于我国职业体育存在的问题，不同学者从不同角度进行了相关研究，得出一些有意义的结论。从微观投融资角度看，"企业集团风险投资是目前我国体育俱乐部的主要融资方式"，并极易造成"企业集团提供的增值服务不够、激励约束机制不健全、风险投资退出机制不完善等"[①] 问题，反映在我国职业体育俱乐部运行机制中，则显现为"存在产权关系模糊、市场主体地位未确立、经营机制不完善、法制建设滞后、激励与约束失衡等主要缺陷"。[②] 从宏观上看，"患得患失的思想导致对改革的重要性认识不足；行政力量支配下的'双轨制'致使职业体育产权关系模糊；行政的过度干预导致职业体育市场

---

① 陈元欣、王健：《论我国职业体育俱乐部的企业集团风险投资融资方式》，《上海体育学院学报》2005 年第 1 期。

② 张林、戴健、陈融：《我国职业体育俱乐部运行机制的主要缺陷》，《上海体育学院学报》2001 年第 2 期。

主体地位缺失；法制建设的滞后阻挠了职业体育经营活动的正常开展"。① 如此也就导致我国职业体育往往产生"追求短期利益，俱乐部形象不佳，俱乐部品牌资产低，经济效益差，关系不顺等"② 问题，影响其现实的绩效表现。

解决这些问题，丛湖平等（2004）寄希望于我国职业体育制度变迁实践。张剑利等（2008）强调政府体制改革以及由此所带来的政府主动让位和自我克制实践。赵长杰（2011）则在借鉴北美职业体育联盟经营模式运行的成功经验基础上，提出，"应逐步转化我国单项体育协会职能，推动其向市场垄断型职业体育联盟过渡，明确职业体育联合组织及其俱乐部在职业体育产业链上的地位；建立以提高竞赛质量为核心，带动其他相关产品经营的多元化的经营模式；开展以消费者需求为导向的全方位营销。"而宋继新（2012）则站在宏观维度，认为应创新职业体育的发展思想，构建"三元治理模式"（"政府有形手＋市场无形手＋社团第三只手"）。事实上，随着治理现代议题的提出，完善我国职业体育治理结构，合理框化中国职业体育管理模式，建立职业俱乐部联盟，逐渐成为各界关注的热点议题。后来，《中国职业足球联赛管办分离方案》及《中国足球改革发展总体方案》的相继出台，关于我国职业体育管理体制和治理机制研究成为热点问题。张兵（2014）提出：解决我国职业体育管理与运营困境，推进管办分离改革的关键在于跳出政府中心逻辑，转而借助市场机制的作用，无疑是顺应我国职业体育发展方向的。李燕领等（2014）从制度的功能及其成因入手，对西方职业体育（美职篮和英格兰足球联赛）的市场准入制度进行分析，分析开放式和封闭式模式各种的结构特征，比对不同市场结构状况下市场准入制度之间的异同，并在此基础上提出我国职业体育市场准入制度的建构方略。董红刚（2013）则强调我国职业体育自主能力建设，并认为，这是中国职业体育发展的

---

① 唐炎、卢文云：《制约我国竞技体育职业化改革的相关问题探究》，《北京体育大学学报》2010 年第 3 期。

② 王景波：《论我国职业足球俱乐部品牌创建》，北京体育大学出版社 2009 年版。

逻辑起点。

事实上，国内研究多强调或重视对西方职业体育的借鉴，力图通过对西方职业体育运行机制的分析来找寻推进中国职业体育有序发展之方略。而学界前期相关研究往往重视分析与解构西方职业体育的运行特征，提出我国职业体育发展问题与解决途径，并集中于静态地分析西方职业体育是什么样的，又是如何运行的，我国职业体育建设又该如何等问题。诚然，西方职业体育当前样式不是一蹴而就的，更不是悬置于经济社会背景下的。这也决定了单纯探析西方职业体育的当前样式或运行特征往往会产生以偏概全问题，而据此提出我国职业体育构建甚至会落入表象取代实质的陷阱，影响我国职业体育的发展。从这个意义上讲，唯有结合社会背景，并深入其缘起与演化过程，才能找出解决之道。当然，可喜的是，近年相关研究在逻辑取向上发生了一定的变迁，呈现出从"照葫芦画瓢"学习西方职业体育模式，向借鉴与吸收西方经验进行本土化构造的发展趋向。

第五节 简要评述

职业体育缘起于西方社会，是西方工业文明孕育而生之物，显示了成熟的组织运行状况。产生时间上，我国职业体育远远落后于西方，是一个典型的后发者。作为后发者，如何看待先发者首先值得考虑，接下来才有如何顺应地发展，以及在此过程中如何评判自身发展。关于职业体育"是什么""生产什么又消费什么"的命题，国内外研究已然相对完备，也形成了诸如"职业体育是按照市场规律运行的体育商业化、市场化运行模式与制度体系""以体育竞赛为内容以满足观众观赏需求为出发点"等相关界定。市场机制是职业体育的主要资源配置手段已达成共识，按照市场机制运行，其结果表征必然导向市场有序状况。换句话说，职业体育市场秩序议题，在西方职业体育运行中已然得到体现，从组织结构到运行机制，都散落着相关"支架"。然而，当前有关西方职业体育研究（特别是国内相关研究）大多借用西方路径，特别重视对西方职业体育理论体系的挖掘与梳理，而又多背离西方理论赖以存在的社会经济、政治、法治背景。于是，从借鉴或解决中国问题的角度，又往往盲目遵循已有的西方职业体育原则、理论进行中国化演绎推理和论证，推崇"类西方化"构造，如西方采用联盟组织模式我们也要采用，西方追求竞争平衡中国理应如此，西方重视市场作用而规避政府参与我们就需要捆绑政府社会化协会，否则就会出现问题。

上述两种认识论的偏差，往往会导致在建构中国特色职业体育时往往受到西方成熟职业体育运行模式、机制方式及其理论的牵引，常常落入西方的"圈套"。这意味着，从学理上建立具有自我特色的理论体系或话语体系就显得尤为重要，而具有鲜明特质的中国实践是中国话语体系产生发展的源头活水。同样，我国职业体育研究也必须立足于我国职业体育形成实践与发展平台，根植于中国实践。该问题，不仅涉及从组织架构、运行机制角度关注西方职业体育是如何如何，我国职业体育又如何如何，还包含结合社会背景考察不同社会历史发展中职业体育的价值异同性。于是，在尊重和承认西方职业体育先发模式先进性的基础上，充分借鉴与吸收先发运行模式与实践机制，然后进行本土化建构，走具有自身特色的发展道路，无疑是合适的。理论上说，则意味着需要解构职业体育内在所具有的市场秩序规定，探究西方职业体育是如何达成市场秩序的，而后结合我国现实，找寻我国实现职业体育市场有序运行的路径策略。

第三章　西方职业体育市场秩序理论分析

当今世界，提及职业体育，更多地会想到 NBA、欧洲职业足球联赛（英超、西甲、意甲等），它们往往被认为"代言"了职业体育现存的样态，不仅具有爆棚的人气，还具有较高的经济绩效。为何会如此？它们有什么内在运行机理？又包含什么样的运行机制？就成为首要讨论的议题。本章力图深入考察职业体育内部运行机制，系统找寻职业体育市场秩序的结构变量，剖析职业体育内外部复杂关系，架构职业体育市场秩序的结构体系，为后续研究服务。

第一节　西方职业体育市场秩序内在机理及其层级架构

一　西方职业体育市场秩序内在机理

职业体育市场秩序，显现为基于体育职业竞赛和商业化运行实践的，反映其内外互动关系的可以识别的、具有规律性的状态。现实中，职业体育市场秩序，具有两重性质：其一是市场内在的客观规定性；其二是这些市场内在规定性的法律表现或实现形式。而且职业体育作为竞技体育商业化、市场化的运行模式和制度体系，包含两个层次，即竞赛产品生产层次和竞赛产品运营层次，也使得围绕资源配置的市场秩序体系呈现复杂性特征。而分类的意义在于从共同点中筛选出其特殊性，于是基于事物存在的要素特征进行抽取显然是首先需要考虑的事情。

诚然，职业体育市场秩序，是市场秩序的一种特殊样式，带有明显经济秩序的特质，又应然隶属于社会秩序的范畴。邢建国等（1993）指出，社会秩序有三个要素：一是具有人格特征的主体（包括自然人和法人），即进行着自由行动和社会互动的主体；二是连接行动主体的非人格化的规则、规范与机制；三是使多元主体有规则的、合规范的互动的社会权威。与之对应，郭冬乐等（2001）提出，市场秩序包括市场主体、行为规则和权威三个要素。魏成元等（2002）指出，市场秩序的具体指标包括：市场规则的制度化状态，市场行为主体、客体和各类市场组织的规范化状态。事实上，这种基于市场秩序构件要素的划分，在一定程度上可以明晰市场秩序的内在特征，在理论上具有重要意义。但是，其实践中，往往会陷入无法更进一步揭示现实市场秩序问题的根源所在，因为市场中出现的无序状况，往往是多方面的，可能是市场主体不完备、制度规则不完善，也可能是权威体系的运作不合理等。基于这种考虑，有研究①提出了另一个体系，即市场秩序包括三方面的内容，即市场进出秩序、市场交易秩序和市场竞争秩序。其中，市场进出秩序包括市场主体进出秩序和市场客体进出秩序，它们分别反映经营者主体的资格与条件、商品客体的标准以及两者进出市场的状况；市场交易秩序包括经营者与消费者的交易关系和经营者之间的交易关系两个方面；至于市场竞争秩序是在市场交易秩序的基础上派生出来的，包括不正当竞争状况和阻碍与限制竞争状况两类内容，它们从反面反映市场秩序状况。

由此可见，职业体育市场秩序应包含以下三个内容：一是职业体育组织主体；二是职业体育运行制度体系；三是职业体育的（权威）运行体系。按照职业体育客观运行过程，职业体育市场秩序包括职业体育市场准入与退出秩序、职业体育市场竞争秩序和职业体育市场交易秩序。

一般来说，市场主体要素包括两类：一是市场经营主体（人），

---

① 市场秩序评价体系课题组：《当代中国市场秩序的评价体系》，《教学与研究》1998年第1期。

即市场生产经营者；二是市场经营客体（物），即是生产经营者的经营对象。对于职业体育而言，市场经营主体主要是职业体育俱乐部或联盟的组织主体；市场经营客体，狭义上是指赛事资源，广义上还包括职业体育运动员、场地设施等。职业体育组织的准入与退出秩序，就是对这两类要素进行规范，通过制定必要的规则使其有序化。建立职业体育运行主体的准入秩序主要涉及以下内容：首先，要对参与市场活动的主体进行资格审查，这是保证公平有序的前提条件。按照职业体育一般概念，所有职业体育市场主体（俱乐部等）都应当成为资金独立、自主经营、自负盈亏、具有法人资格的独立企业，否则，不允许进入职业体育行业参与经营活动。其次，为了保障职业体育运行秩序，还必须对相关运行主体进行质量审查，如其梯队建设数量、运动员构成、场地设施状况等进行登记管理，以保证其自身运行的有序化。再次，要严格规定职业体育主体的经营方式，保障其按照职业体育的运行规律和一般逻辑办事，避免出现消极的、不良的职业体育经营行为。最后，要严格控制职业体育运行主体的运动员、教练员及相关管理人员的资格审查，严格履行合法有序的运动员转会和交易手续。一方面保证流动的正常秩序，另一方面规避可能出现的舞弊行为。一般企业的退出问题主要有企业自行破产和因违反有关政策法律被迫停止营业两种形式。对于职业体育而言，其中企业自主退出的概率相对较大，因此，建立职业体育俱乐部退出制度是保证其秩序的重要条件。

职业体育不同于一般产业的重要特征是其依靠体育竞赛活动的经营设置。因此，职业体育市场秩序，是建立在竞赛竞争的秩序基础上的。为此，创造均等的竞争条件，确立公正而统一的职业体育竞赛竞争规则，使各职业体育俱乐部在同一起跑线上展开竞争是必要的。一场球赛要有秩序地进行，必须给参赛者确定共同遵守的比赛规则，而数场比赛的有序化，就更需要明确的规则体系。从保障职业体育市场竞争秩序的角度讲，首先，要确立获得职业运动员环节上的均等条件，避免因为权力关系而先天性地增加职业体育俱乐部的差距。其次，要建立职业体育赛事营销环节上的均等条件。职业体育赛事产品销售环节的均等，就是减少中间环节，建立均等的职业体育产品推销条件，将一切决定权放给市场，而不是某些人说乒乓球好就优先乒乓球，而忽视足球，甚至漠视棋类。此外，销售环节的条件均等，还包括定价和议价的权利均等。因此，职业体育竞赛竞争的有序性需要保障所有参与者的独立自主权，维护联赛的开放性、同一性，倡导联盟运营的效益优先性，强化竞赛的公正平等的规则体系。

职业体育具有一般产业的市场交易行为，并依托这种交易关系和行为互动实现自身的价值追求。因此，市场交易秩序是职业体育微观秩序的重要组织部分。"市场交易秩序主要是指交易活动公正、有序。"① 要做到职业体育市场交易公正而有序，必须使交易活动公开化、货币化与规则法制化。实行职业体育市场交易公开化，提高市场行为的透明度，提升其受监管与审查概率，从而压制俱乐部间隐形交易和越轨行为的产生。职业体育经济行为的重要特征是货币媒介进入职业体育市场运行中。按照市场运行的一般要求，必须发挥市场机制的功用，其中最为关键的是生产要素和产品的货币化。此外，在公开化的基础上，逐步确立相应的职业体育市场交易规则，并使之法律化，以此消除职业体育运行过程中的混乱、欺骗和越轨行为，保证职业体育运行主体的正当权益。

二 西方职业体育市场秩序内在层级架构

诚如前文所述，市场秩序是市场运行中可辨识的状态，与市场运行规律具有密切关系，对市场健康运转具有重要意义。于是，考察市场秩序，需要把握市场运行规律及其内在机制，唯有如此，方能探究出市场秩序形成与维系的要素及其运作机理所在。

当然，关于市场经济议题，首先要从其基本构成要素企业与市场谈起。在人类历史上，企业作为一种社会样态，缘起于个人劳动的剩余，围绕劳动剩余的交换行为则构筑了最早的市场形态。由此，最早的企业是独资独营的，是不存在马克思语境中的"剥削"行为的。在这种企业样态中，业主享有所有权利，是交换交易行为的主导者，而

---

① 李斌：《商品经济新秩序论》，长春出版社 1989 年版，第 99—107 页。

且企业往往是作为一个实体而存在的。同样，此时的市场更应被看作是一个交换交易的场所，是集市。而真正具有现代意义的企业与市场概念的出现，是随着重商主义、重农主义及其后的古典经济学的研究推进而生的。随着劳动生产率的提升，企业样态发生变化，雇员出现了，围绕企业运作的复杂性随之而来，企业逐渐具有组织样式，结构问题也随之而来。同样，市场也逐渐跳出面对面交换交易的范畴，一种具有平台意蕴的市场概念出现了。而进入现代经济社会以后，企业与市场的外延不断扩张，围绕资源的效率配置成为表征企业与市场的本质之所在。企业与市场都成为资源配置的实现方式，或者说组织样态。按照科斯的观点，企业是市场内化的形式，是节约交易成本的选择，企业与市场两者的边界即在于交易成本与管理成本之间的关系（更确切地说，是等值关系）。也正是在这种意义上说，张五常（1983）认为，企业和市场是契约安排的两种方式，两种关系上的差异主要表现为要素资源配置效率上，或者说是契约的效率上。

　　按照古典经济学理论，沿承斯密的市场主体自利视角，认为市场主体在主观为己、客观为人的过程中通过自我调节可以实现资源的最优配置，达成市场的均衡有序发展。但是，市场行为的外部性、公共物品、市场垄断和信息不完全等市场失灵状况，暴露市场自身的不完备性，于是新古典经济学，开始重视政府和组织作为市场资源调配的有效手段存在。市场的组织理论开始浮现，市场环境开始进入市场资源配置讨论范畴。其中，市场制度体系作为一个市场无法回避的话题，尤为受到关注。相关理论的延伸，则催生制度经济理论。制度经济理论从经济制度与市场交易的关系出发，认为经济发展是制度变迁的结果，并以产权的有效性和交易费用的节约为核心展开。从另一个角度来看，市场经济社会发展推动下，非物质资产、人力资产等要素逐渐进入企业生产和市场交易领域，团队生产方式开始流行，企业变得复杂化了，复杂的企业组织样式开始出现，股份制企业（公司）成为市场运作的主体。在股份公司制中，企业的所有权关系也随之改变，企业的所有者不再直接经营管理企业，而变为法律意义上的企业所有者（股东）和受益者，而真正的所有者则归口于经营者。如此，企业内部股东、经营者、员工之间关系协同成为需要解决的问题，产权和契约被"委以重任"。同样，市场经济本质特征为资源配置方式的市场化，而该过程由价格机制所作用，价格围绕价值，在盈利驱动下本着成本收益的边际考量进行市场交易，即自由交易成为价格机制发挥市场资源配置方式高效的前提。而从保障自由交易角度看，自由交易的前提建立在产权明晰和契约有效上。于是，从市场如何运行角度看或者微观角度看，现代市场经济中的市场秩序应该建立在有效的契约制度和产权制度基础上。①

有了产权和契约以后，依赖利益在市场竞争和交易选择来实现的，企业与市场作为激励资源有效配置的手段，需要进行更为精细化的处理。对于企业内部而言，如何激励、谁来激励、谁来监管、如何监管等问题随之产生；同样，在复杂市场环境中，不确定性、资产专用性等问题也时刻考量市场主体的运作实践。于是，围绕资源配置的市场治理体系"浮出水面"。以有限理性和市场风险（特别是机会主义）为问题指向，以产权关系为基础，依赖契约建立与市场运作相适应的治理结构。企业内部推行委托—代理制，市场运作则依赖制度约束，达成资源有效流转和交易平衡，从而实现企业与市场最本源意义的市场激励和资源有效配置功能。当然，治理体系的选择也是有条件的。不同的市场环境、交易频次、资产专用性，要求有差异化的市场治理体系，如非专用性交易需要市场治理，不确定性高的市场交易需要双边治理，而专用性高的市场交易则需要一体化治理（企业与市场共同治理）等。

当然，需要指出的是，在微观领域依赖产权与契约，随后又围绕治理体系的企业和市场架构，都无法背离鲜活的社会运行环境。因为，企业所依存的产权和契约需要在一个具备道德和必要规范要素的环境中方能变得有效。同样，市场中的交易、竞争及其治理机制也必须与经济社会发展水平、政府政策成熟程度和社会法治化程度相切

---

① 洪银兴：《市场秩序的微观基础：契约和产权》，《学术月刊》2006 年第 3 期。

合。如此来看，企业与市场行为分析还必须涉及对宏观环境的认识基础上。这种宏观环境不仅包括经济和社会发展水平，还应包括政治法律和道德发展程度。西方市场经济的发展与成熟，既是西方经济社会发展的选择结果，也是西方政府运行方式和法治化运作机制共同催生的结果，同时还是西方市民社会和市场道德深入发展的结果。格拉诺维特（Granovetter，1985）关于经济活动社会嵌入性的经典研究便指出了该问题。

　　基于上述分析，大体可以把握企业与市场运作的一般要素特质，即微观领域依赖产权和契约，中观领域涉及治理体系架构，而宏观领域处理好与经济、法律、社会（道德）的关系。解决了这些问题也就为企业和市场运作提供了良好发展的平台，而在此基础上围绕利益的争夺显现出市场秩序来。换句话说，辨识市场秩序也即涉及上述三个层面。或者说，从达成和维护市场秩序的角度，可以将职业体育市场秩序在以下三个层面进行框化，如图 3 - 1 所示。在微观层次，产权和契约作为核心，对应职业体育所涉及的产权样式、劳资关系、组织结构关系；在中观层次，以治理体系为基点，建构利益共同体，涉及俱乐部与联盟组织架构和制度平衡机制；在宏观层次，以职业体育与经济、法律、社会（道德）关系为核心的环境依赖性，包括职业体育运作中政府（法治）、市场和社会发展水平三者关系问题。当然，任何类分都是带有明显研究意蕴的，于是存在内部关联性也在所难免，而且职业体育市场秩序体系作为一个抽象图式，实践中在组织结构与制度层面存在现实的关联性。

　　产生这种现象的原因可能还在于市场组织结构与市场秩序、市场制度与市场秩序之间关系更为紧密。由于前者在本书后续将重点分析，此处仅简单地阐释制度与秩序的关系。事物的社会存在与发展，离不开社会关系和社会结构的支撑，摆脱不了规则的限制。因为随着社会的发展和社会生活的丰富，必要的交换、交往、交流进一步扩展，为了维系合作体系，需要一些默示的和明示的公共规则，这些公共规则就是制度。在秩序语境中的制度，就是用以调整个体行动者之间以及特定组织内部行动者之间相互关系的、强制性或权威性的行为

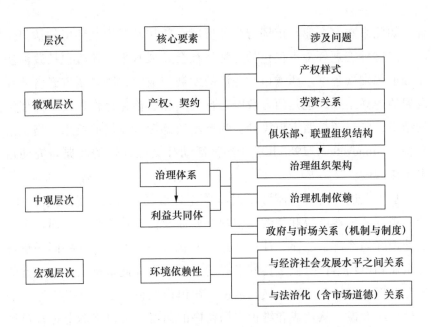

图 3-1 职业体育市场秩序层次架构

规则（体系）。① 它搭建了自由主体得以沟通的路径和桥梁，使那些在价值观、利益、权力、地位上相互差异、对立、矛盾、斗争的人能够合作，又使合作的人能够程度不同地保持各自的独立，为和平共处提供了可能，只要人人都遵守这些规则或规范，社会就能够达成必要的秩序。从这个意义上讲，制度是产生社会秩序的文化衍生的策略，为拥有共同价值观的人寻找一个集合点以保证合作。② 因此可以认为，秩序以规则为条件，秩序的维持和变迁需要有制度，但并不是说任何制度都有利于社会秩序的建立和维持，也不是说制度所建立和维持的一切秩序都是人们所需要和愿望的良好秩序，制度只是建立和维持社会秩序的基本方式和重要力量，是秩序层次提升的重要构件。

---

① 邹吉忠：《现代制度与自由秩序的形成》，《北方论丛》2002 年第 2 期。
② ［美］卡罗尔·索尔坦、［美］埃里克·尤西拉纳、［美］维吉尼亚·郝夫勒：《新制度主义：制度与社会秩序》，陈雪莲编译，《马克思主义与现实》2003 年第 6 期。

第二节　西方职业体育市场系统及市场秩序

市场秩序是市场运行的一种状态，这种状态源于市场运行体在复杂环境中的相互依赖关系的协同。即市场秩序不是虚幻缥缈的状态，它要有依托，其依托的是什么？是市场运行实践，是一个由市场运行主体、客体在市场时空中遵循市场规则、文化、观念所生成的市场结构性要素，以及由市场规律、市场机制和市场治理所搭建的功能性要素，共同构成的市场系统。在该系统中，市场结构性要素与市场功能性要素的吻合博弈，衍生出的稳定的、持续的、可观测的、有规律性的状态即是市场秩序。现实中，不仅背离市场主客体有序有规则的运行无法产生秩序，而且市场机制和市场治理的不合市场规律同样无法形成市场秩序。

如果我们将市场运行绩效定义为市场对各相关利益主体的满足程度，那么衡量市场绩效必然涉及权利要素。当然，在市场经济中，权利既可以用生产、消费的数量、质量、价值等显性要素来表达，也可以用尊重、信任、精神满足等非显性要素来表示。但是，无论是如何来表达，或者如何来计算衡量，权利的实现途径都离不开关系实践。一旦市场绩效进入关系实践，则一方面与市场秩序作为状态的内在规定性发生勾连，另一方面则又进入了市场系统（特别是市场组织结构系统）的范畴（通俗意义上，市场系统运营的目的在于市场绩效的观念可能也即源于此）。如此，则意味着市场秩序、市场系统、市场绩效成为相互关联的一组变量；或者更进一步讲，市场系统运作的结果在状态上体现为市场秩序，而在结果社会功能（社会满足）上则反映为市场绩效。当然，在市场运作过程中，市场秩序作为带有规律性的状态本身就带有一定的能动性，可以"反馈"调节市场系统运行，使其不至于偏离有规律的状态，从而保证市场绩效的达成。

职业体育遵循市场规律和市场机制的要求，依靠市场交易进行资源调配，在结构上形成联盟样式。联盟本质上是"一种在某种经济和文化背景下为了实现资源整合而出现的企业联合体，这种组织的最大特点是：在各合作伙伴之间的联盟过程中，不可避免地会出现大量的'双边事物'或'双边问题'需要处理和解决，按照常规的逻辑，人们总是希望有一个或一些独立于'双边'之外的'第三方'以公正的态度参与这样许多双边问题的调和、沟通，以维持组织的稳定性。"① 从这个意义上说，建立职业体育联盟本身不是问题的目的，而恰恰是解决问题之手段。同样，与职业体育进行联盟结构性要素建构相类似，职业体育合作竞争实践中，所采用和遵循的市场运行机制，如保留条款、倒序选秀制度、工资帽、市场准入机制、电视转播权集中出售等，这些规则和机制运作的本身也带有明显的功能性，一方面为了利润最大化的联盟整体经济绩效或者获胜最大化的俱乐部个体绩效；另一方面又实实在在地促进了职业体育市场秩序的形成，并在变迁中维系着职业体育市场秩序。由是观之，市场秩序、市场系统、市场绩效之间的逻辑关系在职业体育运行中也是适用的。而这也提示我们可以通过分析、梳理职业体育市场系统来探解其维系市场秩序、保障市场绩效的内在规定性。

一 职业体育市场系统体系

市场作为经济体系的基础性构建，在经济学理论范式演化中，经历了内涵与外延的变迁过程。从源头上看，市场是社会分工的产物，是社会生产多元化、间接性和分散性的运作结果。在早期古典经济学理论家那里，市场作为社会交换场所的存在，伴生于社会集会活动，实现斯密语境中的"给我我想要的、你得到你想要的"，达成一担谷与两只羊或一头牛的交换行为。这时的市场是某种有形的物质，具有自然属性，交换是连接市场存在的基础，而交换所依据的价格也往往源于自然价格。从这个意义上讲，早期的市场是无结构之别的。自然进步的历史演变，将市场范围拓展了，市场不再仅仅是熟人交换行为的场所，而成为可以跨域交易的平台，贸易议题产生，抽象意义上的

---

① 石春生、李向阳、方淑芬：《动态联盟组织模式及系统设计》，《管理科学学报》2003年第2期。

作为价格制定和资源配置机制的市场概念随之产生。一旦市场概念跳出过去具体存在的市场内涵，而成为抽象化的组织形式，则市场结构发生差异化变迁，市场价格和交易行为受到偶然因素干扰的成分增加。更为关键的是经济越发以市场为中心展开，供需关系、竞争关系、价格制定及资源配置成为反映经济运行的重要指标，而时间、空间、规则及其市场主体关系成为理解市场之要素存在。通俗意义上的市场也不是单纯在环境催生下产生的，而可能是被"组织"起来的一种人造社会纽带。

　　当然，以马歇尔为代表的边际理论学派所缔造的市场抽象概念，存在市场自身关系不清问题，奥地利学派随即产生。市场在米塞斯、哈耶克的眼中，又有了归属，也即市场是分散经济系统中的网络关系实践，是经济活动中市场主体间合作竞争行为的相互作用过程。经济活动以市场为中心，带有某种内在魔力的实现资源调配，在于市场内在规定性所涉及的资产支配权、收益权和转移权，可以有效地勾连市场行为，保障市场交易主体在自利支配下维持自身对市场运行风险的控制。作为交易过程的市场中，规则制度（产权、契约等）及其连带市场机制，不仅作为市场存在的观测依据，而且成为组装市场结构的重要构件。而后，进入新古典经济学范式后，制度经济学、信息经济学、全球贸易等理论，不断延展市场的内涵与外延，特别是凯恩斯主义兴起后，市场成为与国家并列的角色存在。同时，市场结构也随之发生多元化、异质化变迁。市场结构、产业组织、市场行为、市场绩效成为表征经济这个与市场关联甚密的运行体的重要概念，规则制度、市场文化、市场观念、运行规律、运行机制连同市场主体性建构一道构筑了市场系统的完整体系。

　　在经济学议题中，存在众多两难选择问题，尤以经济组织化与市场自律性之间矛盾最尖锐。遵循斯密法则建立自律市场，任由市场自由交易和自律发展，然自由主义所带来的规模经济，又不自觉地催生市场组织化并走向垄断的问题，会反过来摧毁市场自身的竞争机制，以使得"资本主义生产组织避免自律性市场之毁灭性影响"。① 这种双重倾向的对抗博弈、拉伸收紧贴附于市场制度的演化历程，左右着市场运行组织化实践，后人往往将其称为"马歇尔冲突"。事实上，对于市场而言，自由竞争无疑是市场机制实现资源有效配置的核心动力，但这对于企业组织而言，则会产生灾难性的后果，因为自由竞争往往将利润导向价值，直接影响产业组织，特别是末端产业的弱小企业组织的生存。而出于产业组织的理性，诚如施蒂格勒（2006）所指出的，"当产业中的所有企业像一个垄断者一样行动，它们就使联合利润最大化"，也就是说，合谋性质的垄断成为组织谋求自身效用最大化的有效选择。正是基于此，在19世纪末和20世纪初，卡特尔（托拉斯）式的寡头垄断横行，组织形态上形成由一系列生产类似产品的企业组成的联盟样式。由此可见，在市场竞争和组织合作的动态演化过程中，市场组织样式随之发生变迁，而联盟就是在这种演变过程中出于确保自身市场优势的相关企业和机构之间的协同竞争和资源整合的组织模式。

作为一种组织样式，分析联盟这一概念，需要认清它是由什么核心要素构成的，以及这些要素之间是什么样的关系。事实上，在经济学的分析架构中，往往将市场行为按照价值链条构型，经济体系被认为是通过几个乃至无数个价值链以及其涉及的众多组织（个人）整合而形成一个复杂交易网络，其纵向上涉及众多价值链的生成组织，而横向上也涉及多个相近价值生产组织。于是，经济运行中，纵向上"自产还是外购"成为必须面对的选择问题，同样，横向上如何维系自身资源优势获取更多市场份额（利润）或者说如何处理与竞争企业之间的关系也成为必须面对的现实问题。在市场交易成本实存的背景下，如果遵循威廉姆森关于节约交易成本是资本主义制度的目的和作用的论断，那么经济体系中实存的组织本着节约成本将与自身相关的组织联合起来显然是明智的。也就意味着当市场交易成本大到超出组

① ［美］卡尔·波兰尼：《巨变：当代政治与经济的起源》，黄树民译，社会科学文献出版社2013年版，第241页。

织再构成本时，组织有纵向上融合价值链上下游组织的冲动，同样，也有规避竞争联合同类组织的欲望。而联盟恰恰就是这种"处理相互依赖关系的方法"。① 如此看来，联盟的构成要素也就涉及两个方面：其一为价值链条上的上下游组织；其二为价值链上的同源组织。第一种联盟形态，实质上是一种价值链的再升华组织样式，即通过组织化流程消解原有市场谈判契约成本，并依赖价值链业务延伸实现合作导向型关系。第二种联盟形态往往基于利益互诱和利益共存关系，并力图达到垄断效益或威权效应的运作方式，即将原有几个或多个存在零和博弈关系的组织联合成为一体，从而降低竞争中的不确定性。现实中，第一种联盟形态广泛存在于市场经营活动中，成为企业战略联盟选择的理论依据；而第二种联盟形态由于垄断性特征明显而受到相关法律制约，逐渐转向演化为企业关系或国际关系分析的框架。职业体育，依托体育竞赛而联合生产等特质使然，以联盟作为主要运行方式是其显现特征。

从组织样式上看，职业体育联盟不仅涉及上下游组织的联合，还内在地包含众多相互竞争的类企业组织（俱乐部），从这个意义上讲，职业体育联盟具有特殊性，兼具了上述两种联盟特质。按照经济学关于联盟的定位，职业体育联盟可以看作是以推广职业体育竞赛和体育竞赛商业化运营为主要目标，由多个职业俱乐部（队伍）、经营商组成的独立法人实体。从组织形态上看，职业体育联盟以企业组织的职业俱乐部为组织要素，并夹杂多个运营商组织，外在形态上呈现为单一性的独立法人实体。也就是说，职业体育联盟外在显现为单一的公司形象，而内在却包含多个具有企业性质的企业组织，形成"多个伙伴关系聚集的自我中心式的联盟组合样式"。② 从构成要素看，职业体育联盟包括多家职业体育俱乐部、各色经纪人与经理人、赞助商、媒体组织、运动员、教练员、裁判员乃至消费群体组织；而关系搭建上

---

① ［美］W. 理查德·斯科特、杰拉尔德·F. 戴维斯：《组织理论——理性、自然与开放系统的视角》，高俊山译，中国人民大学出版社 2011 年版，第 270 页。

② Ulrich Wassmer, "Alliance Portfolios: A Review and Research Agenda", *Journal of Management*, Vol. 36, No. 1, 2010, pp. 141–171.

以契约为主，联盟与俱乐部之间、联盟与运营商及媒体组织之间、俱乐部与赞助商之间、俱乐部与运动员及教练员之间，都是通过契约缔结一体，形成合约联结的关系网络。在具体运作中，职业体育联盟通过内部章程和规则体系架构职业体育联盟运行机制，采取诸如准入制度、电视转播权集中出售、保留制度、选秀制度、工资帽等举措，将联盟内俱乐部、运营商、媒体组织、运动员等协议为一体，实现控制的内部化、发展的外向型、竞争的多元化。而市场文化与观念方面，以提供高水平竞赛满足人们观赏需求为指向，形成基于体育竞赛的公平竞争和拼搏争胜基础上的迎合消费社会的积极向上产业文化。

由此来看，职业体育在显现表征上就是一种基于利益共同体组织架构样式，联盟整体与单个俱乐部在利益和目标上的一致性，是其运行的基本保障和效益基本增长点，各俱乐部为了共同利益而竞争合作，联盟团体越稳定、利益收益越大，单个俱乐部收益越多。而围绕利益共同体结构形成的职业体育文化，连带职业体育运行规律、运行机制和治理体系，构筑完整的职业体育市场结构体系。具体如图 3-2 所示。从整体上看，职业体育市场系统包括结构性要素和功能性要素两部分。职业体育市场的结构性要素又包含显性要素和非显性要素两方面：从内容上看，职业体育显性结构要素包括市场主体结构（职业运动员、职业俱乐部、职业体育联盟等相关关系）、市场客体结构（主要指观众、赞助商、转播商、政府等相互关系）、市场空间结构和市场时间结构（指职业体育产品结构特征、职业体育市场运行结构关系等），实践中往往以利益共同体样式存在；而职业体育非显性结构要素则包括职业体育市场规则体系、市场文化体系和市场观念体系三个方面，并依托职业体育文化样式存在。职业体育市场的功能性要素包括职业体育市场规律、职业体育市场机制和职业体育市场治理三块内容，其目的是保障职业体育遵循市场规律、市场机制要求，显现有序运行特征。当然，职业体育市场系统是一个完整的连续协调体系，其结构性要素与功能性要素在职业体育市场运行实践中是共同作用、协同发挥效用的，职业体育市场秩序正是这一系统运作的良性显现。

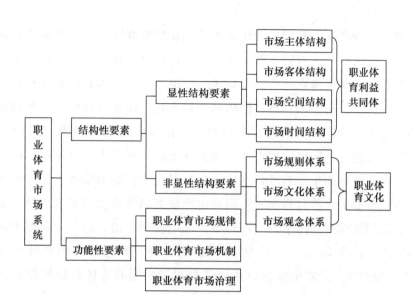

图 3 - 2 职业体育市场系统的完整结构体系

二 职业体育市场结构性要素与市场秩序

职业体育作为体育产业的一分子，隶属于第三产业的范畴，向社会提供服务以提供满足社会需求是职业体育的本质所在。那么这种服务是如何生产、交易、消费的，其间又具有什么样的本质规定性是首先需要明确的议题。

（一）遵循球迷福利中心原则的联合生产组织架构

职业体育，作为一种竞技体育的商业化运作样态，是通过提供高水平比赛，并围绕比赛进行相关商业化运作，从而获取盈利。其运作实践中，涉及众多的利益相关者群体，如球员、投资人、赞助商、球迷等。不同利益主体参与职业体育运作有其差异化的动机。西方学者[①]提出主要存在两种动机，即"利润最大化和获胜最大化"，并认为，这是北美职业体育和欧洲职业体育之间的主要差异。当然，客观

---

① Apostolopoulou, A., "Brand extensions by U. S. professional sport teams: Motivations and keys to success", *Sport Marketing Quarterly*, Vol. 11, No. 4, 2002, pp. 205 - 214. Helmut M. Dietl, Markus Lang, Stephan Werner, "Social Welfare in Sports Leagues with Profit - Maximizing and/or Win - Maximizing Clubs", *Southern Economic Journal*, Vol. 76, No. 2, 2009, pp. 375 - 396.

来说，不论是强调利润最大化的北美职业体育联盟，还是追求获胜最大化的欧洲职业体育俱乐部，在这两个动机之间找到平衡点应该是一个常态。这个平衡点是什么？球迷的兴趣或者球迷福利即是其核心所在。因为，不论追求利益共同体利润最大化，还是以自身俱乐部利润最大化为宗旨，其所达成目标的途径，都需要通过球迷来"买单"，门票收入也好，转播收入也罢，脱离球迷群体就失去了财务收入的一切。职业体育的生产与经营本质上是"其生产的赛事服务产品的价值和使用价值的生产过程，一方面要生产能够满足观众的赛事产品，满足观众的体育娱乐需求，生产赛事产品的使用价值；另一方面要考虑赛事产品的价值实现"。① 从这个意义上讲，球迷就是职业体育的"衣食父母"，而遵从球迷诉求的竞赛设置成为职业体育组织架构之基础。

在职业体育内，体育竞赛是其赖以存在的基础。体育竞赛的竞争，运作实质上带有明显的零和博弈性，即要么你取胜，要么我取胜。而且以满足社会观众观赏需求为导向，则意味着增加观赏水平成为关键。对于观众而言，除竞赛本身水平以外，比赛结果的不确定性是一个重要指标。只有比赛结果是预先不知的，充满悬念的，比赛方能调动观赏者的热情。于是，从内部讲，保持体育竞赛的不确定性成为职业体育运营的关键所在，这种不确定性又往往体现为竞争平衡，即避免一支球队长期垄断竞赛胜利。另外，为了保证竞赛的水平，限制赛事的数量和优化赛事时间日程安排也同样重要。如此，就需要对体育竞赛进行组织化运作，以联盟形式维系职业体育竞赛的公平性、竞争性和观赏性的提升，协调联盟内资源的合理配置。

对于职业体育而言，商业化运作的好坏取决于体育竞赛活动水平的高低这是显然易见的。竞赛水平越高、竞赛越激烈、竞赛的结果越重要，其商业化价值越高，其商业化运作的空间越大。如作为世界篮球最高水平的 NBA 总决赛的商业化价值就明显大于一般的体育竞赛。

---

① 张保华、何文胜、方娅等：《职业体育联盟的生产与经营行为分析》，《体育学刊》2009 年第 11 期。

事实上，西方职业体育的发展即是以此为核心进行了相关竞赛规则、组织结构和运作体系的变迁实践，并在全球化历程中成就其先导者角色。通俗地讲，就是西方的职业体育好看，我们有兴趣并乐意观看。

从缘起上看，职业体育是体育发展到一定阶段的产物，是体育竞赛活动的价值多元化的结果。从运作形式上看，围绕体育竞赛的商业化运作是其基本样式，产业化组织运作是其本质属性。职业体育从其正式产生开始就是以团队生产方式进行产品的生产。团队协作生产的样式，使职业体育在整体上类似于一个企业，具有一般企业组织结构与运作方式。在产业化组织运作方面，组织结构、市场形态上千变万化，但是，对于职业体育而言，一个内核是无法改变的，即体育竞赛活动。体育竞赛活动，作为社会化程度较高的人类活动形式，多主体的关系互动是其基本特征。换句话说，单一主体的活动是无法称为竞赛的，唯有两个及以上主体的共同参与竞争活动，方能构成体育竞赛活动。如此，也就意味着职业体育内在包含主体联合生产的规定性。

跳出体育竞赛层面，职业体育则具有差异化的实践，有的职业体育继续追求联盟化运作，如北美职业体育（MBL、NBA、NFL 等），也有的职业体育呈现以俱乐部为中心的组织运作样式，如欧洲职业足球（西甲、英超等）。这种差异化的关键在于，在职业体育市场运作环节组织样式选择上的不同，更通俗地讲，就是企业与市场边界选择上的不同。北美职业体育，以联盟为企业（市场运作）主体，集中进行市场运作实践。在这种模式中，企业范畴更大，联盟内部还有市场；企业集中进行职业体育产品的生产、销售活动，然后借助组织化契约将产品收益分配给联盟内成员俱乐部，俱乐部在球员转会、门票销售、转播权售卖等方面都需遵从联盟的要求，或者在定额内，或者要相互间分享。而欧洲职业体育则以俱乐部为主体，进行市场化运作。在此种模式中，俱乐部具有市场运作的自主权，它们可以独立制定自身市场运营方略，从球员转会、门票销售、（部分）电视转播权售卖，自主经营、自主收益是其基本特征。当然，即便是以俱乐部为中心，欧洲职业联赛在体育竞赛之外，也往往强调合作，并追求以满足球迷诉求为导向。但是，无论北美职业体育联盟模式，还是欧洲职业体育的俱乐部样式，合作竞争基础上的团队生产过程是一致的，这也是职业体育区别于其他行业的基本特征。而市场运作上的差异性更多的是由于合作博弈过程中市场主体确认环节的组织化方式不同。由此，联合生产性往往被看作是职业体育市场的一个基本特征。

（二）以化解双重竞争矛盾为依托的产业组织结构架构

体育竞赛本质规定性上的联合生产特征，使职业体育在模式选择带有了区别于一般市场企业的特征。在实践中，职业体育运行主体不仅要受到市场规则的限制，还要受制于竞技规则，在市场竞争与体育竞争之间谋求平衡。之所以如此，因为市场竞争是以体育竞争为基础的，并借助体育竞赛实现经济收益。在体育竞争领域，竞争本身就是运行的目的，而跳出体育竞赛领域，竞争也就不仅仅是目的那么简单，它还是经济活动的手段。当然，正是在这种意义上说，职业体育领域的竞争连同其本源竞赛意义上的合作，影响和决定着职业体育产业组织方式。

诚如周平（2005）认为的，"职业体育市场是较为成熟的市场，它基本上是沿着符合体育产品和体育产业特性的路径发展起来的"。那么在竞争与合作过程中，职业体育产业组织方式到底是什么样的呢？有人认为，它是"以职业体育俱乐部为基础建制，通过职业俱乐部的共同体（联盟或协会）来协调俱乐部间的合作与竞争关系，以市场化方式进行运作的社会经济组织模式"[①]；也有人认为，它实质上就是一种"市场垄断型联盟"[②]；还有人提出，它"属于企业与市场之间的中间组织，是市场和企业的互嵌，具有市场和企业的二重性，因组织成本、市场交易成本高低而体现出企业属性和市场属性的强弱"。[③] 事实上，笔者比较认同最后一种说法，即职业体育产业组织上带有企业与市场的双重性，存在一个组织化的市场概念。

---

① 张文健：《职业体育联盟的组织模式研究》，《上海体育学院学报》2006 年第 1 期。
② 王庆伟：《我国职业体育联盟理论研究》，《体育科学》2005 年第 5 期。
③ 李燕领、王家宏：《职业体育联盟的性质与最佳规模控制——以 NBA 与"英超"为例》，《西安体育学院学报》2013 年第 5 期。

表 3 – 1　　　　　　　　　职业体育产业组织的特征一览

类别	企业	职业体育产业组织（联盟等）	市场
性质	企业组织	中间组织（企业联盟组织）	市场组织
内部关系	科层关系（合作为主）	合作竞争关系	竞争关系
资源配置方式	行政	行政 + 市场	市场
机制依赖	组织机制	组织 + 价格机制	价格机制
主要成本来源	组织成本	组织 + 交易成本	交易成本

如果遵循经济学的观念，认为企业与市场之间是连续衔接的，那么两者之间必然存在重点中间组织，它们兼具企业与市场的特征，同时也具备两者的优势。如表 3 – 1 所示，与企业、市场相比，职业体育产业组织在性质、内部关系、资源配置方式、机制依赖、主要成本来源等方面都具有自身的特征。

回归职业体育领域，组织关系是职业体育运行过程中不可避免的话题，俱乐部与俱乐部、劳方与资方、运动员与教练员、联盟（俱乐部）与政府、球迷、赞助商、媒体等，这些复杂关系都需要依托运行组织关系网络得以协同解决。而且更为关键的是在职业体育中，俱乐部集体产出是其最为重要的市场运行特征，唯有俱乐部形成联盟运行，才能实现俱乐部的生产实践活动，才有市场运行的竞赛根基。因此，要实现职业体育有序市场运行，就需建立职业体育联盟，走出集体行动困境。在产业经济学的研究范畴中，往往将企业之间出于战略目的而进行的合作称为战略联盟。联盟以整体运行利益为决策基础，导向利润最大化。在社会学研究视域中，联盟形式实质是一种企业网络结构模式，是不同市场主体之间通过一系列关系链条构造的社会结构态势。这也就意味着，联盟的形成是由于"具有参与活动能力的行为主体，在主动或被动地参与活动过程中，通过资源流动，形成一些彼此之间正式或非正式的关系"[1]，职业体育联盟的形成也是如此。引

---

[1]　郭劲光：《企业网络的经济社会学研究》，中国社会科学出版社 2008 年版，第 32 页。

申之意，职业体育联盟形成即是依靠集体行动关系协同而实现的，其间利益共同体就是一核心机制。现实中，采用联盟模式运行的西方职业体育，无一不暗含着利益共同体运行特征。俱乐部的利益在很大程度上是由联盟整体的结构与功能所决定的，其成本、收益不完全取决于自身，更大程度上取决于它所赖以存在的联盟及其他俱乐部。当然，从利益属性和交易关系上看，联盟利益共同体内各俱乐部都具有各种独立的利益，也力争实现自身利益最大化，并通过市场交易行为来实现；而对内采取内部市场运行样式，对外彰显利益相关者协同竞争力，维系共生的联盟环境，采取竞合融通的治理机制，成为联盟谋求整体优势的关键所在。如 NBA 联盟采取委托经营集中营销的联盟运作方式，推行工资帽等维系内部竞争平衡的举措，这都反映了其利益共同体运行特质。由此可以发现，职业体育利益共同体内生于职业体育联盟运行关系体系中，带有明显功能性共同体特质，可以有效地化解职业体育运行中面临的集体行动困境和双重竞争利益协同，在各种相关利益群体的社会联系中建立合社会发展的秩序，是维系职业体育联盟组织系统有效运行的共生系统，发挥治理机制的基础作用。

（三）以交易优化为核心的市场结构架构

交易是市场经济的基本机制，产品生产、销售的全过程都离不开市场交易这一实践。在经济学领域，市场交易实质上就是产权交换，是马克思语境中价值和使用价值的交换过程。而随着市场外延的延展，市场交易，既可能是物质资料的交易、人力资源的交易，也可能是服务的交易；交易达成的场所可能也会发生变迁，场内交易和场外交易经常并存。当然，在有限理性和市场风险背景下，市场交易过程往往以契约为基本形式，以规范和约束交易主体，使交易可以顺利达成。如果说产权是市场交易可能的基础，那么契约就是市场交易得以完成的保障。它们从不同的方面规范着市场主体的交易方式和交易行为。

职业体育运作中包括多元主体，并导致多样化的利益关系。多元主体的多样化利益关系实现需要借助市场交易。职业体育市场交易，也就是职业体育产品和服务产权的交易，涉及职业体育竞赛产品的销售、职业体育生产资料的买卖、职业体育组织服务的交易等。从层次上，可以将职业体育市场交易划分为以下三个层次：第一层次是俱乐部生产资料的交易，包括职业体育生产所需的场地设施、运动员等的产权交易，其核心机制依赖是契约。第二层次是俱乐部之间的交易，涉及俱乐部权益分配，其核心机制依赖不仅包括契约，还包括组织制度。第三层次是职业体育生产产品的市场销售，是职业体育市场主体与其他组织（或个人）之间的交易行为，当然，这种交易也离不开契约的支撑。

从产品生产层面看，职业运动员、职业体育俱乐部和职业体育联盟是职业体育的生产者，其中运动员需要借助俱乐部而实现价值，而联合生产的特性又要求俱乐部选择联盟的组织样式，俱乐部通过招募聘用运动员、教练员，借助联盟组织框架进行协调、管理，并以运动员竞赛的形式生产职业体育产品。而球迷（观众）、赞助商、媒体组织（转播商）及政府组织作为消费者，或者直接或者间接地介入职业体育运营实践，影响和引导着职业体育的发展。从生产者角度看，职业体育俱乐部面临着运动员市场与俱乐部之间市场的双重竞争，以及联盟组织的协调与制衡。从消费者角度看，观众球迷是消费群体的最终消费者，他们或者以购买球票、购买俱乐部提供的商品等方式直接进行消费；或者以对赞助商、转播商产品的消费而间接进入；也或者从政府投入中获得消费。因此，多维多边市场结构形态就成为职业体育市场的一般样式。

如图 3 - 3 所示，在职业体育产品生产领域，对于俱乐部而言，围绕运动员等资源交易，形成两个必须面对的市场：其一为整体上的资源配置市场，其二为联盟内部俱乐部间的市场。对于前者而言，俱乐部所面对的是资源进入的竞争市场，而后者则是在联盟规则下的资源重新配置的受限竞争市场。而从消费市场角度看，由于职业体育产品的形式延伸，围绕竞赛产品可以生成有形产品（如俱乐部纪念品、装备等）和无形产品（俱乐部形象等）。其中，有形产品类似于一般物质商品的买卖，直接关联球迷群体；竞赛产品则既可能通过转播商而进入电视观众群体，也可能在竞赛现场由现场观众直接消费；而无形产品则往往受到赞助商的追捧，并变相进入球迷群体。从各参与主体角度看，球迷（观众）是否愿意投入资本，关键在于竞赛产品的质量，其中，核心是竞赛产品的可观赏程度；赞助商，往往关注该职业体育赛事是否受欢迎，是否有良好的形象和无形资产价值；转播商，则更倾向于关注该赛事的观众规模，是否可以吸引到大量的广告商和赞助商；而运动员、俱乐部投资人是否加入某一职业体育产品生产过程，则与该赛事的市场整体吸引力和影响力密切相关。总体上看，由运动员、俱乐部、联盟、赞助商、转播商等多元主体，围绕各自利益的表达过程，形成了职业体育的多维多元市场网络。当然，这样的多维多元市场网络，也必然需要有相应的市场组织结构与之配套。

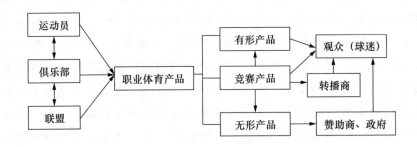

图 3 - 3　职业体育多维多边市场示意

（四）职业体育俱乐部与利益相关者之间的网络互动关系

职业体育以体育赛事服务为产品，围绕提供高质量赛事满足观众观赏需求为出发点进行组织、产业、市场架构，其"产权关系、组织架构、治理体系都为了赛事产品的质量服务"。[①] 体育赛事产品创造和生产的联合性，以及产业组织和市场体系的复杂性，致使职业体育生产活动中面临众多利益相关者。有学者根据各利益相关者与职业体育的紧密程度和对职业体育的影响程度，"将利益相关者分为直接的核心利益相关者和间接的边缘利益相关者"，认为，前者包括运动员、教练员、裁判员等；后者包括赞助商、媒体、其他俱乐部、经纪人、

---

① 张保华：《职业体育服务业研究》，经济科学出版社 2009 年版。

观众等。① 职业体育就是在与这些利益相关者的互动实践过程中，形成完整的网络式的市场运行系统。那么，这种网络式市场运行系统是如何运作的，又是如何产生市场秩序的，是需要认识的议题。

理论上说，具有复杂网络关系的社会（市场）运行体系而言，建立组织间网络的最终目的是网络资源，即通过利益共同体架构培育利益关系网络，连带获取、整合和撬动利益相关者的资源。而在这种介于市场与企业的组织样式中，组织间关系节点是维系其网络关系和运行体系的关键所在。企业与利益相关者通过该节点进行联结，各种形式的资源也通过该节点在网络体系的不同企业组织（或个体）之间流动和分配，并产生网络资源溢出效益。换句话说，这种组织间关系的关键节点，就是复杂网络运行体利益共同体建构的实践点。当然，需要指出的是，遵循系统演化的规律，复杂网络关系体系中，涌现总是依层级而生的，通过不断产生"新质"，推动系统从低层级到高层级演化。由此可见，考察职业体育这样一个复杂社会运行体的利益共同体建构，也需遵循系统涌现的层级特征，把握其网络资源溢出效益产生的关键节点。

如图 3 - 4 所示，从运作组织主体角度，可以将职业体育复杂关系网络框分为 A、B、C 三个组织层级。其中，A 组织层级的主体是运动员、教练员、裁判员等竞赛主体，他们之间遵循体育竞赛规则，并以合作竞争"生成"精彩比赛，而其组织方式上往往呈现体育运动队组织样式，运动队对内强调分工协作，对外强调尊重对手又力图战胜对手。在该系统中，以俱乐部为组织样式，以运动员、教练员、裁判员等为参与主体，围绕体育赛事生产实践展开竞争与合作，产生高质量的体育赛事产品。上升至 B 组织层级，该组织层级的主体是投资者、经营者、赞助商、转播商、中介组织、观众等市场经营主体，但是，这些市场经营主体无法独立存在，他们必须依托 A 组织层级之竞赛主体而存在。围绕竞赛产品，遵循市场规则要求，借助协议或契约

---

① 袁春梅：《我国职业体育利益相关者的利益冲突与协调》，《成都体育学院学报》2008 年第 6 期。

达成战略联盟组织样式，用以保障各相关利益主体之间竞合关系。如果说，商品是市场的纽带，那么在 B 组织层级上，竞赛产品及其背后连带的竞赛主体就是勾连各利益相关主体的纽带所在。如此，在该层级上依托利益共同体，保证各利益相关者在竞赛产品这一点上具有共同价值追求；当然，条件自然是给予他们对竞赛产品价值的追索权，并以竞赛产品的产权明确，生产决策权、产品收益权明晰为前提。而竞赛产品源自何处？显然，源于 A 层级竞赛主体（运动员、教练员等）的竞合表现。从这个意义上讲，竞赛产品及其连带的竞赛主体之间的互动是该层级利益相关者运行的基础；而基于此，在市场范围内围绕竞赛产品的商业化运作，以利益共同体建构为核心展开互动实践，生成完整意义上的职业体育竞赛产品（被包装的竞赛产品），其中在市场层面上，委托—代理、联盟组织等被广泛采用，形成有效的市场规则体系。在 C 组织层级上，职业体育联盟成为社会的一分子，存在于政府、市场和社会框架内，受到政治、经济、法律、社会文化等因素影响。内化于环境中，遵循环境的"选择"约束，不断"适应"并时而"反作用"于环境，共生规则成为该复杂组织系统遵循的原则和互动的基本规则。在该层级上，职业体育以满足和适应社会需要，服务社会诉求为出发点，而政府、观众等构筑职业体育运行社会环境体系，引导和规范着职业体育的有序运行。

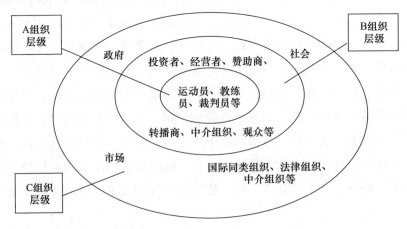

图 3－4 职业体育利益相关者互动关系体系

如此一来，在职业体育产品生产和消费实践中，以利益共同体建构为核心，在体育竞赛层面、产业组织层面和市场系统层面，分别以不同的组织结构样式与利益相关者进行广泛互动，以维系产品链条有序运作。而该实践的达成实质上即是演化形成市场秩序的过程。从这个意义上讲，职业体育职业体育俱乐部或联盟与利益相关者之间的有机互动是市场秩序形成与维系的关键。

三　职业体育市场规律、市场机制与市场秩序

市场作为资源配置手段存在的依据在于市场交换，市场交换实践将企业与企业、企业与市场串联起来，实现了商品价值与使用价值的转移，并由此调动市场主体积极性，推动经济社会发展。而市场交换、交易实践中沉淀下来的具有规律性的东西，也就是市场规律。在经济学理论体系中，一般认为，存在三大市场规律，即价值规律、供需规律和竞争规律。价值规律作为市场经济的基本规律，规定了市场条件下，商品交换的前提，即等量交换，从而对社会生产发挥调节作用，促进企业改进技术，提升劳动生产率，引导企业在供给满足社会需要的商品生产中促进社会生产力的发展。供需规律和竞争规律，基于价值规律展开。前者实质上也与商品的价格直接相关，为市场交换交易提供价格信号，引导市场生产和消费结构变迁；后者依托价值规律，回归市场经济本质属性，促进商品价格与价值的对照平台，并以此为基础促使资源合理流动与高效配置，在优胜劣汰中推动企业创新和社会进步。在市场经济中，市场规律的鲜活存在反映为市场机制，这些机制又主要体现为价格机制、供求机制、竞争机制等方面。而市场经济遵循市场规律，在市场机制的调配与运作下产生的可识别、有规律的市场运行状态，实质上即是市场秩序。从这个意义上讲，市场秩序是市场体系中市场规律和市场机制的运作结果。

职业体育作为市场运行体，理应具有市场经济的一般规律，遵循市场经济的一般机制，或者说，价值规律、供需规律和竞争规律，以及价格机制、供求机制、竞争机制在职业体育市场运作实践中是基本存在的，以至于正是这种规律性的存在，催生了职业体育市场秩序。当然，由于职业体育产品及职业体育市场自身的特殊规定性，职业体

育市场规律与市场机制，在催生职业体育市场秩序中往往又会呈现其特殊性。如此，从研究角度看，本书重点将分析这些具有特殊性的规律与机制，对职业体育市场秩序形成与维护的有效性。

（一）职业体育市场运行机制的内在规定性蕴含了市场秩序的微观基础

职业体育区别于传统体育即在于它以追求盈利为根本目标和运行取向的。这种逐利性特征，要求其遵循市场逻辑按照市场规范进行资源调配和组织体系建设，并决定其行为主体或组织架构的市场特质，即必须是实体化的、企业化的，无论是协会办，还是社会组织办，抑或是两者联办都必须如此。换句话说，体育竞赛活动的组织化、专业化和售卖性仅仅是职业体育的外部表现，而内在组织上按照现代企业制度和市场规范搭建的公司化运行机制体系是其内核所在。诚然，市场的特质是追求资源的有效配置，而组织的特征在于追求效用的最大化，而连接两者的关键在于交易成本的边界。那么，如何有效保障交易的达成显然意义重大，因为价值规律、供需规律、竞争规律都要在市场交易中实现。在经济学理论中，保障交易的进行意味着首先要赋予市场主体以权利，给予他们资产支配权、处置权、收益权，市场正是凭借其内在的权利束达成优胜劣汰的市场机制。市场中暗含的对行为主体约束的权利束即是产权。作为权利束存在的产权，具有资产支配性、收益性、排他性、可转移性等特性，可以帮助市场交易主体形成合理的预期，可以像科斯定理所期待的那样实现市场活动的外部性内部化，并最终导向帕累托最优，从而提供经济激励。在这个意义上说，产权成为保障市场机制良性运行的基本制度设置，并被西方主流经济学所推崇。

当然，产权也不是与生俱来的，它是"产权主体把潜在利益变为现实利益，并获得和享有这一现实利益的制度演变过程，是一个制度设计、实施、推广的制度化过程"。[①] 即在特定的经济和社会背景下，市场运行主体围绕利益的获得和享有，在主观自利而客观利他的经济

① 高树枝：《论产权形成及其演变》，《宁夏社会科学》2002 年第 5 期。

实践中进行的制度设计、实施、推广，最终形成产权制度。职业体育的产权界定过程更是"沿承与借鉴经济制度理论中产权理论，并经由职业体育运行主体通过反复博弈、协同演进而形成的"，是"制度化界定的产物"。① 如此看来，作为市场基本规则的产权，本身就带有另一特质，即契约性，是制度体系的一种。

事实上，职业体育市场交易往往由签约来完成，而契约的保障制度是否完善是决定交易能否完成的关键因素。因为在职业体育运行实践中，市场契约具有以下三个方面的主要功能：其一，市场契约可以消解因职业体育资产专用性而带来市场不确定性、市场外部性等问题，具有明显的激励促进作用。其二，职业体育作为具有团队生产特征的市场运行体，维系和监督团队运行，需要市场契约功能的显现。其三，契约为市场治理提供了依据。事实上，正是在市场契约保障下，市场交易才得以完成。仅从市场交易维系角度看，职业体育市场交易就包含内容丰富、严密的制度体系。"按照交易的签约顺序，进一步细分为签约前制度、签约时的制度以及签约后的制度三种。签约前的制度包括市场准入和担保制度；契约谈判制度主要是劳资谈判；契约签订后还必须通过复杂的制度加以保障，包括监督制度（共有联盟总裁监督、裁判监督和媒体监督三个层次）、激励制度、纠纷处理制度和保险制度等。"② 在职业体育市场运行中，契约作为经济行为纽带出现，不仅保证了职业体育市场组织结构的协同性，同时也保障了市场运作的合规律性和有序性。

由此可见，如果说市场运行需要一定的条件，只有各方条件都趋于完备才能构筑良好的市场秩序，那么产权与契约是其基础性构件。正是在这个意义上，洪银兴（2006）强调，"现代市场经济中的市场秩序应该建立在有效的契约制度和产权制度基础上"，对于职业体育而言也是如此。事实上，西方资本主义市场经济氛围和"普通法"的

① 张兵：《过渡经济视域下我国职业体育产权结构形成与改进分析》，《天津体育学院学报》2012 年第 5 期。

② 郑志强：《职业体育市场交易制度研究》，《西安体育学院学报》2010 年第 1 期。

法律体系烘焙下，职业体育在不断试探过程中，反复博弈，已然"在相互依存、相互限制的市场中"① 形成了严密的产权制度和契约精神，并根植于职业体育运行的内在规则体系和机制实践中。也正因为如此，职业体育市场运行才有了相对健康的市场秩序。

（二）获胜最大化与盈利最大化在职业体育市场秩序形成中的统一性

职业体育是以体育赛事为基础的市场运行体系，其发展优劣取决于体育赛事的精彩程度或者说竞争激烈程度。唯有有了高水平的体育赛事，方能给观众带来精神享受和满足，才有后续围绕赛事的商业化运作成功。也正因为如此，从竞争的角度看，职业体育包含体育赛场竞争和市场竞争两个方面。前者作为职业体育发展的基本保证，是后者的前提与基础；后者的良性发展又反过来决定前者的水平高低。换句话说，在职业体育中，体育竞争与市场竞争是相辅相成的。

当然，体育竞争的最终指向是获胜，而市场竞争的根本目标则是盈利。如此，关于职业体育市场运作目标上是利润最大化还是获胜最大化的争议从来就没有停止过。早在 1976 年，斯洛尼就曾指出，欧洲（英国）职业体育与北美职业体育联盟具有"差异化的经营目标"，"北美职业体育更强调利润最大化"，并采取了"相应的限制措施，特别反映在特约经营体系上"，这有助于它们保持财政稳定；而欧洲（英国）则缺乏相关制约机制，他们更追求获胜最大化。鲍勃·福特和詹姆斯·奎克（Bob Ford and James Quirk，1995）进一步指出，北美职业体育"以利润最大化为目标"，"采取了收入分享、自由代理、工资帽等制衡机制"，这些联盟规则对目标的实现具有重要意义；相反，欧洲职业体育以获胜最大化为理念，强调俱乐部自身利益的满足，往往会带来一些问题，如"欧洲足球俱乐部之间的军备竞赛，造成财政压力"。② 如此是否意味着，职业体育作为市场运作体系就需要

① ［德］N. 卢曼：《社会的经济》，余瑞先等译，人民出版社 2008 年版，第 78 页。

② Pedro Garcia - del - Barrio, Francesc Pujol，"Hidden Monopsony Renta in Winner - Take - All Markets—Sport and Economic Contribution of Spanish soccer Players"，*Managerial and Decision Economics*，Vol. 28，No. 1，2007，pp. 57 - 70.

遵循市场运行规律——专注于市场盈利呢？答案显然是否定的，因为即便不谈北美职业体育存在的劳资谈判风险及其带来的停摆问题，仅从理论上看，利润最大化运行目标取向也是带有条件的，或者说需要严密的市场组织架构（如职业体育联盟等）与严格的治理约束，同时还需要高水平的体育竞争赛事作为保障。同样，关于欧洲职业体育联赛更倾向于获胜最大化的目标，也是有原因的。Umberto Lago（2006）等的研究显示，欧洲足球联赛中存在的财政困境，不仅与其采取激励获胜最大化的"升降级的开放结构"有关，还与"20 世纪 80 年代欧洲取消职业联赛收入强制性共享后，博斯曼法案出台和欧洲冠军联赛推出的双重刺激有关"。

事实上，"对于一个联赛而言，单一地以利润最大化或者获胜最大化都是不现实的。更多情况是，有的俱乐部以追求利润最大化，而有的则追求获胜最大化。混合型的联赛（足球联赛），往往大的俱乐部追求利润最大化，而小俱乐部则追求获胜最大化。"[①] 即在现实实践中，利润最大化与获胜最大化也往往是相通的，其差异性的出现更多地与经验研究所采取的类分有关。正是在这个意义上，李江帆等（2010）提出，"体育竞争和经济收益是赛事价值与使用价值的客观反映，是一个问题的两个方面"。其中一个问题也是职业体育需要为观众提供高水平的赛事，在服务中谋利、在谋利中服务，这本身就是市场经济的基本规律，也是市场秩序形成的基本保障。

（三）竞争平衡与竞争不平衡博弈实践中演化出职业体育市场秩序

职业体育是以团队生产为基本特征，至少需要两支以上的球队方能有产出。而基于满足观众观赏诉求的本性又要求两支球队在相对均衡的情况下进行竞赛方能产生高质量的赛事，也才能有较高的经济价值。于是，竞争平衡成为团体职业运动经济学的基本理论。不过，现

---

① Helmut M. Dietl, Markus Lang and Stephan Werner, "Social Welfare in Sports Leagues with Profit - Maximizing and/or Win - Maximizing Clubs", *Southern Economic Journal*, Vol. 76, No. 2, 2009, pp. 375 - 396.

实情况却与之相悖，不论是北美职业体育联盟，还是欧洲职业体育都呈现出球星分布更加集中进而打破竞争平衡的特征，如 NBA 流传的"三巨头"、欧洲足球呈现的"宇宙队"，等等。如此需要重新考量该问题。

张兵（2012）通过对职业体育竞争平衡的经济社会学梳理发现："职业体育竞争平衡理论缘起于职业体育全球化前的经验性总结，其带有明显的单一联赛考察视角和片面的经济性目标追求，并依托其经验性考察对象的高水平，成为西方职业体育运行的重要理论基础。"市场经济发展实践，业已证明经济社会是在非均衡与均衡状态下"游荡"的，非均衡走向均衡状态具有市场秩序的意义，均衡走向非均衡状态同样具有市场秩序的意义。哈耶克（2001，中译本）即强调，"竞争之所以有价值，完全是因为竞争的结果是无法预见的，是一种发现探索的过程，在这个过程中，探索者不断寻觅着尚未被人们利用的机会，而均衡作为一种结果意义不大。"恩格斯也指出："个别的运动趋向于平衡，总的运动又不断破坏平衡，这是事物发展的一般规律。"如此，基于市场机制的中性，通过职业体育市场主体的逐利性，发挥市场资源配置的"寻优原则"和优选机制，打破原有低水平均衡，引领其向非均衡和高水平均衡发展。即不断地从内部使这个结构革命化，不断地破坏旧结构，创造新结构，这不仅是熊彼特所强调的"创造性破坏"[1] 的本质性特征，更是市场经济竞争规律的真谛所在。从这个意义上讲，竞争平衡与竞争不平衡始终处于博弈实践中，而且正是这种反复博弈演化出职业体育市场秩序，孕育了职业体育市场规律。

（四）职业体育球员市场价格机制催生市场秩序的吊诡性

一个开放和竞争的交易市场中，商品的价格取决于市场的供需状况，当供给小于需求时，则价格上涨；当供给大于需求时，则价格下降。同样，在市场经济条件下，运动员的薪金也受制于市场运作规

---

① ［美］约瑟夫·熊彼特：《资本主义、社会主义与民主》，吴良健译，商务印书馆1999 年版，第 147 页。

律，受供需状况约束，当球员供不应求时，价格上升；反之则价格下降。问题是，我们发现，世界球员转会费也发生了明显的飙升。如职业足球领域中，2001 年，齐达内的转会费为 6600 万欧元；2009 年，C. 罗纳尔多的转会费就高达 9400 万欧元。同样，球员的薪金收入也不断攀升，1000 万美元、2000 万美元，乃至 3000 万美元年薪的球员，在世界职业体育领域已经不是稀罕的事情了。按照市场规律，价格机制会自发地演化出优化策略，在供需实践中反映出来。也即职业体育运动员人力资源供给的大幅增加，从而改变原有的供给关系，使球员薪资和转会费降下来。但现实情况是，职业体育运动员薪资和转会费长期呈现增长趋势。这似乎有违市场规律的一般属性。事实上，究其原因在于，职业球员作为特殊的人力资源，存在异质性、低替代性、稀缺性等特性，不同水平的职业球员面临着不同的需求曲线。一般来说，"球队对顶尖水平运动员的偏好使对其的市场需求是行业所能容纳的上限"，而由于"顶尖运动员是有限的"[1]，于是，水平越高的球员，所面临的需求越大，水平越低，所面临的需求越小，使优秀球员供需关系背离市场供需规律的约束，从而形成了球员薪金的金字塔结构。在职业体育发展实践中，高水平运动员对低水平运动员的替代和挤压是一种常态，而且正是这种替代推进了职业运动水平的提升。

职业运动员市场价格机制和供需机制背离市场经济一般规定性的特质，恰恰是符合职业体育市场运行规律的。因为，职业体育以满足观众需求的体育竞赛为产品，这种产品的质量和价格不仅带有价值规律所涉及的劳动时间凝结成分，还有附加的社会意义。这种社会意义具有随着高水平运动员投入增加而增加的内在规定性，而高水平运动员投入的增加在市场经济体系中自然体现为市场主体投入成本的增加，或者说以球员薪资和转会费的形式表现出来。实践中，高水平球员市场价格和供需机制的背离，在一定程度上为职业体育这种基于体育竞争而展开的经济竞争模式，提供了一个良好的优胜劣汰的平台，

---

① 朱亚坤：《职业体育劳动力市场的经济学研究——基于 NBA 的实践》，博士学位论文，北京体育大学，2010 年，第 66 页。

其结果是不断推进职业体育赛事水平的提高。从这个意义上讲，该机制也带有"创新性破坏"的意蕴，是职业体育市场主体技术创新的引领机制，并且带有吊诡性，催生了职业体育市场秩序的形成与维系。

四 职业体育市场治理与市场秩序

在职业体育市场系统中，功能性要素的价值带有维系和保障市场运行的意蕴，其中市场规律和市场机制规定了职业体育市场运作所需遵循的基本要求，使其不至于偏离市场的基本规定性。但是，职业体育市场运行过程中，又难免出现偏离市场运行规范要求的状况，于是，市场治理作为保障职业体育市场运行的力量就需要出现。

（一）职业体育市场治理阐释

"治理"是近年的一个热门词汇。从词源上看，治理与领导、管理有着同样的意蕴，"表示主导、驾驭某事物"，"船舵是它们最原始的意思，后来，由此引申出内涵丰富的比喻意"。① 其中，治理的现代出现，事实上，与统治和管理存在不足有关。对于统治与管理而言，确定方向上的流程控制最为关键。而随着社会变迁，更多的可参照点（组织、机制等）发生了实质性的变化，使统治与管理决策目标量度大于行动者的能力力量，则问题（不确定性增加）随之出现。而解决问题的方式，无非有以下两种：其一为简单化问题，使基于参照点的决策量度减少；其二为提升行动者能力。第一种解决方式，在当前社会分工和经济复杂化背景下，显然是不现实的。而第二种解决方式，方向上意味着增加统治管理规模，或提升统治管理效率，将更多的人引入统治管理之中，成为解决问题的可行方式。这种方式实质上就是治理。如此来看，治理是统治管理问题延伸的社会选择结果。

治理在经济领域的出现，首先源于企业经济学的研究。随着管理学理念的成熟与现实应用，企业生产与市场交易行为得到进一步提升，当然这还不够，新问题的出现，催生经济学家开始关注生产单位（企业）之间的关系或企业与其他社会组织之间的关系问题，以找出

---

① ［法］让－皮埃尔·戈丹：《何为治理》，钟震宇译，社会科学文献出版社 2010 年版，第 14 页。

更有效的路径。20 世纪 30 年代，经历资本主义社会大萧条后，人们开始更为关注企业的结构、内部组织、企业生产与社会需求之间关系，以及企业供应链上下游企业的关系问题，致力于解决企业内部有效协同及其与相关企业之间的资源合理流动配置问题，企业研究的范畴或者企业问题的解决也就不单单是自身管理体制优化的实践，包括多元要素介入的新型运行方式被用来解决企业网络体系中面临的不确定性、风险性。企业治理随之而来。

由此可以看出，企业治理是在企业面临的社会风险加剧、不确定性增多背景下，力图通过优化内部组织结构关系和运行机制予以有效化解的实践。静态上，企业治理也就表现为企业运行结构和运行关系的组合样式；而动态上则带有运行机制优化升级的意蕴，是一个解决问题的实践过程。在现代经济社会，企业治理的主体不仅包括企业的投资者、经营者和相关工人等企业要素，还包括政府、债权人及其他利益相关者。而其反映的关系，也"不仅仅是股东与经营者之间的委托—代理关系，而是股东、债权人、经营者、职工、客户、供应商、政府、社区居民等利益相关者及社会各界之间及其内部错综复杂的利益冲突与权利博弈"。① 公司治理即是上述众多主体之间权力、利益关系的分配制度安排。在充满复杂性和不确定的企业环境中，企业面临众多风险，存在众多问题，如市场化进程中企业权力集中度问题、委托—代理制下激励与约束问题、合作经营模式下的控制权、剩余权的配备问题等。这些问题本身或解决实质上都是涉及两个关键要素，即产权与契约。以产权为例，产权是股东间权利配置的基础，也是解决和协调企业内部利益冲突的依据；对于企业而言，企业的产权特征直接关系到企业的组织形式，并决定企业的权力配置。而企业治理被认为是保障投资回报和市场运行秩序（确定性）的有效手段，一方面明晰各主体关系和权力配置，另一方面则提供公司正常运行所需的规则与程序。事实上，两者恰恰与产权和契约作为企业治理的机制依赖的

---

① 刘汉民：《企业理论、公司治理与制度分析》，上海人民出版社 2007 年版，第 157 页。

角色是相切合的。而从企业治理的机制作用对象来看，企业治理则包括两个部分：其一为内部治理；其二为外部治理。前者涉及股东大会、董事会、监事会、公司行政组织架构等相关制度安排，作为机制，它重在解决企业运行的内部关系；后者涉及外部市场竞争、合作、利益相关者监管与控制等，重在解决企业与外部市场、利益相关者之间的关系。一个有序运行的企业，往往是内部治理与外部治理相互融合统一的结果。

职业体育，从组织形态上看，是以职业俱乐部（或者为职业体育联盟）为中心，以体育赛事生产为纽带的由一系列人力资本和物质资本构成的市场化组织。其中，职业运动员、职业俱乐部投资人、经营管理者、赞助商、转播商、球迷、政府等多元利益主体围绕各自利益诉求，进行着资源配置的争夺实践，而基于各方利益的平衡和职业体育市场秩序的正常化，职业体育市场治理作为一个关键要素出现。职业体育市场治理实质上就是职业体育市场运行实践中，各多元主体相互经济关系（利益关系）的协调方式，其立足点是市场运作实践，而很少去顾及俱乐部、联盟的组织架构及其内部协调问题，更多的是将它们看作是一个市场治理的主体存在。实践中，职业体育市场治理力量得以形成与充分发挥效用是有条件的。这些条件包括：

（1）完备的市场主体。职业体育依靠职业俱乐部、职业联盟这样的组织主体进入市场运作实践，它们是市场力量作用的直接对象。市场治理力量能否有效用取决于职业体育俱乐部、职业体育联盟对市场力量感应的反应程度。一个产权清晰、组织有序、自主运营的职业体育市场主体往往能够感受到源自市场的激励、规制力量，并做出有效行动；相反不具备市场特性的主体则无法采取行动或者不敏感于市场治理力量。

（2）完善的市场体系。职业体育与市场经济一样，借助市场机制进行各类市场主体的、各类市场资源的协同运作实践，市场体系的完备程度直接关系到市场力量的传导性。而市场信号的传导通畅性与否又直接关系市场机制效用、市场治理作用的优劣。因此，唯有一个整体的、完善的职业体育市场体系，方能保障市场力量在多层次市场中进行传导，也才能实现市场治理的功用。

（3）协同完备的市场治理机制。职业体育市场治理需要有所依托，其力量源自于市场治理机制。在职业体育市场运行中，价格、供求、竞争等市场机制，围绕市场结构主体进行实践，保障了资源的顺畅、高效配置，催生了市场秩序。而仅仅是市场机制往往又无法有效解决诸如市场外部性、信息不充分等问题，这时就需要市场治理机制予以解决，对职业体育市场主体进行激励、引导、制衡，甚至是惩罚。从这个意义上讲，离开市场治理机制，市场治理力量无疑是空洞的，是无法有效解决职业体育面临的市场问题，也就无法维系正常的职业体育市场秩序。

（4）稳定的社会经济环境。诚如市场经济无法背离其依存的鲜活社会背景，职业体育也是如此；它们仅仅是宏观社会经济运行体系中一个分子，它们的内部治理以及有序运行离不开外周环境的影响。这不仅在于职业体育市场治理力量，需要从宏观政治、经济中汲取力量（如法制工具等），还由于职业体育市场运行的良性与否直接取决于宏观的经济社会环境，在一个动荡的社会，职业体育市场治理理论无论如何作用往往也是无所效果的。

总体而言，职业体育市场治理是旨在解决职业体育市场运行中出现问题的行动过程，它们依赖市场治理力量的作用，区别（高于或包含）于职业体育俱乐部或联盟治理等组织治理，并以寻求职业体育市场秩序为最终归宿。从某种意义上说，可以将职业体育市场治理看作为职业体育市场秩序形成与维系的实现机制。

（二）职业体育市场治理结构与机制分析

市场治理以市场为"试验田"，依靠治理力量对市场运行进行有效调控，其中市场治理力量又取决于市场主体、市场体系、市场机制及市场环境等要素。也就是说，市场治理是市场经济体系衍生出的要素之一，市场经济体系在一定程度上决定着市场治理的体系。如果说市场经济包括生产、交换、消费等流程，那么市场治理即内嵌于其中，调节市场经营主体、客体的权利关系。与职业体育市场行为相关的市场力量，不仅包括职业运动员、管理人员、投资人等，还包括职

业体育运行组织，如职业体育俱乐部、职业体育联盟等，甚至还包括
职业体育赞助商、转播商、中介组织等利益相关者，以及政府、观
众、社会组织等。它们在职业体育运行中基于自身利益诉求，发挥着
差异化的作用，扮演着不同的角色。如此，基于职业体育市场系统框
化，可以将职业体育治理进行结构细分。

从整个职业体育网络运行体系看，职业体育市场治理在结构上，
具有分层结构的特征。如图 3-5 所示，市场治理的最内层是职业体
育运营组织治理，核心是职业俱乐部（职业体育联盟）董事会与经理
人之间的关系制衡与协调；然后是职业俱乐部投资人治理，即资本所
有者（股东、债权人等）对董事会、监事会的激励与控制，是委托—
代理结构下关于职业体育运营权益控制的问题；中间层次是利益相关
者治理，约束职业体育运营的合社会规范性和社会发展目的性；外层
则是社会治理，是社会群体对职业体育俱乐部（乃至整个职业体育行
业）的监督与管控。当然，整个职业体育治理过程无法脱离社会运行
背景，即宏观经济、政治等制度环境。

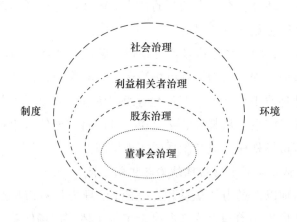

图 3-5　职业体育市场治理的结构层次

按照职业体育产品市场运作属性，可以将职业体育市场治理分为
职业体育内部市场治理与职业体育外部市场治理两个体系。其中，职
业体育内部市场治理体系构筑的是职业体育运营的内部市场，通俗讲

就是联盟运营范围内，俱乐部内部、俱乐部之间、俱乐部与联盟围绕权利配置的制度性安排，理论上属于企业治理的范畴。而职业体育外部市场治理体系，则是职业体育联盟整体与其他利益相关者之间发生关系实践中对若干关系的协调与制约相关制度安排，这主要又跳出职业体育市场运行实践中完成，应归属于一般意义上的市场治理范畴。而市场治理的力量主要来自市场运行主体（职业运动员、职业俱乐部、职业联盟组织等）对利益最大化的追求实践中，借助市场力量来实现的。市场力量是什么？通俗地讲，就是斯密语境中"看不见的手"的力量。市场运行实践中，市场力量实质上是市场规律的运作过程。而"市场规律是一个体系，它包括深层次的规律，如稀缺规律、收益递减规律、市场主体追求利润最大化规律等，以及表层的规律，如价值规律、竞争规律两个层次"。① 反映到职业体育运行实践中，也应如此。因而，在治理机制上，职业体育作为市场运行体，遵循市场规律，通过产权制度、契约制度、竞争交易制度等利益驱动机制以及市场机制（主要是价格机制、竞争机制和供求机制）实现对资源的配置。

　　郑芳（2010）认为，职业体育治理结构包括以下要素，即治理主体、治理客体、治理行为、治理环境和治理目的。其中，市场主客体基于各自所处的政治、经济、文化背景不同，产生差异的治理目的和治理行为，并导致诸多各具特色的治理结构，并表现出如下治理结构特征：联赛所有权分割、联赛所有权与经营权分离、运动员服务权利分割、联赛收益权分享、设置进入壁垒。事实上，按照结构功能主义理论，结构是与其功能相适应的，之所以能够产生如此效果，在于特定的结构伴生特有的运行机制，从而使得两者在结构与功能上产生吻合效应。当然，这对于职业体育市场治理而言亦然。"职业体育围绕市场机制的运行实质，使得治理在其经济性显现中发挥重要作用，而有序治理状况的本质反映为职业体育秩序性，即市场中不同主体相互

---

　　① 赵凌云：《市场力量的综合分析与理论结论》，《中南财经大学学报》1996 年第 2 期。

间经济关系的协调与整合以秩序的方式存在。而且这种存在又引导职业体育在结构与功能上发生相应调整，以迎合和强化职业体育的经济性。"① 循此思路，在承认欧洲职业体育与北美职业体育组织架构的差异性基础上，则意味着职业体育市场治理结构上也具有差异性，虽然两者都基于利益相关者进行有效治理，并各自都具有市场秩序。

如表3-2所示，北美职业体育与欧洲职业体育在市场运行中，存在众多差异性，不仅反映在市场主体依赖和市场要素结构上，还反映在市场运行理念和市场规律上。所谓"种瓜得瓜、种豆得豆"，欧美职业体育市场组织与运行上的差异，必然会伴生其市场治理结构上的不同特征。北美职业体育，在各种法律和法规基础之上建立了关于权利和义务的个人、俱乐部、联盟各相关主体的合同各项条款，运作中以职业体育联盟为运行和治理主体，遵循民主与集中的原则，成立董事会、总裁（经理人）等运营监管机构，处理诸如赞助、门票、电视转播、市场开发、经济纠纷、审计、经济合同等市场运营问题，追求联盟整体利益最大化。而欧洲职业体育，则更多的是以俱乐部为中心展开，市场化程度或市场机制作用范围更大，形成区别于北美职业体育的市场组织模式、经营管理模式和利益分配模式。当然，由于所处社会经济运行环境差异形成的治理结构上的差异性并不会影响两者在治理效果上的一致性，它们都期望建立符合职业体育运营规律的利益共同体，并借此达成市场秩序。或者说，存在一个显著现象，即职业体育市场治理结构上的差异是与市场秩序显现特征相统一的。

表3-2　北美职业体育与欧洲职业体育的市场运行比较一览

类别	北美职业体育	欧洲职业体育
代表性职业联赛	MLB、NFL、NBA	LFP、BEPL、SLA
市场主体	联盟中心	俱乐部中心

① 张兵：《走向秩序——我国职业体育发展研究》，博士学位论文，南京师范大学，2012年，第45页。

续表

类别	北美职业体育	欧洲职业体育
运营主体结构	存在强有力的管理机构；联盟是管理主体	无强有力的管理机构；俱乐部是管理主体
市场时空特征	封闭竞争格局；加盟制	开放竞争格局；升降级制
市场规则	利润最大化	获胜最大化
市场观念	合作竞争	效用优先
劳动力市场	受限市场：保留条款、选秀制度、工资帽等	自由市场：转会制度、竞争工资等
产品市场	收入分享：门票、电视转播、联盟收入	灵活竞争收入（少数分享转播和联盟收入）
资源配置理念	竞争平衡	赢家通吃

（三）职业体育市场治理与市场秩序关系

市场秩序作为内嵌于市场系统中的反映市场内在互动关系的变量，市场组织为互动关系实践提供了依托平台，而市场规则则为市场运行中的关系互动提供了理性实践依据。从这个意义上讲，市场组织和市场规则是搭建市场秩序的基础。当然，任何的市场组织架构或市场规则体系都不是无所不能的，对于前者而言，市场组织架构中的利益分配公平公正性、委托—代理所衍生的激励与制约等问题预示着需要对其进行有效规约；对于后者而言，即便是成熟的市场，市场规则的效用也无法有效保证市场始终遵循其要求，而且市场中还存在诸如外部性、信息不完备等问题，如此市场规则的实施也需要有所保障。事实上，市场治理即是解决上述问题而来的。换句话说，市场治理则是市场秩序形成的有效推手和基本保障。

市场治理依托其治理机制，在市场运行实践中，调配市场主体间利益关系，对市场进行有效监管与维护，以催使市场主体注重其行为的有序性。市场主体行为的有序就是"在市场秩序中，任何经济主体都会在遵守市场规则的基础上按照利益最大化的理性原则构建自身的行为模式，任何偏离这种行为模式的行动都注定在市场竞争中处于不利的位置，并将最终被市场竞争所淘汰"。① 适应市场竞争和市场规范的行为，被认为是市场有序行为，按照这种行为行动则最终会导致市场秩序。职业体育中，遵循体育竞赛规则进行高水平体育赛事生产的行为，是有序的行为，同样，遵循市场游戏规则进行体育赛事商业化、市场化运营的行为是有序的行为。上述两个问题解决了，职业体育市场必然呈现有序的状态。而一旦有偏离的行为出现，市场治理则发挥效用，在体育竞赛层面和市场竞争层面给予市场主体以惩戒，从而保障了职业体育市场秩序的形成与维系。由此可以看出，职业体育市场治理的目的就是要从外在举措上达成市场规律，维护市场机制，形成市场运行标准。也就是说，职业体育市场治理的目的就是建立职业体育市场秩序，这是其本质规定性所衍生的。

作为一个市场运行健康良性状态的市场秩序，本身就是体现为市场系统中结构与功能的协调、市场资源配置的高效有序，或者说，它为市场运行提供了一个市场信号体系，可以被用来纠正市场运行存在的问题。市场秩序体系是一个最节省信息，分工与专业化的信息成本最低的体系。② 在有限理性和信息不充分前提下，市场秩序为市场参与者提供了一个相对确定的市场预期，为市场各相关利益主体分散决策提供了便利，并且在一定程度上促进市场参与者的积极性，可以有效拉动市场投资行为。此外，良好的市场秩序有其内在规定性，如规范的激励约束机制、透明的信息披露机制、完备的市场道德伦理体系和与之配套的市场竞争交易体系及高效的治理体系等，可以最大限度地调动和优化市场中各种信息资源，压制机会主义，从而形成一个自组织体系，从秩序中衍生出秩序。从这个意义上讲，职业体育市场秩序对职业体育市场治理，乃至对职业体育市场系统都有保护和维系作用。

---

① 纪宝成：《论市场秩序的本质与作用》，《中国人民大学学报》2004 年第 1 期。
② 同上。

第四章 西方职业体育市场秩序演化分析

英国学者威尔斯在《文明的溪流》扉页中写道："地球从没有生命的混沌状态，演进到今日出现的现代文明，其历程漫长而跌宕。"冲突与调和、兴盛与危机、机遇与挑战贯穿该演进的过程，当下的繁荣是人类社会演化的结果。事物在对环境的适应和事物的竞争中，实现自身生存与发展，这就是演化。沿用进化论观念，演化是一个特定时空内一切形式运动的总和，暗含着进化的逻辑，或者说事物由低级到高级、由简单到复杂的发展过程。演化理论，从普利高津的自组织理论中首先找到了理论切入点，认为复杂系统具有耗散结构的自组织演化特定，而演化实践更多与选择机制有关。他认为，人类世界在众多未知力量在无数方向上以无数方式发挥作用的实践结果，其中每一个方向和方式都是过去某个事物的延续，传统、制度、习俗、理论、理想，在每一个适应过程中积淀；而以某种方式表现出来的人类社会生活的力量会同其方向方式选择，构造了人类社会过程的环境条件，一个具有可塑性的人类社会在这些环境条件中以发现、选择、适应有利条件为指向采取行动，不断改进行动系统或者所处的环境系统。即人类社会过程是一个通过选择和适应的机制不断扩展自己的过程，现代文明即是该过程作用的结果；其间现代文明产物的有机体是一个由选择和适应方式或过程构成的复合体，它们孕育于与其他形式或过程的互动过程中。

博厄斯指出，"从远古时代至今，变化的速度一直以一种恒定增加的速率发展着"，究其缘由在于人类环境条件的不断变化，或者说随着人类行为能力的提升也呈现伴生性的变化。这也意味着，人类社会面临的不确定进一步提升了，选择和适应面临的风险加剧。人类社会环境的延展，演化过程所要求的选择与适应范围扩大了。与之相适应的是，组织群体、习俗、规则和现代科技知识的出现，文化成为一种常态，并由此选择摆脱了随机性，决策机制开始取代自然选择，群体选择开始取代个体选择。按照赫施莱弗（Hirshleifer，1977）的观点，依据进化理论，解释这种延展了的演化过程涉及三个方面的内容——相关特征的变化、某些优质特质的传承、可筛选和选择的方法变迁，都发生了变化。人类社会演化由是进入一个可预知模式。在这种模式下，制度功效、文化效用、选择机制等方面都有了明显的进步，演化过程所要求的复杂环境中的选择和适应问题，演变为在特定社会规则和知识体系的结构与功能适应性议题。在结构功能主义范式下，功能等同于需求，需求催生了人类社会的组织存在。按照帕森斯的观念，社会系统是由无数个社会行动单元构成的庞大系统；该系统又由行为有机体系统、人格系统、社会系统和文化系统四个子系统构成，每个子系统都有自己维持和生存边界，但又相互依存、相互作用，共同形成层次控制系统，他们之间的互动关系形塑了社会系统的基本结构。

我国学者金观涛（2010）在结构功能主义范式下，系统地研究了我国经济社会的演变发展历程，提出了稳态结构与结构老化的潜结构理论，认为社会稳定就显示为社会秩序，而子系统之间是否相互适应则看它们之间的功能耦合程度。一个社会结构与功能密切耦合的状态则显示为社会稳态，其间暗含着习惯与制度制衡体系的社会适应性和系统耦合性。因为，社会系统是以其中每一个子系统所提供的功能与条件相互契合为条件而依存的，或者说，某一子系统存在之条件被包含在别的子系统的功能集之中，社会系统结构的稳定要求子系统能互相耦合。对于一个人类社会总体而言，差异化的结构与功能形态组合构成了人类社会不同文明的基本类型。而社会演化的原因在于，生长机制、异化机制和结构畸变，带来了功能异化和无组织力量的增长，形成了潜结构，从而诱使社会系统的自我维系体系的瓦解。

基于上述分析可知，演化是社会进步和发展的过程，是一个不断选择和适应环境变化的生成过程。社会发展过程中的演化，又往往带有结构与功能脱钩的因素，是一种社会结构样式代替另一种结构样式、一种秩序替代另一种秩序的过程。当然，在社会演化过程中，互动、选择、适应、异化是其主要机制依赖，正是这种机制的变迁催生了社会及其事物的演化实践，具体如图 4 - 1 所示。

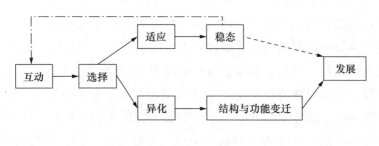

图 4 - 1　演化过程

职业体育，作为体育市场化的运行模式，其不是体育与生俱来的样式，而是经过漫长和曲折的演化实践而逐渐成熟起来的。在其百余年的发展演化历程中，互动、选择、适应、异化充斥其中，而且正是这种作用，导致了职业体育在组织结构、运行机制等方面进行顺应性调整优化，呈现出一个运行体有序存在的样态。本章内容拟从西方职业体育市场秩序演化阶段特征、演化动力机制和演化方式三个层面，解构职业体育市场秩序演化实践，找寻其演化规律。最后还将分析欧美两种不同职业体育的市场秩序形成缘由。

第一节　西方职业体育市场秩序
演化阶段分析

职业体育作为一种特殊业态缘起于西方社会，是在西方工业社会和城市化进程中，经由多次危机与磨难洗礼而成的。关于西方职业体育形成与发展阶段分析，不同学者从不同的视角切入，有不同的看法。比较代表性的研究有：

钟秉枢等（2006）对世界职业体育俱乐部发展历史进行梳理研究，认为世界职业体育俱乐部经历以下五个阶段：第一阶段为 17 世纪中叶到 19 世纪中叶，在这一时期，不同阶级的体育活动需求促使英国出现了早期的体育俱乐部，同时学校体育俱乐部向社会的渗透使社会体育俱乐部得到发展；第二阶段为 19 世纪 50 年代至 19 世纪末，体操运动的衰落与竞技运动的兴起、政府对娱乐活动的有效管理、娱乐活动的阶级趋同与商业化趋势等因素的出现，为职业体育俱乐部出现创造了条件，奠定了基础；第三阶段为 20 世纪初至 60 年代，在这一阶段中，职业体育俱乐部得到了有效的发展；第四阶段为 20 世纪 70—90 年代，欧美各国的体育恢复政策及国际交往的加剧，催生了职业体育俱乐部更为完善且开启了全球化发展潮流；第五阶段为 20 世纪 90 年代以后，世界政治多极化和经济一体化为职业体育俱乐部的联合与交流创造了条件，而亚洲国家经济的振兴促使了职业体育俱乐部的发展。

法国学者阿尔弗雷德·瓦尔和皮埃尔·兰弗兰基以职业足球运动员的发展为例，将职业体育分为以下五个阶段：（1）从绅士球员到职业球员（1890—1932 年）；（2）职业化的初期（1932—1945 年）；（3）大众球员（1945—1960 年）；（4）危机与复兴（1961—1981 年）；（5）无理性时代（1981—1994 年）。

郑志强（2009）从组织形态和制度变迁视角入手，将西方职业体育划分为三个阶段：（1）19 世纪中期至 20 世纪初期为职业体育的萌芽阶段，在这一时期环境的变化和社会的变迁诱使了欧美职业体育的产生与发展；（2）20 世纪初期至 20 世纪中期为职业体育的稳定发展，社会环境的变化和职业体育市场的变化，催生了职业体育组织和治理机制的演变；（3）20 世纪中期至今为职业体育的全球扩张，社会的发展、技术进步以及消费市场的变化，使职业体育组织治理日益复杂、治理机制不断完善。

胡利军等（2010）则将西方职业体育划分为以下五个历史时期：第一阶段，职业体育的萌芽（1600—1749 年），以 17 世纪初英国商业体育的萌芽为标志；第二阶段，业余体育俱乐部的诞生（1750—1868 年），以 1750 年英国新马克特成立赛马俱乐部为标志；第三阶段，职业体育俱乐部与职业体育联盟的诞生（1869—1897 年），以 1869 年美国第一家职业体育俱乐部——辛辛那提红袜队（Cincinati Red Stockings）成立和 1871 年全美职业棒球运动员协会（The National Association of Baseball Players）成立为标志；第四阶段，职业体育联盟的迅速发展与成熟（1898—1979 年），以 1898 年美国国家篮球联盟（NBL）的成立和意大利足球联合会宣布成立为标志；第五阶段，职业体育成为奥林匹克运动会大家庭的一员，成为现代竞技体育的重要构成部分（1980 年至今），以 1980 年国际奥委会从章程中删除"业余规定"为标志。

上述观点，以职业体育缘起、沿革、变迁的关键特征入手，从不同角度对职业体育演化发展进行了阶段框划，指出了诱导沿革的关键性因素，具有积极意义。诚如李大钊（1924）指出的，历史是"人类生活的行程，是人类生活的延续，是人类生活的变迁，是人类生活的传演，是有生命的东西，是周流变动的东西"，更是"人类的社会并为其产物的文化"，历史之研究不应仅仅"辄解为沿革的研究"；相反，"于生成发展的关系考察事物，答怎样成了这样的问题"更为重要。联系职业体育市场秩序演化议题，则意味着需要重点关注是什么因素致使现有职业体育市场秩序的形成，又经历了什么样的发展历程，有什么样的规律性。本章力图基于此认识，以形成要素及其关系为切入点，系统梳理职业体育发展历程，找寻职业体育市场秩序形成的规律性。

一　西方职业体育市场秩序的萌芽期：工业革命——大萧条

开始于 18 世纪 60 年代的工业革命，在人类社会发展史上具有极其重要意义。以机器大生产为特征的工业革命大大促进了生产力的发展，诱发了生产组织的变迁，工厂等组织化主体逐渐成为主流；同时，它还引起了社会结构的改变，城市化成为社会发展的趋势，大量的城市人口也带来一系列新的问题，如贫富分化、城市膨胀、环境污染等，这在一定程度上引起了人们的日常生活和思想观念变化，如何顺应新的社会生活成为人们思考的问题。工业革命后，人们生活水平提升，空闲时间增多、收入增加，体力劳动减少，对体育活动需求增大，原有的乡绅体育或绅士体育等休闲娱乐活动更为频繁。当然，早期受益于工业革命的更多是富人，富人们为了赌博和娱乐而组织体育竞赛活动。此时的体育活动，只有有地位的人，才能够参加，如赛马比赛等，往往在绅士等上层社会之间进行。而且，此时的体育竞赛活动是没有固定规则的，更没有政府或部门组织规定的制度，更多的是依赖传统习俗和双方约定的样式展开。

当然，需要明确的是，职业体育真正产生的表征是什么？是带薪职业运动员的出现？还是职业俱乐部的出现？还是其他？其实，这个问题最为关键的是研究视角的问题，从俱乐部角度看，早期的西方职业俱乐部可以追溯到 17 世纪。当然，说它是职业的，主要基于它涉及经济往来这个层面，实质上这时的俱乐部更多是贵族绅士的休闲娱乐活动。诚然，随着社会发展，在资本主义氛围熏陶下，乡村体育或绅士体育发生转变，活动中夹杂着简单的商业交易活动形式，如提供奖金等。与此同时，"社会上分化出一部分专门从事体育竞赛活动的人，这些人不仅可以通过提供体育竞赛活动养活自我，而且可以创造一定的剩余价值"①，并催生体育的商业化形式出现。即以体育为职业手段的职业体育运动产生了。而且将职业运动员的出现看作是职业体育诞生的标志带有某种不合适性。因为"在 19 世纪的英国，业余运动员与职业运动员之间的关键差异不是经济（金钱）上的，而是社会地位上的"。② 早期的体育竞赛活动，如赛马等，往往在绅士等上层社会之间进行，他们的运动往往也带有赢钱的行为，但是，只有有地位的人才能够参加。于是，从是否赚钱这种层面进行区分是不合理的。而后，中产阶级崛起，一部分中产阶级开始投资和参与运动竞赛活动。而此时有关竞赛的业余与专业之分顺应性在英国社会出现，以区

---

① 张兵：《走向秩序——我国职业体育发展研究》，博士学位论文，南京师范大学，2012 年，第 26 页。

② Wray Vamplew, *Pay up and Play the Game*: *Professional Sport in Britain*, 1875 – 1914, New York: Cambridge University Press, 1988, pp. 183 – 184.

分绅士运动与平民运动。从这个意义上讲，两者分野的出现是体育竞赛参与群体扩大化的结果。从职业体育市场演化层面看，市场体系所涉及的基础性构建，诸如制度体系建设、组织体系建设显然具有极其重要的作用。因此，带薪球员的出现应该与诸如职业体育组织与制度规则变迁一样，在特定的社会背景下加速了职业体育市场体系建设及其市场秩序演化。

（一）带薪球员的出现及其与职业体育演化

随着工业革命推进，社会出现了诸般变化，其中与职业体育的产生有着千丝万缕的关系主要是三个方面：其一为法律层面的竞技运动（特别是商业运动）的合法化。如英国足球在《公路法案》（1835）中是受限的，因为该法案是禁止在公路、街道、街头进行足球运动，一直到1849年才得以解除禁止，在城乡街道、空地踢球才可以。其二为铁路发展与工人购买能力的提升。交通的方便为体育竞赛活动的开展提供了便利，而工人购买力的提升，在一定程度上为体育赛事的盈利埋下了伏笔。其三为社会观念的转变，运动成为新时尚。首先，学校为体育运动，特别是职业体育的发展发挥了极其重要的作用。它不仅培养了体育运动后备人才，为社会撒下体育运动的火种，还在一定程度上为体育规则的演化提供了平台。其次，企业的促进作用，当企业主发现体育所具有的符合培养商业素养的能力，赞助与组织工人体育俱乐部，一方面为了工人忠诚，另一方面为了工人健康。这样的俱乐部在19世纪最后一二十年中频繁出现。此外，政府官员也发现，体育竞赛对社会氛围和社会合目的的素养培育具有重要作用。① 修改相关法令，促进职业体育运动（包括业余体育赛事）发展被提上日程。如在英国19世纪60年代出台了《主仆法》，从而解决了工人成为职业运动员雇用法律上的问题，工人可以带薪踢球，球员与俱乐部之间的雇佣关系演变为纯市场关系，一种现金交易关系。如此状况下，工人们可以将体育运动当作职业，为了工作

---

① Wray Vamplew, *Pay up and Play the Game: Professional Sport in Britain*, 1875 - 1914, New York: Cambridge University Press, 1988, pp. 183 - 184.

而踢球而不是单纯荣誉或者其他。带薪球员正是在这种状况下才出现的。

　　在职业体育发展中，带薪球员的出现对运动的发展具有极其重要意义。首先，提高了运动的专业化程度，提高了竞技水平，从而提高观众数量。以英足总杯为例，1885 年英足总（FA）放开对带薪球员的限制，随后带薪球员大量出现，比赛竞赛程度提升，同时球迷人数有了明显的变化，如图 4 - 2 所示。其次，他们提高了职业体育的组织化与规则化发展。早期的规则更多是默认的、习俗的、共识性的，组织化也相对松散；带薪球员出现后，无论是提升竞赛的水平，还是从约束球员角度，都需要进行相关的组织和规则出现。而关于竞赛规则与市场组织建构关系问题上，足球项目是规则先出（如 1863 年的 13 条），组织演化是市场竞争的结果，涉及社会选择的问题；而对于诸如板球、赛马这样的英国早期职业运动项目而言，竞赛规则往往是分散的、不统一的；组织演化往往追随着规则演化的路径，后者推动前者逐渐完善。

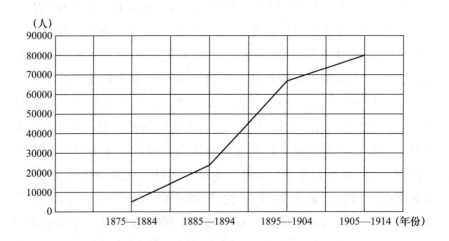

图 4 - 2　带薪球员放开前后英足总杯决赛平均人数变化

　　资料来源：G. Green, *The History of the Football Association*［M］. London：Naldrett Press, 1953，p. 592。

此外，带薪球员的出现，加速了原有贵族绅士运动的世俗化。事实上，在职业体育产生期间，在西方社会中出现了关于体育目的之争论。即体育的目的是为了什么？是为了经济或商业？还是为了体育本身？其背后反映了当时社会追求与社会生活关联性，即资产阶级主导之自由精神以及精神和物质双重追求生活方式，与现实艰辛生活之间存在巨大鸿沟。当然，结果是，促进部分体育运动从资产阶级及其以上阶层中剥离出来，成为"世俗"之物（赚钱买卖），这在一定程度上也奠定了职业体育发展之基础。霍布斯鲍姆指出："与艺术领域，为艺术而艺术的争论存在一样，体育领域中，亦存在为体育而体育之争论。……这几十年的文化流向都是单向度的——从中产阶级往下传播，至少在欧洲是如此。甚至即将成为无产阶级最有特色的文化形式，即供大众观赏的体育活动，也是发源于中产阶级。这时期的中产阶级年轻人为各项运动筹组俱乐部，并规划比赛，从而使体育规则得以定型——如英式足球。要到 19 世纪 70 年代末至 80 年代初，体育活动才真正掌握在工人阶级手中。"①

职业体育形成早期（19 世纪早期），成为业余运动员是需要社会条件（阶层地位）的，社会偏见是早期阻碍工人阶层成为带薪职业运动员的关键。这时更多的是上层阶层，本雅明所谈及的"闲逛者"角色是其主体；而中产阶层的人数相对较少，原因在于中产阶层在经济和时间上无法有效兼顾，也即在赚钱维持中产阶层地位和谋求更多休闲时间上无法兼顾。因为早期俱乐部在外出比赛的住宿和旅行时间等上面的花费，往往使中产阶层无法应付。而生产力促进的各种非商品生产形式（艺术、体育等）逐渐进入市场，职业体育参与人群就此拉开了扩大化的进程，一部分工人阶层开始进入体育竞赛活动中，如场地维护工、草坪修剪工等；他们也往往是最早成为职业运动员的工人群体。② 这一时期职业运动员群体的构成是相对复杂的，既包括上层

---

① ［英］艾瑞克·霍布斯鲍姆：《资本的年代：1848—1875》，张晓华等译，中信出版社 2014 年版，第 354 页。

② Wray Vamplew, *Pay up and Play the Game: Professional Sport in Britain*, 1875 – 1914, New York: Cambridge University Press, 1988, pp. 183 – 184.

阶层，如绅士、学生等，也包括下层阶层，即工人；而早期的教练员和裁判员，往往是源自上层社会，并经常是俱乐部投资人委派的。

（二）组织、制度变迁与职业体育演化

诚如王庆伟等（2006）指出的那样，职业体育萌芽阶段（18 世纪中后期），以私人绅士或贵族赞助为主；而职业体育制度变迁的重要特征就是由乡村体育或绅士体育向商业体育的转变，这既是一种特权的转变，也是一种模式的转变，由原来的纯粹业余休闲转变成了赚钱的娱乐表演。因为以往绅士体育很大程度上从事体育赌博只是为了娱乐，而如今转化为赚钱。从贵族乡绅体育演化而来的职业体育，早期以俱乐部为运营方式。不过，早期的俱乐部多为股东自我运营的，而非专业化运营的。如果说工人阶层的大量出现对职业体育的形成具有关键性作用，那么，在股东层面对工人阶级的限制同样具有极其重要意义，因为早期的俱乐部生存问题是关键问题。而职业体育之所以能够生存下来，其中极为关键的因素是"俱乐部投资者更多的是将这种投资看作是一种公益事业投资，而非商业型投资行为"，于是，"投资人不追求盈利分红或者盈亏状况，而往往对自我作为俱乐部的投资人的声望感兴趣"。[1] 其结果往往是有影响力、有地位的人控制着职业俱乐部；他们投资的目的也并非追求盈利，更多的是因为他们喜欢这个项目或者比赛，甚至于投资俱乐部可以看作是球迷行为的延伸。如此，早期的职业体育，不论是俱乐部运作，还是整个比赛运作都带有明显的非经济性的元素。

前期研究已然揭示，从社会形成的角度讲，职业体育是社会发展和社会选择的建构物，是体育跳出其自然性后，社会性增设与发展的结果。职业体育出现在西方工业革命后的城市化和工业化历程中，而且出现在当时世界经济和社会最为繁荣的国家，多少带有历史的必然性。社会选择的作用反映到职业体育中，最为关键的即是组织化与制度化变迁实践。在北美，职业体育组织化与制度化以棒球联赛为最

---

① Wray Vamplew, *Pay up and Play the Game：Professional Sport in Britain*，1875 – 1914，New York：Cambridge University Press，1988，pp. 183 – 184.

早。当然，最早的时候，棒球只是在美国东北地区流行的儿童游戏，后来一些年轻人开始集聚一起玩。在其发展历程中，1862 年，威廉·卡梅耶（William Cammeyer）通过提供其所拥有的布鲁克林酒店（Brooklyn）给职业棒球队以换取免费观赏比赛权力。卡梅耶的这种做法很快受到模仿，球队开始赚钱了，而赚来的钱可以邀请更出色的球员加入，组成全明星战队，如此状况在美国国内战争期间迅速扩张开。不过，此时的棒球比赛，没有明细的日程安排，也没有冠军，更多是邀请性质的，情况到了 1871 年才有了改观。1871 年，专业性的职业联盟成立了，早期的业余运动员逐渐被抛弃；但是，此时的职业联盟还是开放的，所有的球队只要交一部分钱就可以参与比赛。而比赛最终成绩最好的 6 支队伍再进行两天三场配对比赛。这就是最早的季后赛的模式。当然，这种模式由于参赛双方的时间和相关费用问题经常出现偏差，最终以失败告终。但是，这次失败催生了新的、具有现代意义的职业体育联盟出现。该联盟包含地域垄断、球队数量限制和财务健康的俱乐部组成等相关制度规则体系，明确了一个俱乐部代表一个城市理念。

在欧洲，职业体育的兴起以英国足球联赛为标志。随着学校足球竞赛和社会足球活动的迅猛开展，特别是英国足球总会与足球基本规则的先后出现，1888 年，英国足球联赛正式开启。当然，值得一提的是，工人阶级的出现，重塑了英国足球俱乐部的构成。因为，早期学院派在足球俱乐部球员比例和足总成员中都占有极高的比例（地位），他们一直反对有偿的足球运动员。情况直到 1885 年。此后，球队寻求平等、实力相当对手的过程，催生了职业俱乐部联赛（The Football League）的出现。竞争联赛的出现，使足球联赛开始思考提高竞技水平问题。初始时，每年会有 4 支球队进入，先进入球队先要进行进入考核，当然，这种考核是在新进入球队之间进行的；3 年以后，联赛组织者让联赛名次差的球队与新进入者进行比赛，如此两年后，随着球队的增加，一个类似现在样式的具有顶层垄断特征的联赛模式产生。联赛也从最初（1888 年）的 12 支，发展到 1921 年的 86 支，而且后续每年还有两支球队加入。有组织的竞赛也使观众不断增加，如

表 4 - 1 所示。

表 4 - 1　英国早期足球联赛观众人数的变化（1888—1914）

赛季	参赛队数量	观众总数	场均观众数
1888/1889 年	12	602000	4600
1895/1896 年	16	1900000	7900
1905/1906 年	20	5000000	13200
1908/1909 年	20	6000000	15800
1913/1914 年	20	8788000	23100

资料来源：Wray Vamplew，*Pay up and Play the Game*：*Professional Sport in Britain*，1875 - 1914，New York：Cambridge University Press，1988：63。

当然，不论俱乐部数量增长如何迅速，早期的职业体育俱乐部管理权仍然被中上阶层所牢牢掌控。而管理实践中，多少夹杂着业余性和娱乐性，也决定这一时期的职业体育仍处于市场秩序的萌发阶段。然带薪运动员的出现及其后的管理运行实践，在一定程度上提升了职业体育竞赛的社会影响力，而部分流行体育比赛中出现的各种形式商业赞助，以及有偿观看或参与运动竞赛现象，为职业体育市场秩序的培育形成打下了基础。

二　西方职业体育市场秩序的培育期：大萧条后至第二次世界大战结束

体育从贵族绅士等上层人士的业余活动中，走入普通老百姓（工人阶层）生活，是职业体育兴起的关键所在。在西方社会，工业革命带来的资本主义市场经济的大发展，为社会大众的收入增加和休闲时间增多提供了条件，也为体育成为产业提供了基本前提。易剑东等（2000）指出，娱乐活动的商业化趋势是促使职业体育俱乐部产生的直接原因，它对于职业体育的发展具有明显的推动作用。在西方社会，进入 20 世纪后，绝大多数娱乐活动都发展很快，都沾染上商业化风气。文学、艺术、体育都在向商品化发展。这虽然使娱乐的圣坛具有金钱的诱惑，但同时也使文学、艺术、体育等摆脱贵族的垄断，在广大群众中找到了市场。

沾染了娱乐气息的体育活动，以职业体育样式为观众提供体育赛事，深入社会大众之中。而催生这种演变的关键又在于无线电广播的出现和普及。在北美20世纪20年代就开始对棒球赛事进行了播报；在欧洲英国，第一次足球广播转播出现在1927年，阿森纳队与谢菲尔德联队之间的联赛，当时有过百万人通过BBC获准收听了现场播报。广播媒介的出现，不仅有效地促进了职业体育赛事的宣传与普及，还造就了一群体育明星。后者，又往往被商家所看重，进行商品代言，如英国足球运动员迪克西·迪安，这位20世纪20年代的超级前锋就代言了足球鞋（迪克西·迪安球鞋）。如此，在推进因素交织作用下，职业体育赛事的受关注程度急剧增加，到20世纪30年代，场均观众达到3万人次，甚至有的赛事可以超过7万人。①

职业体育赛事影响力的提升和观众数量的增加，预示着职业体育有了生存的社会适应性。当然，从市场秩序角度看，职业体育作为产业样式出现是需要条件的，或者说要达成市场秩序是有条件的。这些条件包括：体育俱乐部适应市场地位进行公司化建设，成为商业运营公司；股东从具体经营实践中脱离出来，推行了委托—代理制；有一定的体育设施和体育固定赛事资源作为基础并经历巨额的投资成为一种赚钱的行当。事实上，在西方社会，大萧条的冲击，恰恰为职业体育华丽转身提供了破立选择之机会，在艰难之中找寻到了适应自身特征的发展之路。

1929—1933年出现了全球性经济大衰退，即大萧条。大萧条的最直接后果是大规模失业，上千万的失业人群出现，给刚刚兴起的职业体育以沉重打击。失去收入以及收入大减的人就无心去观赏体育赛事，农业产品和金融秩序的紊乱，使职业体育投资人及新晋赞助商无力为继，职业体育联盟和俱乐部面临着巨大的生存压力。詹姆斯·奎

---

① ［英］亨特·戴维斯：《足球史（1863—2004）》，李军花译，希望出版社2005年版，第73页。

克、罗德尼·福特（1997）即指出，在 NFL 联盟成立的前十余年
（1920—1936 年）中，几乎每一职业球队都经历了更迭；特别是在经
济大萧条的前五年，棒球联盟的观众人数锐减了 20%，整个 30 年代，
收入下降了 16%。绝大多数的职业体育俱乐部是亏损的。事实上，正
是这种失败的经历，启迪了职业俱乐部老板（业主），使他们明白了：
自身球队的成功不仅依赖自身，而且更依赖联盟中其他球队的成功以
及作为一个机构联盟的成功。于是，摆脱自序发展态势，增加组织管
理元素，成为应然选择。总体而言，正是这种生存压力，催生了职业
体育俱乐部或联盟采取了一系列变革举措，并最终培育了职业体育市
场秩序。

面对生存压力，早期职业体育俱乐部运营管理者已然认识到，维
系联赛生存的两个关键因素，其一为利益分享，其二为竞争联赛。[1]
当然，做好这两方面的工作，还有以下三个方面的内容：（1）人才的
供给方面的优化与效益提升；（2）组织运营方面创新；（3）赛程安
排稳定与发展方面。

在体育竞赛层面，围绕生存压力，更加注重运动员的培养与管理
成为必然。其一，控制并最终掌握本应由市场机制决定的球员薪金制
度首先被采用。如此，使职业运动员的工资由 19 世纪末的快速增长，
变为逐渐平稳。其二，加强对职业运动员的管理。在这种氛围下的
"职业运动员如同工厂中的工人，职业限制改变了他们的生活"。[2] 其
三，优化职业体育竞赛管理与市场运营管理的关系。职业俱乐部开始
尝试运用具有现代管理特征的经理人进行职业体育管理，形成俱乐部
市场经营管理与竞赛训练管理的分离。在欧洲，各俱乐部一方面注重
协调与其他俱乐部之间的联系，顺应性地推出转会制度；另一方面加
强与管理协会之间的联系，以解决业余运动员与职业运动员之冲突。
在北美，职业体育联盟也摆脱早先为了制定一套共同遵守的竞赛规则

---

① Wray Vamplew, *Pay up and Play the Game*: *Professional Sport in Britain*, 1875 – 1914,
New York: Cambridge University Press, 1988, pp. 183 – 184.

② Fishwick, Nicholas, *English Football and Society*, 1910 – 1950, Manchester: Manches-
ter University Press, 1989, p. 74.

之目标限制，逐渐增加市场管理的元素，从规范体育竞赛行为，开始向场外行为规范蔓延，以在外部保持高垄断性，内部增强联盟内各俱乐部之间的凝聚力。

需要指出的是，在利润诱导下，西方职业体育在其市场秩序形成初期，就建立了旨在维护自身经济利益的运作与治理秩序。欧洲职业体育以俱乐部为中心，弱化联盟的做法显然与欧洲资本主义国家一贯坚持的自由竞争秩序的理念与国家治理体系是相结合的；而北美职业体育则沿用和遵循美国创设的垄断资本主义发展路线，强调带有垄断经营的联盟体系。

此外，摆脱大萧条后，随着科技的发展，电视媒体开始进入职业体育。在欧洲，1937 年电视转播足球成为现实。"在职棒大联盟 1938 赛季售出转播权后，1939 年 NFL 以 1100 美元价值将转播权售给 NBC 电视台"。① 虽然早期电视转播收入占俱乐部收入的比例非常低，但是，这似乎不影响电视转播的介入对职业体育市场运行的冲击，特别是对职业体育盈利模式的重新洗牌。

总之，基于生存压力，职业体育市场主体开始思考如何进行有效管理，以提升自身运营绩效问题，并由此拉开了职业体育市场规则体系建设的部分，体育竞赛规则、球员市场交易规则、市场经营制度、利益分配相关规则等陆续得到发展。一种具有遵循市场运行规律和企业管理特征的现代职业体育商业化管理运行模式宣告建立。从时间上看，职业足球领域，世界上主要职业足球联赛大体都是在这一阶段建立的，且经历了相当长的培育周期，具体如表 4 - 2 所示。而这种较长的培养时间，一方面使管理者或俱乐部在职业体育运行管理上积累了相当的经验；另一方面又有利于联赛所依赖的社会观众观赏需求的培育，为职业体育面向球迷福利谋求更高发展奠定了基础。

---

① Craig R. Coenen, *From Sandlots to The Super Bowl: The National Football League*, 1920 - 1967, University Tennessee Press, 2005, p. 152.

表 4 – 2　　　　世界主要职业足球联赛建立时间及其培育周期　　　单位：年

所在国	国内组织建立时间	职业联赛开始时间	培育时长
英国	1863	1885	22
意大利	1898	1929	31
西班牙	1913	1929	16
法国	1918	1932	14
巴西	1914	1933	19
阿根廷	1893	1931	23

资料来源：整理自鲍明晓《中国职业体育评述》，人民体育出版社 2010 年版，第 18—19 页。

三　西方职业体育市场秩序的定塑期：第二次世界大战结束至 20 世纪 70 年代

第二次世界大战结束后，经历战争洗礼的人们，余悸犹存。摆脱战争伤痕，寻找生活的支点，娱乐业迎来了快速发展的机会。其中，尤其是以大众为对象的通俗娱乐事业，获得了革命性的蓬勃增长。"更为广泛的变化是消费社会的出现，它强调花销和占有物质；并不断破坏着强调节约、俭朴、自我约束和谴责冲动的传统价值体系。"① "在这个新阶段，文化本身的范围扩大了，文化不再局限于它早期的，传统的或实验性的形式，而是在整个日常生活中被消费，在购物，在职业工作，在各种休闲的电视节目形式里，在为市场生产和对这些产品的消费中，甚至在每天隐秘的皱折和角落里被消费，通过这些途径，文化逐渐与社会市场相连。"② 在消费社会中，文化以商品为载体，在商品生产、流转和消费中表达意义的符号，商品不再仅仅是物化的形态，其背后贴附的符号性的意义更为重要。"商品的物质使用价值日益失去意义，消费成为替代性的声誉享受和追赶时尚的欲望，最终，消费品的商品性似乎全部消失——从而转化为审美幻象的拙劣模仿。"③ 因此，"需求瞄准的不是物，而是价值。需求的满足首先具

---

① ［美］丹尼尔·贝尔：《资本主义文化的矛盾》，生活·读书·新知三联书店 1989 年版，第 112 页。

② ［美］弗雷德里克·詹姆逊：《文化转向》，胡亚敏等译，中国社会科学出版社 2000 年版，第 108 页。

③ ［德］阿多诺：《美学理论》，王柯平译，四川人民出版社 1998 年版，第 30 页。

有附着这些价值的意义"。① 即消费"主要不在于满足实用和生存的需要，也不仅仅在于享乐，而主要在于向人们炫耀自己的财力、地位和身份。因此，这种消费实则是向人们传达某种社会优越感，以挑起人们的羡慕、尊敬和嫉妒"。②

因此，消费社会带来社会经济获得转向，即由"以生产为主导"的社会逐渐转向"以消费为主导"的社会，消费取代生产成为经济社会发展的动力，适应这种消费文化则可以在资本主义发展的黄金阶段谋得一席之地，否则，则被汹涌的消费主义潮流所吞噬。即"人们对消费文化能够采取的唯一恰当反应，只是更加顺从，吸收更多的符号和意义，以试图揭露所有符号最极致的无意义性"。③ 事实上，职业体育与消费社会具有天然的切合性，或者说天然的交融性。因为，职业体育所依托的体育竞赛，"像其他形式的娱乐一样，提供了一个乌托邦，在这个世界里，一切都很简单，戏剧性的和令人兴奋的，和欣快感始终是一个可能性……体育竞赛，可以带来欢笑、懊恼和沮丧。但正是这种不确定性，让其不可预知的欢乐保持其特有的强度"。④

消费社会的出现与发展，反映了西方社会从工业社会向后工业社会的转变，从传统的以"生产"（制造）为中心的社会向以"消费"（包括消费服务）为中心的社会的转变。但是，这样一种消费社会文化，其背后隐藏着对人的诉求的更大满足，追求"作为一个完整的人，占有自己全面的本质"⑤ 的逻辑倾向，赋予其社会切合性。在消费社会中，人们之所以要消费，就不单单为了维持生命的存续、健康所必须；而是附加了诸如显示其成功、富有和所谓的高贵的社会地位，为了满足其心理需要更为重要。如此，迎合消费社会，职业体育

① ［法］让·博德里亚：《消费社会》，刘成富等译，南京大学出版社 2006 年版，第 42 页。

② 王宁：《消费社会学》，社会科学文献出版社 2001 年版，第 200 页。

③ ［加］埃里克·麦克卢汉、弗兰克·麦克卢汉：《麦克卢汉精粹》，何道宽译，南京大学出版社 2000 年版，第 34 页。

④ Whannel, G., *Fields in Vision: Television Sport and Cultural Transformation*, London: Routledge, 1992, p. 199.

⑤ 《马克思恩格斯全集》（第 42 卷），人民出版社 1979 年版，第 123 页。

市场主体首先意识满足社会大众观赏诉求是职业体育生产活动的出发点和归宿。以观众诉求为导向，以电视转播商、赞助商利益为基点，职业体育进行了相应改造。

在运行样式上，职业体育成为一种娱乐游戏或者娱乐表演，就像一部百老汇的歌剧一样，背景、舞台、演员、剧本、后台、服装、配件及仪式一样不能少，以"有主旨剧情的整体性表述，进而建立并引导一种沟通和交流，感动球迷、消费者，唤起受众内心的记忆和联想"。① 在运行机制上，以满足观众需求，更好地吸引观众为出发，竞争平衡机制被推出并广泛采用。同时，市场准入、市场交易、收入分配都被贴上以满足观众需求的标签，倒序选秀、利益分享等相继产生。当然，其中最关键的还首推竞赛机制改革，以 NBA 为例，其联盟成立后 40 余年的规则变化主要是迎合消费文化需要，具体如表 4 - 3 所示。

表 4 - 3　　　　　　　　　　NBA 主要竞赛规则变化及其导向

时间	规则变化	变化导向
1946 年	时间由 40 分钟改为 48 分钟	增加"产品"数量
1947 年	禁止采用联防	鼓励"一对一"的对抗，增加观赏性
1952 年	三秒区从 6 英尺扩大为 12 英尺	削弱篮下竞争优势，提高比赛不确定性
1954 年	规定每名球员每节只能有两次犯规	防止因故意犯规而干扰比赛，增加流畅性
1955 年	进攻 24 秒规则	加快节奏，提高得分，增加比赛精彩性
1964 年	三秒区从 12 英尺扩大为 18 英尺	削弱篮下竞争优势，提高比赛不确定性
1974 年	球员技术犯规可直接判罚出场，并需交纳罚款	限制故意犯规行为，增加流畅性
1978 年	3 分球规则实施	增加比赛观赏性与偶然性
1980 年	比赛 20 秒暂停时间（全场两次）	适应电视转播插播广告需求
1988 年	裁判员增加为 3 人，恶意犯规将被判两罚一掷	增加比赛公平性，限制恶意犯规行为

资料来源：张兵：《走向秩序——我国职业体育发展研究》，博士学位论文，南京师范大学，2012 年，第 58 页。

---

① 李林林、宋昱、刘东升：《北美职业体育产品设计模式研究》，《体育文化导刊》2013 年第 10 期。

当然，融入消费社会后，技术进步，特别是现代传媒业的发展，带给了职业体育巨大的机会，职业体育也摆脱原有现场观赏的局限，电视转播得以飞速发展，同时赞助与广告成为职业体育的新市场，并导致职业体育收入来源上的巨大变化，媒体收入、赞助收入开始占据较大份额，且在部分联赛中甚至超过门票收入。因为，赛事观众及其体育赛事和运动员的社会影响力已然跳出了竞技场的束缚，且明显大于运动场内。如 1964 年 BBC 的足球固定节目"今日比赛"，赛季收视人数在 1200 万人次，是赛场观众的 10 倍。如此变化，给嗅觉灵敏的商人提供了新的机会，体育经纪与中介市场迅速成长。而这又在一定程度上加速了职业体育的运作效率和商业化程度。

这一系列变化也给职业体育带了诸如利益主体多元化、社会需求复杂化等问题，伴生劳资冲突、利益分配冲突等现象，如何更好地满足社会需求，维系自身有序发展成为职业体育在该阶段面临的重要问题。在北美，围绕职业体育联盟，在相关法规下，优化诸如工资帽、奢侈税、电视转播收入分配、门票收入分配、选秀等管理措施成为备受重视的问题，保持竞争平衡，并以此吸引更多的关注者，围绕联盟的经营和管理成为职业体育市场秩序完善的重点。在欧洲围绕球员市场建设、中介市场建设成为关键。总体而言，面向市场发展，职业体育在该阶段完成了从外部的法律规范到内部的制度机制的完善实践，形成了符合职业体育运营特征的市场运营模式和市场结构体系，即欧洲的职业体育俱乐部中心和北美的职业体育联盟为中心模式。

四　西方职业体育市场秩序的扩张期：20 世纪 80 年代以后

20 世纪后期，"一页世界危机重重，失去支点大举滑落不安定的历史"[①] 开始了。带来这种不安定的首要因素即是全球化的浪潮。"全球化——作为当代世界'压缩'的一种形式和世界历史的一种新诠释学的基础"[②]，充斥着全球亲近感的隐喻，然背后真正隐藏的是，

①　[英]艾瑞克·霍布斯鲍姆：《极端的年代：1914—1991》，郑明萱译，中信出版社 2014 年版，第 499 页。

②　[美]罗兰·罗伯森：《全球化：社会理论和全球文化》，梁光严译，上海人民出版社 2000 年版，第 187 页。

西方强势文化的全球范围的肆意扩张与抢占地盘现象，即西方文化形象和文化商品通过"一种消费病菌""愚钝人们的感官"①，使"一些人为传媒图像和报道所困扰，为了远方的群体和各种各样的原因从而投身到各种运动之中去了"。② 如此，意味着抢占新资源、争取新市场成为热热闹闹全球化背后隐藏的真实动因。

在体育领域，虽体育国际组织与竞赛活动国际化、运动员全球流动等在 20 世纪初已然出现；然而，直到 20 世纪 80 年代，体育商业化与市场化才伴随以消费文化的内核的大众娱乐的全球化推广实践，席卷全球。其中，先行者无疑是职业体育，职业体育伴随媒体风靡世界，经济形态逐渐成为体育存在的关键样式。诚然，体育全球化可能会实现巴里·斯玛特的关于"体育的全球影响得到了迅速提升"的"全球化的发展目标"③，然而，职业体育以竞技文化与消费文化为依托搭乘全球化"快车"的动因显然并非如此简单。

以营利为目标的西方职业体育，在消费文化熏陶下，找到了另一有效的生财之道，即电视转播收益、赞助和广告收益，并以此改变了原有单纯依赖现场观众的收益结构。现在，全球化趋势中，可资利用和拓展之处被无限放大了；如经济全球化一样，资源的有效争夺和市场的开辟成为职业体育全球化的动因所在。路径上，向目标国宣传其文化优越性是首要之举。如 NBA 联盟即借助巴塞罗那奥运会的"梦之队"精彩表现，向全球推广其篮球竞赛文化。当然，这种宣介行为暗含着"体验经济"的逻辑，以满足人们更高的体验追求为目标，在切合体育竞赛欣赏的氛围下获得了重大成果。此外，借助运动员等人力资源的全球掠夺实践。虽然国际球员在职业体育产生之初即有，但是，从来没有像现在这样。张兵（2011）以 2010 年南非世界杯足球赛的球员来源为研究对象，研究发现：如表 4 - 4 所示，来自五大洲

---

① ［美］詹姆斯·罗尔：《媒介、传播、文化———个全球性的途径》，董洪川译，商务印书馆 2005 年版，第 226 页。

② ［英］约翰·汤姆林森：《全球化与文化》，郭英剑译，南京大学出版社 2002 年版，第 257 页。

③ ［美］巴里·斯玛特：《全球化与体育》，《体育文化导刊》2010 年第 3 期。

32 支球队的 736 名球员参赛球员中，除去 3 名无俱乐部球员外，分别效力于 49 个国家的 55 个职业联赛；其中，在本国联赛效力球员总数为 294 人，仅占球员总数的 39.95%；共有 439 名球员在非本国联赛效力，占总球员数的 59.65%，反映了国际流动成为当今职业体育（足球）的主流。

表 4 - 4　　　　第 19 届世界杯足球赛各大洲参赛代表队球员效力俱乐部国际分布一览

洲际参赛球队	球员总数	本国联赛		非本国联赛		非本大洲联赛	
		数量	百分比（%）	数量	百分比（%）	数量	百分比（%）
亚洲	92	56	60.87	35	38.04	28	30.43
欧洲	299	153	51.17	146	48.83		
非洲	138	24	17.39	114	82.61	113	81.88
南美洲	115	21	18.26	94	81.74	81	70.43
中北美洲	69	31	44.93	38	55.07	35	50.72
大洋洲	23	9	39.13	12	52.17	12	52.17
合计	736	294	39.95	439	59.65	269	36.55

　　此外，一个最为重要的议题是，西方职业体育的全球推广路径具有从要素引领向制度引领变迁的特征。在西方社会个人利益至上和市场经济功利主义的影响下，经由市场选择博弈而来的西方职业体育，形成较为完备的运行体系和市场结构。职业体育作为一种风靡全球的运动，成为广受追捧的运动形式，竞技体育职业化改革成为风尚。此时，具有先赋性的西方职业体育，又往往发挥引领世界各国职业体育发展模式和运行制度构建的作用，诱导着后发国家职业体育改革的制度变迁方向。实质上，即延伸出西方职业体育运行模式的锁定效应，也即西方职业体育锁定了职业体育运行的一般态势和样板。其之所以会产生这种锁定效应，根源在于其先发性和绩效优势。在该问题上，诚如王少春等（2011）对西方竞技文化相关研究一样，因为"西方以奥林匹克为代表的竞技文化顺应了社会发展的潮流，跨越了民族和

地域的限制，并积极地吸收了世界不同民族文化中的有益成分，凭借着西方强大的经济实力和奥运模式全球化发展，迅速成为当今体育文化领域中的主流文化"。事实上，在全球化过程中，西方（欧美）文化的全球化，不仅表现在文化本身上，还包括物质文化（表层）、制度文化（中层）和价值文化（深层），它们之间相互配合，共同推崇西方文化诱导全球文化的同质化；其中，物质文化往往是表象的，制度文化与价值文化则发挥着更为重要的作用。[①] 西方职业体育全球化实践即是如此，由于其具有较为完备的市场结构体系和较高的制度绩效，代理着以体育为行业经营和运作客体的经济组织模式，成为具有体育资源调配手段的功能体系，以及与市场经济相类似的一种体育资源配备和运行方式。

当然，西方职业体育在全球化推广中，强调模式、制度锁定的目的，并非为了帮助后发者，促进世界职业体育的共同提高和共同繁荣，而是为了抢占资源、获取竞争制高点。本质上，这是由西方经济社会的资本逐利性所决定的。资本的逐利性是西方经济社会广泛承认，甚至公推的理念。在他们的眼中，正是由于个人的贪婪和逐利，才有了社会经济发展的动力，才有了社会经济秩序形成的可能，"看不见的手"才有意义。当然，职业体育这种具有明显商业化、市场化的制度体系，也应具有此理念。由此来看，西方职业体育是在全球化夜幕掩饰下，推行西方职业体育运行模式和市场秩序，构筑全球化秩序。当然，这一过程已然启动，而且正在进行。

第二节　西方职业体育市场秩序演化动力机制

一　社会发展依赖性：职业体育市场秩序演化的内在核心

诚然，任何社会系统，其运行发展本身都带有实现自身社会目的

---

① 沈本秋：《美国文化全球化的层次结构分析》，《太平洋学报》2010 年第 12 期。

的内在规定性，系统演化即是"来自系统对一系列复杂机制的区分化和协同所产生的结构变化"，按照鲁曼的观点，"系统自身对坏境的自我参照的结果"便是系统演化的方向。埃里克·邓宁的研究显示，职业体育发展经历了两次重要的发展浪潮：第一次浪潮以俱乐部为主要组织形式，发挥主要作用的是贵族和上层阶层，主要从事拳击、板球、猎狐、赛马等活动；而在第二次浪潮中职业体育以"协会"和"联盟"为主要组织形式，此时中产阶级发挥了带头作用，足球、橄榄球、网球等体育运动逐渐呈现工业、商业和职业化的现代形式。职业体育如此演变的内在机理即在于社会变迁的实践。西方职业体育即是在西方市场社会环境与氛围中产生的，是体育休闲活动的经济异化产物，是伴随西方资本主义经济社会变迁而逐渐演化成型的，并顺应性地呈现组织化样式。

（一）西方职业体育市场秩序基础演化于特定经济条件——以职业体育产权制度为例

遵循市场运行规律，一切与职业体育相关的资源都是商品化的，一切职业体育产品的运行都是市场化的，这是西方职业体育当前显示的基本特征，也构筑了西方职业体育市场秩序的基本旨趣。遵循市场规律，按照市场法则办事，西方职业体育强调运行主体必须是产权清晰的，是有明显的利润追求取向和激励机制的，是可以遵循价格机制进行市场运作的。现实中，不论是欧洲职业体育联赛，还是北美职业联赛（NFL、NBA 等），都强调职业体育经营者是独立的经营个体或实体，产权私有化是其最基本的经济规范。这是否意味着，产权私有化是职业体育与生俱来的特征呢？

事实上，作为市场基本运行设置的产权是伴随西方市场经济形成过程，从自然状态，不断向主体化、私有化演化的，其间诸如市场契约制度、经济伦理、政治制度，乃至市民社会等西方社会经济环境对其效用显现与发挥起到了关键性的作用。而经由西方经济制度包裹的产权连同其赖以运行的市场，在西方经济学的分析范式中，往往被建立在独立的市场系统分析语境中，成为经济理论的前提假设。换句话说，西方经济学理论一开始就假设"市场或产权是可以作为自我独立的系统来看待的，要做的是确定分析对象的市场或产权是什么样的，又是如何与周围环境相联系的，以及在这一制度中个体行动间的相互作用，而其他制度就显得不那么重要"。① 之所以如此，因为产权理论根植于西方经济学的演化路径中，内涵与价值的固化本身暗含于西方市场经济的形成与成熟历程，而且法律规范下的资产私有化和明晰化始终主导着西方市场经济的运行实践。反映在西方职业体育运行中也是如此。西方职业体育强调产权私有化，认为职业体育经营者必须是独立的经营个体或实体，对俱乐部和联盟拥有处置权、收益权等相关权益；而且要求内部产权分类清晰，谁拥有什么必须是明确规定的，可以实现经营权和所有权的分离。其次，西方职业体育要求诸如运动员人力资源、场地设施等生产要素实现商品化。从理论上讲，要素商品化是产权私有化的延伸，因为一旦产权归为私有，则所有者可以对手中资源进行市场经营与处置，在这种背景下，一切生产要素都被货币化。而对于职业体育而言，要素商品化的秩序意义，就在于促成围绕"剩余价值"的生产和再生产及其资本化运行样式符合市场秩序的内在要求。最后，西方职业体育在强调产权私有化和要素商品化的前提下，强调职业体育经营主体的自主化。在职业体育中，经营自主化则意味着俱乐部或联盟拥有经营权，具有资产处置权，可以根据自身经营需要进行球员交易，不仅赋予市场机制以主导地位，而且为职业体育俱乐部或联盟根据市场机制的运行特征自觉达成和维护市场运行秩序，形成有效竞争体系提供了基本保障。此外，关键的是西方职业体育追求的最终目标是实现利润最大化。利润最大化可以看作是职业体育"序度"关系上的一种行为规范，它规定和约束职业体育经营活动的趋势和取向，要求各职业体育主体自觉按其本性并依照这种趋势来配置生产要素，从事经营活动，形成围绕市场机制的自我完善和耦合机制。总体来说，西方职业体育带有顺应经济与社会互动的特质，并将自身放置于利益旋涡中，强调经由市场机制作用形成的运行秩序

① Kenneth Arrow, "What has Economics to Say About Racial Discrimination?", *Journal of Economic Perspectives*, Vol. 12, No. 2, 1998, pp. 91 – 100.

体系，而这一切恰恰是由资本主义经济演化的内在规律所决定的。

　　诚如弗利格斯坦（Fligstein，1996）所强调的，"市场是一种社会环境，只有在产权、治理结构和交换规则三个因素同时存在的情况下，以货币价格的商品交易才形成"。同样，作为市场运行关键因素的产权也是存在于社会环境中，扎根于经济社会运行实践的，跟随运行主体适应环境的变迁是产权形成的固有规定性。在社会生产力低下的年代，产权更多是人们与自然物之间的支配与拥有关系；进入奴隶社会和封建社会后，权势阶层还会拥有一部分人力资源的权利，如农奴、佃农等；而进入资本主义社会后，产权跳出了自然物的束缚，广泛存在于人与人的互动关系实践中，成为经济社会制度下组织或个体与内外部环境之间的关系纽带。如果我们遵循布迪厄的观点将职业体育市场看作是由职业体育行为主体创设的一个场域，那么职业体育现有组织样式显然是他们受场域影响的结果。具体来讲，行动者根据自身所占有的资源力量来选择选择自身行为方式，而支配者的利益表达首先显示在职业体育整体状况上，从竞争开始到交易结束，由此构筑职业体育市场特质，即相互竞争的行动者之间交换关系的总和，并深深映射于西方职业体育缘起与发展实践中。同样，如果说西方职业体育的演进是体育（竞赛）在西方特定社会发展背景下适应性成长的结果，那么其产权形式也不是与生俱来的，它的形成同样离不开社会环境的变迁，是职业体育这种经济样式从外部市场现象向内部市场现象演化过程中，西方主流经济文化沾染与熏陶的实践产物。经历工业革命的西方社会，城市化和工业化程度明显提升，人们生活水平提升，空闲时间增多、收入增加，体力劳动减少，休闲娱乐活动频繁，对体育活动需求增大，且需求中自发增添了体育欣赏的元素。在西方经济氛围浓厚的背景下，原有体育娱乐性竞技活动由于可以创造出较高的经济价值，被不自觉地赋予经济特征，这种娱乐性竞技活动的组织性增强，乃至一部分富裕的人开始招募具有较高竞技水平的人，有组织的运动竞赛行为开始出现，同时，社会上分化出一部分专门从事体育竞赛活动的人，这些人不仅可以通过提供体育竞赛活动养活自我，而且可以创造一定的剩余价值。于是，社会上出现一部分人以体育竞赛为职业，把参加训练竞赛活动作为谋生手段，一切生活来源都依靠职业竞赛的职业运动员群体宣告正式形成。组织化的实践无非是以合同契约方式实现职业体育竞赛运动员的权利转移，职业体育人力资本产权问题随之解决。同样，西方特定的经济社会文化氛围又引导着体育向市场靠拢，成为联系厂商与社会大众的重要纽带；而后，西方产业理论，特别是产业组织理论实践不断侵入职业体育运营管理实践，催生其顺应性地形成当前运行模式。从时间上看，经历早期资本主义洗礼的西方社会，有关资本、投资、企业组织样式已然清晰，职业体育的运作原本意义上被看作是一种经营性行为，而资本介入职业体育也应然带有明晰产权的特质。随后围绕体育竞赛资源的运作也逐渐变得精细化，从早期的契约关系，到职业联盟规则的出现，职业体育活动演变为具有严格规则限制的经济活动形式。如此看来，西方职业体育市场的形成及其产权问题的明晰化，是在西方社会的个人利益至上和市场经济的功利主义的影响下，经济社会选择的结果；进一步讲，是商业化、市场化的制度体系（其中最为关键的是合约交换关系代替社会交流关系）深入职业体育运行内核的结果。

（二）职业体育组织架构是特定经济氛围中博弈演化的结果

西方职业体育的组织架构首推职业体育联盟建设。与产权制度形成一样，西方职业体育联盟的构建与演进是社会选择的结果，是经济组织与外界环境相互博弈调和中生成的适应性机制，是在特定经济社会环境中生成的符合职业体育运行规范的社会运行方式。

当然，准确把握职业体育联盟演化规律，还必须深入分析其运行的政治社会背景。而谈及职业体育联盟则首推北美职业体育联盟，并以演化于美国的北美四大职业联赛为代表。众所周知，美国是一个主张多元主义理念的国家，其政治社会运行体制上处处体现着对多元化利益集团的认可与鼓励，而且美国社会无处不在地存在各种自由结社而成的利益集团，它们不仅数量庞大、门类繁多，且组织完善，它们扎根于美国的社会生活中，维持和影响着美国政治和社会文化生活的方方面面。这一现象经由杜鲁门、本特利、罗伯特·达尔等总结发展形成多元主义集团理论，并成为对美国政治经验的理论概括和弘扬美国资本主义文化优越性的工具。该理论主张国家权力的非单一集团控制性，权力应广泛地分布于大量自主社会群体之中；多元化利益群体之间存在竞争合作关系，并在相互竞争中保持自身的平衡，而相对中立的政府则只需对不同利益集团进行有效的回应。这种理论由于其强调社会中心主义，主张自由市场和个人自由主义，而反对国家干预或国家中心立场，往往为西方理论研究者赋予复杂的价值色彩。当然，这种基于美国经验生成的多元主义也往往会映射于美国职业体育发展实践。在北美职业体育运行中，无论是生产组织（职业体育联盟、俱乐部组织），还是中介组织、消费者组织、球员组织、营销组织都是以利益集团形式存在的，它们之间围绕利益分配竞争合作的实践恰恰搭建了北美职业体育联盟的运行机制。球员市场的兴盛直接催生了中介组织和劳工组织的兴旺，而营销组织的发展又直接促使消费者组织的兴起并采取行动。于是，无论是利益分享，还是劳资谈判或转播权谈判，每个利益集团都有自我运行的能力，它们之间谁也无法直接决定和干预其他利益集团的行为。而其运行实践内隐的是竞争合作关系，而且这种竞争合作关系在多元主义利益集团运作实践中自发地形成了利益共同体意识。总体而言，北美职业体育推行联盟制是美国政治社会理念影响下的产物，是多元主义竞争合作模式所生成与蕴含的利益共同体运作理念在职业体育中的反映。

另一个职业联盟的经典案例源自英超联盟。从缘起来看，英超联盟区别于北美职业体育联盟，它是改良的产物，更准确地讲，是俱乐部合作模式的改良。具体来讲，在 1992 年之前，英超联赛是协会主体运行体制下的联赛体系，而 1992 年，英超联盟从足协（英足总）主导序列中独立出来，成为独立运营联盟。该联盟成立缘由上带有解决原有协会办赛体制上的利益分享过度之状，转而强调联盟独立运营的激励功能，在某种程度解决了诸如曼联、阿森纳等强势俱乐部的发展困境，同时也为英足协带来了巨大的收益。当然，该联盟之所以能够形成，也必须结合英国社会背景进行分析。英国社会具有成熟的资本主义自由民主体制，强调利益集团与政府合作，达成经济和社会伙伴关系是其重要特征。在政治社会理论中，往往将其定义为合作主义政治社会秩序。与多元主义强调多个利益集团的均势竞争合作不同，合作主义则更多地主张只有少数具有垄断地位的团体才能享有代表本领域利益的地位，而国家往往赋予它们以独特的制度化运作实践。事实上，20世纪80年代末，英国社会理论界出现了声讨政府、反思国家与社会关系的理论思潮，吉登斯第三条道路的论断得到了时任英国首相布莱尔的认可，并成为主导当时改革的重要思想支撑。当时改革的目的是"改善与公民社会的关系"，"要与公民社会结成合作伙伴关系，共同推动社会的发展"①，"一方面，社会分散的利益按照功能分化的原则组织起来，同时强调社会利益表达的高度组织化、体制化，减少无序的竞争；另一方面，国家权力可以获得稳定的支持来源和控制"。② 如此来看，英超联盟的成立实质上也即是这种带有合作主义意味的改良运行结果，其要建立的是新型合作伙伴关系，一方面追求国家、足协与联盟通过合作来获益；另一方面建构联盟内部基于利益共同体的合作伙伴关系。换句话说，脱离英国特定的社会背景，英超联盟走向何处是不得而知的。

　　总之，西方职业体育的形成是根植于西方市场经济和公民社会，内生于西方经济社会制度之中，饱受西方市场经济理论，特别是产业组织理论的"侵蚀"，衍生出现今的联盟组织模式。而职业体育联盟从其产生开始就具有明显的实体企业组织性质，正是这种实体性质使它具有包容演化利益共同体的功能，衍生出类公司制的治理机制。具体来讲，就是股东大会、董事会、监事会构成其上层组织平台，而总经理或总裁负责制，以及遵照事业部制形成的内部机构体系构成运行管理架构。运行过程中，上层组织体系三权分开，整合制衡机制保障职业体育运行的合社会规范、合社会需求以及健康、公开、透明，而运行管理架构的委托—代理和各司其职，保证了职业体育运行的高效和收支优化。由此，如果将西方职业体育运行的根本规律定位于市场

---

　　① 唐娟：《政府治理论》，中国社会科学出版社2006年版，第72页。
　　② 张亚泽：《利益秩序重构的政治逻辑——改革开放以来的社会利益分化和国家政治建设研究》，中国社会科学出版社2014年版，第9页。

化、商业化，那么联盟就是顺应这种商业化、市场化，特别是产业化大发展而设置的资源调配组织模式，在形成与演化上，是职业体育适应环境发展的博弈选择结果。

二　不确定性消解：职业体育变迁与市场秩序演化的内在标识

（一）不确定性与市场秩序演化

关于经济发展的内在动因追寻，马克思提出，劳动分工是经济发展的导火索，是市场经济走向成熟的关键所在。熊彼特（2015，中译本）认为，经济发展过程是企业家引领的"创造性破坏"的结果。在熊彼特看来，企业家是创新的主体，他们会创造性地破坏市场的均衡即"创造性破坏"。而之所以如此，因为熊彼特跳出古典经济学家关于市场资源均衡配置的思维，转而坚持认为，动态失衡是经济运行之常态，市场竞争应体现在打破市场均衡上；而且有效竞争机制并非单纯价格机制，新商品、新技术、新供应来源、新组合形式的竞争才是真正意义上的有价值竞争；这种竞争会不断鞭策企业家采取新举措、追求新技术，以获取成本或质量上的竞争优势，并带动经济系统旧结构的不断"破坏"和新结构的不断创造，最终推进经济的不断发展。

纳尔逊认为，技术与制度的协同演化是经济增长背后的推动力。纳尔逊认为，制度经济学重点关注组织内和组织间塑造和界定人类互动行为（市场行为）的制度规则因素，而演化经济学则更加倾向于把握技术进步的力量和过程；而事实上，新制度和新技术一样，都是社会经济实践中各种交互作用模式变化选择的结果，其中惯例具有重要意义。因为，惯例一侧带有组织制度规则性，构成了企业，决定着企业市场经营的竞争模式、交易行为，乃至绩效；另一侧则具有规律性的存在，成为企业、企业市场行为的共同性经验总结。实践中，新的技术，不论是新的组织模式、新市场、新法规或新的集体行动方式，都是在制度（结构）环境中发挥作用而生的，同样，新的技术的出现，则改变了社会博弈的力量，顺应性导致博弈规则的变迁和治理模式的调整。由此，在经济演化中，惯例（分布或者层级）的变化背后往往隐藏着技术、组织、制度等方面的综合性改善，而这种改善与变迁最终引起社会经济的增长。

制度主义的集大成者诺斯认为，经济变迁的标志是人口统计特征、知识存量以及制度，这三个层面的根本改变导致了经济变迁。而驱动人类努力并引致经济变迁的深层动因是来自人类的意向性，即源于消解环境不确定性的意识和信念体系。制度作为社会框架体系或激励结构在已创造的社会环境中，促进对不断增加的知识进行投资、扩张并应用以解决人类稀缺性问题，化解环境的不确定性风险。但就制度而言，其深层且潜在的源泉即在于人类持续约束不断延展的环境所带来的不确定性。

诚然，选择与适应是社会事物演化的关键所在。在经济系统是否亦是如此呢？事实上，经济系统也往往强调选择与适应的功效。在古典经济学那里，资源流动的市场自序配置被广泛推崇，"看不见的手"的作用实质上就体现了市场选择的价值。市场选择可以通过价格和成本机制，勾连供给，影响资源配置，决定利润并导致均衡状态出现。当然，社会现实中市场行为往往是无法按照古典经济学家构想的那样有序进行的，垄断、交易壁垒等问题广泛存在，完全的市场竞争往往无法自序达到。与此同时，市场中的行为更多也就不具备自由选择的可能。诚如奈特所指出的，在经济中，与风险不同，不确定性是普遍存在且不可知的，人类认识与机遇发现都要受到不确定性的支配。因为，选择的过程本身就是开放的，选择项是在不断选择过程中被发现或被创造出来的，而非先于选择；在一个选择过程往往会有另一个更深层的选择项。以市场博弈为例，博弈的策略选择和收益只有随着博弈实践的进行才会被不断地揭示出来，而一次博弈的结果，往往被作为下次博弈的依据，由此导致博弈选择的变动。因此，不确定性成为关系经济变迁及其市场秩序演化的关键变量，具体演化模型如图4-3所示。

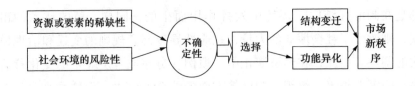

图4-3　不确定性导向下市场秩序演化模型

关于社会发展的不确定性研究，早期霍布斯即解构了在缺乏国家或制度背景下的社会发展不确定性，一个丛林式的狼性社会，贫穷、孤独、肮脏、残忍和短命是这一无政府社会中人的基本际遇，摆脱这种不确定性，契约及其强制执行依靠（政府）成为社会选择路径。在一个有了国家和政府的社会背景中，则存在如何进行权利分配问题，政府和社会之间如何进行良性互动，以压制社会发展的不确定性，洛克、卢梭关于政府及其权利分配的研究无疑显得尤为重要。卢梭提出的"三权分立"，提出对权利的分配与制衡，在一定程度上可以压制权利代理和集中所造成的社会个体不确定性的增加。而进入现代社会后，现代社会的组织模式中，展现出的工具化（特别是科技工具化）特征，并以此架构现代社会文明；具体组织方面强调结构化，从霍桑试验开始的企业结构管理体制，逐渐发展并充斥着社会的各个领域；而在人们生活方式上，个人主义和拜金主义、个人享乐主义盛行；而与此同时出现的战争及自然环境恶化等情况相继走进人们的视野，威胁着人们的生活。道德、伦理层面的进展缓慢的情况下，冷思考现代社会，缺陷凸显，后现代批判思潮涌现。1992 年，贝克出版了《风险社会》，提出风险社会概念，关注到人为制造的不确定性的组织在缺乏制度性整合背景下所呈现的情景。因为当代社会的政治、经济、军事乃至文化上的不确定性逐渐增加，特别是 1989 年以后，世界政治秩序上的动荡，激起了社会的更多关注。另外，污染、环境问题、饥荒、健康、核威胁等自然抑或人造的不确定性逐渐增多。当然，对于一个社会而言，风险的本质并不在于它正在发生，而在于它可能发生，风险是伴随于社会生产和社会意义的赋予过程的，是社会所实存的不可消除的不确定性表征。

在经济系统中，不确定性是指市场运营主体对于自身未来的收益和损失等经济状况的分布范围和状态不能确知。市场交易是现代经济社会的连接符，市场交易活动中广泛存在着产品（劳务）、资本（货币）、信息等要素，市场参与者需要基于自身的理性判断进行市场决策行为。一个稳定的、可预期的市场交易活动，往往会增加市场交易达成度；反之则增加市场运行的风险，在一定程度上压制市场活动。

当然，在古典经济理论中，完全市场的假定，供需、竞争、价格等机制作用场域是明确且确定的，而进入新古典经济学视阈后，不完全市场的判断，则意味着市场交易中充满着不确定性，甚至于这种不确定性的处理，恰恰是市场经济活动的"乐趣"所在。另外，诚如阿罗经典研究所揭示的，市场参与者期望借助市场来处理不确定性、限制风险，然而市场自身在处理不确定性和风险上具有明显的能力不足。如此，也就意味着市场主体在市场活动中需要借助一些其他的特别设置以解决或化解这种不确定性，获得可预期的市场收益。于是，进行制度、组织、机制等方面的优化显然是可行选择，而目标上消解市场运作不确定性和风险性的表现为追求利润最大化，并实质上暗含着架构市场秩序的意蕴。

（二）不确定性消解与职业体育市场秩序演化

如果说消解不确定性是社会经济演化之关键所在，那么，对于职业体育这种特殊的经济体系是否也如此呢？当然，相关研究需要从职业体育组织化历程中找寻。以北美职业体育为例。在北美，如 NBA、MBL、NFL 等，联盟化运作是其基本标签。事实上，在联盟出现之前，职业俱乐部多是球员中心主义的，是兴趣相投者之间的游戏性竞技运动，经济性是相对淡薄的；而且受限于交通，往往多数比赛在同一（或相近）城市（镇）之间进行。如北美职业棒球，最早在国家棒球员协会名义下进行"分区比赛"，"球员经常游走于各支球队之间，一区比赛结束就另谋高就加入另一个球队"；这种问题在1875 年被打破，在威廉·赫尔伯特（William Hulbert）的呼吁与鼓动下，全国职业棒球俱乐部联盟（国家联盟）于 1876 年成立。"随着联盟的成立，运动员操控棒球比赛结束了"，"俱乐部的老板占据了主导地位"，"制约运动员游走"的"君子协议"随之而来，"每个俱乐部老板都具有保留运动员的权利"。① 于是，保留条款出现了。

---

① Harold Seymour, *Baseball: The Early Years*, Oxford University Press, 1960, pp. 79 – 82.

　　由此可见，从运动员主导模式走出，进入俱乐部老板（业主）主导模式，联盟出现，而联盟在场外建立和实施一系列规则体系，其中形成人力资源的买方垄断力量，减少运动员流动和控制工作，维系俱乐部生存需要是保留条款出现的动因所在。因为，在职业体育出现的早期，俱乐部如何生存显然是最为重要的问题，围绕职业俱乐部的更迭成为北美职业体育的一大特征。事实上，正是这种失败的经历，启迪了职业俱乐部老板（业主），使他们明白了：自身球队的成功不仅依赖自身，而更依赖"联盟中其他球队的成功以及作为一个机构的联盟的成功"；也使他们理解："球队们还是尽量把它们的竞争限于竞技场上，并且在限定范围内限于对天才运动员的争夺上；在竞技场外，球队业主们相互将对方当作同事而非对手，他们一起力图通过最大化收入和控制成本来最大化他们的财富。"① 这种理念的形成，实质上也就预示着分享机制的成型。

　　在球员与业主的利益争夺中，仲裁规则出现。而当保留条款被认为与《谢尔曼法案》发生冲突时，自由代理制度作为折中规则也随之出现。自由代理规则的出现，从一定程度上削弱了联盟对球员的控制力。不过，伴随联盟自身运行体系（委托—代理体系及三权分置结构）的完善，工资帽制度和倒序选秀制度首先在职业篮球联盟中被提出，并进行了推广，从而又解决了联盟对球员的控制问题。当然，球员方面，受美国 20 世纪初期工会运动的启示，球员工会顺应而生。由此劳资集体谈判就出现了。至于特许经营权规则出台也是遵循这一逻辑，以保障联盟业主权益。以职业棒球为例，国家联盟成立后，另一个竞争联盟——美国联盟（America League）成立，并于 1900—1902 年进行了激烈的竞争，最终后者也获得大联盟地位；而后续的一个联盟（联邦联盟）随之而来。化解多联盟并行竞争局面，成为需要解决的问题，经营权的进入限制顺应而生。总体而言，北美职业体育联盟演化背后暗含着约束运行不确定性、化解运行风险之效应，相关

---

　　① ［美］布拉德·汉弗莱斯、丹尼斯·霍华德：《体育经济学》第二卷，赵长杰译，格致出版社、上海人民出版社 2012 年版，第 88 页。

组织和制度变迁催生了一系列不确定性制衡机制。当然,这些机制是以市场为导向,在降低经营成本、维护业主(投资人)利益的同时,又推进竞争平衡、保障球迷福利。同样,在欧洲,也大体上遵循相似的路径,以竞赛水平提升和球员薪资控制为核心进行相关运行机制框化。

三 专业化发展:职业体育市场秩序演化的重要特征

在汉语中,职业与专业具有千丝万缕的关系,因为职业本身就是社会分工的产物,其背后暗含着以专业的知识和技能,按照专业化的方式、特定的专业标准完成专业性的事务。职业体育作为体育的市场化存在样式,也是由一群经过特殊训练的人,以专业的方式(体育竞赛和市场运作),按照特定的标准所从事或运作的特殊行业。职业体育的完备有序发展,离不开具有专业知识和技能的运动员、教练员、经营管理人员,同样离不开具有严密组织性和规律性的运行机制体系(实践方式),甚至于其所要到达的目标也是有明确的标准规定的。如果说职业体育是特定社会背景下体育社会分工发展的结果,那么专业化无疑是约束这种发展的关键因素所在。

职业化是体育专业化发展的必然结果,专业化决定了体育职业化的进程和水平。鲍明晓(2015)在谈及职业足球发展逻辑时,指出,"职业足球的本质是专业化水平和分工更细的足球形态,发展职业足球就是要不断提高俱乐部和联赛的专业化和分工的细化程度";而借助市场分工的精细化选择是达成专业化的手段所在。职业体育,正是在市场选择实践中,借助市场分工和社会专业化路径,逐渐演化而来的。

(一)职业体育人力资源的专业化发展

在职业体育形成前,参与体育运动是社会地位的象征,只有贵族、乡绅等上层阶层才能够参与其中,此时社会地位而非能力是决定体育运动参与的关键所在。而职业体育的兴起与形成后,工人阶层逐渐成为运动员之主力军,特别是带薪球员的出现,改变了原有运动员的社会地位归属性,体育运动能力水平成为区分业余和职业运动员的关键所在。于是,为了提高自身水平获取更好薪金,运动员有了继续提高自身能力的需求；同样，俱乐部所有者也基于对胜利或利润的追求，有意识地吸引更高水平的球员。后续，运动员市场应运而生，运动员培训组织和体系逐渐生成。职业运动员进而成为具有较高专业性的特殊人群。特别是近 30 年来，随着运动员收入水平的不断提升，运动员的专业化水平不断得到加强。即便是同一项目中，也不断进行着专业化的改进，足球运动员有了前锋、后卫、守门员之分，棒球运动员有了击球手、投手之别。与运动员专业化一样，教练员群体的专业化水平也不断得到加强，资质成为关系教练从业者的关键所在。

与运动员、教练员等人力资源的专业化发展同步，俱乐部和联盟等职业体育市场主体也逐渐有了准入条件，需要具备相应的准入资质、到达联赛（联盟）的准入指标。这不仅提升了体育竞赛的水平，还直接催生了俱乐部和联盟运营管理的专门化、专业化发展。职业体育联盟或俱乐部的管理运营者，不仅需要有体育运动员的基本知识，更重要的是要具有经济、管理、财务、法律等专业知识。现在，依赖新型的复合型运营管理人才以谋求市场绩效提升，逐渐为职业体育实践所检验。

（二）职业体育运营管理的专业化发展

当然，职业体育尚处于萌芽时，更多带有业余体育的意味，约定俗成的规范和自愿参与性支撑着其发展。而一旦职业体育作为样态兴起，则意味着市场约束机制开始进入运行实践，习俗规范变为了契约法规，自愿变成了强制，管理、控制的成分不断增多。逐渐增加的市场和商业元素，带来了利益关系的复杂化，并要求体育赛事生产逐渐规范化、制度化，市场运营不断契约化、企业化，运营组织更加专业化、高效化。特别是在运营组织领域，从投资人直接参与市场运营，到委托代理经营，实现所有权、经营权的分离，遵循市场经济发展规律，将职业体育赛事及相关产品，以市场模式和专业化团队进行经营和推广活动，已然成为职业体育作为一种样态存在的标志所在。

今日之职业体育运动，作为一个行业存在，以体育赛事生产为基础，以营利为目的经济活动，行业内外部都存在着激烈的竞争和复杂的利益关系，管理、治理成为维系其有序发展的基本构件存在。因为，它的运营涉及多元化的利益主体，不仅包括球员、教练员、俱乐部管理运营人员，还包括球迷、媒体、赞助商、政府等多方群体。按照现有样式，职业体育的运营组织主体是职业体育联盟或职业体育俱乐部。它们遵循市场规律，以商业经营方式进行市场活动，调节各方权益关系，维护体育赛事产品的优质生产，保障联盟或俱乐部的正常市场运营，实现各方利益的最大化。

（三）职业体育中介服务的兴起与专业化发展

随着职业体育的发展，管理运作实践的范畴不断扩大，涉及内容不断复杂，相关利益群体也不断增加，出现诸如中介组织（商）这样的群体。中介组织无非就是在法律框架内依托专业知识和技术，提供各种中介服务的机构。如球员市场中的中介组织（经纪人），即是代表运动员参与球员市场交易活动，以保障球员市场价值和利益的群体，他们代表球员与俱乐部进行合同谈判、拟订与签署合同，甚至提供合同监管保障等服务。当职业体育进入球员专业化以后，带薪球员不断挤压非职业体育球员。然而，职业体育劳资双方力量的悬殊，致使劳资谈判实践中，球员的利益受损。出于保障自身利益需要，球员就会有意识地聘请专业谈判顾问参与劳资谈判等实践中，这也是职业体育经纪人的最早由来。

职业体育经纪人的出现，使球员交易市场变得更为专业化，一个专业的中介市场由此出现。当然，随之而来的是关于中介组织的竞争更加激烈。对中介组织的资格要求成为必然。一个合格的中介组织（商）不仅要有专门的职业资格证书，具有法律、会计、经济等方面专业知识，还要有强烈的服务意识、敏锐的市场洞察能力、良好的沟通能力与网络等素质。这也意味着，职业体育中介组织也在不断进行着专业化发展实践。张保华（2003）关于美国体育中介商发展研究即证明这一点。张保华提出，美国体育中介商的发展是由小到大、服务形式和内容由单一到全面，具有阶段性的特征，即 1925 年至 20 世纪60 年代是体育中介发展的萌芽阶段，60 年代中期至 70 年代末是体育中介发展的起步阶段，70 年代中期至 1986 年是体育中介市场飞速发展阶段，1986 年至今是激烈的竞争期。同时，他还认为，职业比赛是美国体育中介商产生的前提，随着体育中介商呈现的专业化、职业化、综合化以及法治化的发展特征，形成了不同的专业类属，如全方位服务中介商、专项中介商、内部代理商等。

　　总体而言，体育中介服务的发展是随着职业体育的发展而不断深入的，职业体育高收益、运行高风险等因素，使体育中介服务成为推动职业体育市场体系不断健全完善的要素，并最终导致体育中介服务组织全面介入职业体育市场运作实践。而职业体育更加专业化的发展指向及其衍生出的需求多样性，又必然催生体育中介组织的专业化发展。

第三节　西方职业体育市场秩序演化方式

一　自生自发秩序与理性构建秩序的学科争论

　　不确定性是人类社会混乱、恐慌的重要根源，也是催生无秩序的关键所在。出于对未来不确定性的恐惧，人们总是力图改变一些可控之物，使它们有秩序，并以此建立确定性。事实上，这是人类的本性使然，从求生到谋求更好的生活。现代学界将其称为理性，并认为人的理性具有某种魔力引领着人们走向秩序，从城邦、集市的诞生，到市场交易的出现，再到市场经济体系和市场秩序。这也是自生自发秩序的思想。当然，社会现实中，人的理性是复杂的，各种情感要素充斥着人们的社会实践，特别是伴随西蒙关于人的理性是有限的观念提出后，自生自发秩序演化思想受到了巨大挑战，自生自发秩序的反面社会建构秩序走上历史舞台。在经济领域，早先的经济学家，无论是重商学派的配第，还是重农学派的魁奈，都秉承自生自发秩序，而经济学的鼻祖亚当·斯密更是这一思想的首创者。斯密以经济人为假设，认为"看不见的手"会自发引领人们追逐财富，从而促进资源的最优化配置，实现财富的增长。在他看来，市场是"用不着法律的干涉，个人利害关系与情欲，自然会引导人们把社会的资本尽可能按照最合适于全社会利害关系的比例，分配到国内一切不同的用途"①，而一旦"把这种权力交给一个大言不惭地、荒唐地自认为有资格的人，是再危险不过了。"② 至于政府的职能，斯密给出了三种："君主的义务，首先在于保护本国社会的安全，使之不受其他社会的暴行与侵略"③；"君主的第二个义务，为保护人民，不使社会中任何人受任何人的欺辱和压迫，换言之，就是设立一个严厉的司法行政机构"④；"君主或国家的第三种义务就是建立并维持某种公共机关和公共工程"。⑤ 如此，自由竞争和限制政府职能成为市场自生自发演化秩序的根源所在。客观上讲，斯密的理论是顺应资本主义早期经济发展需要的，但诚如马克思指出的：资本主义根深蒂固的危机不断暴露自生自发秩序及其依赖理性自由竞争的问题所在。现实经济世纪的兴衰，特别是 20 世纪 30 年代大萧条的出现，颠覆了人们坚持近 200 年的信念，以凯恩斯为首的社会建构主义走上历史舞台。

凯恩斯主义起源于"对经济长期停滞或经济增长率的不断下降的广泛关注"⑥，致力于解决当时较为迫切的萧条与失业问题，倡导政府应通过实施适当的财政和货币政策对经济活动进行有效干预，从而重建市场秩序，保障经济增长。实践中，罗斯福新政的成功证明了凯恩斯主义建构秩序的效用，并逐渐为西方国家所广泛采用。当然，后续的经济滞胀等问题，又暴露了社会建构秩序的局限性，以哈耶克为首的新自由主义再次登场。而后布坎南重新定义建构主义秩序的价值所在。至此，有关市场秩序形成与演化的自生自发秩序与社会建构秩序陷入长期争辩的旋涡。

---

① ［美］亚当·斯密：《国民财富的性质和原因的研究》（下），商务印书馆 1972 年版，第 199 页。
② 同上书，第 28 页。
③ 同上书，第 254 页。
④ 同上书，第 272 页。
⑤ 同上书，第 284 页。
⑥ ［美］斯坦利·L. 布鲁：《经济思想史》，焦国华等译，机械工业出版社 2003 年版，第 308 页。

　　客观地说，自生自发秩序与社会建构秩序，其实，它们在某种程度上都很好地揭示了经济社会运行的规律。从这个意义上讲，两者都有极其重要的价值。而两者争论的理论源头首先体现为经济社会的自由限度何在，是理性牵着制度的鼻子走，还是制度约束着理性变迁。对于自生自发秩序簇拥者而言，制度是社会个人长期自由竞争的结果，制度规则随着人类知识的积累在不断试错中进行变迁；而对于社会建构秩序支持者来说，他们往往认为，人类理性是有限的，而且秩序形成是一个复杂系统，需要进行多元化的构建，需要有组织地进行协调。其次，两者争论还涉及对知识偏好的分歧上，生产性知识是在"干中学"的实践中形成的，有一个满足环境需求的有效性标准。一般来说，社会生产知识是社会实践主体的个人技巧在自身实践以及多人竞争实践中磨砺出的行为习惯（惯例），从知识演化角度看，更多应是在模糊状态下解决方案的积聚。当然，知识一旦有了雏形后，则模仿与复制成为需要，然后才有创新。"站在巨人肩膀上"应是知识获得的常态所在，同时横向学习应贯彻知识增长的始终。而自生自发市场秩序和社会建构市场秩序的争论恰恰是反映在对待知识获得的纵向为主还是横向为主的偏好上。此外，秩序模式的确定性与否也是两者的分歧所在。自生自发秩序意味着，秩序是什么样态是事先不知的，是在不断的试错中提取出来的；而社会建构秩序则潜在暗含着一个目标指向，按此目标指向进行社会建构，从而形成秩序。对于一个初生事物来说，前者显然具有积极意义，不过，一旦该事物已经存在了，则后者就更显价值了。事实上，如果说市场形成是一个从无到有、从无序到有序的过程，那么市场秩序作为伴生于市场形成的人类关系体系，其"秩序的演化可以是内在力量的推动，也可以是外在力量作用的结果"。[1] 而关于市场秩序形成的学理争论不过是其选择视角的差异性使然，而且其争论本身的价值不大，更有价值的是推动了人们认识社会事物演化的内在规定性。

---

[1]　佘发勤：《市场经济自由秩序探微》，《财贸研究》2009 年第 3 期。

二　西方职业体育市场秩序演化方式辨识

反映到职业体育中，诚如前述，工业革命带来的机器大生产和城镇化，催生了休闲需求的兴起，其中体育需求，特别是体育观赛需求的出现，标志着职业体育进入萌芽阶段。而随后带薪球员的出现使得专业化加剧，从球员运营的自序方式变为投资人运营的专业方式。后续，资本主义经济社会发展又进一步催生了娱乐活动商业化的提速，职业体育顺应之走上娱乐化之路；不过，大萧条的出现给职业体育形成增添困难的同时，也使职业体育加快自身运行体系建设和运行规律探索。因为生存危机催使职业体育进行确定性构建：投资人管理变为代理运营，制度与机制相继架构。第二次世界大战后，资本主义迎来了黄金阶段，消费社会的出现，而职业体育又加入迎合消费文化之洪流。迎合消费文化进行市场运行体系建构，同时，职业体育综合治理体系逐渐成熟。而经济全球化浪潮的汹涌而至，启迪了职业体育全球化扩张的理路。顺应全球化发展，西方职业体育开启了扩张之路；当然，在该历程中，西方职业体育不仅抢占全球市场，而且吊诡性地宣扬其制度优越性，成就其代理职业体育运行样式的目标，维系全球职业体育市场秩序。

当然，在西方职业体育发展过程中，也存在相互借鉴与学习模仿的明显案例。如英国职业足球，虽然在出现时间上略早于北美职业体育（如MLB），但是，它在20世纪初期也有过相当长一段时间采用了与北美相近的利益分享机制，并取得了一定效用。不过后续，随着联赛球队数量的急剧增加而不得不废止，但是，即便今天高水平联盟（如英超）对低级别联盟的补贴还是存在的。同样，北美职业体育联盟（如NBA）也不断学习与借鉴欧洲职业体育俱乐部的若干做法，其中最为代表的就是俱乐部会员制。这也意味着，社会建构秩序的成分在西方职业体育历史演化中是存在的，而且发挥了极其重要的作用。

如此，我们大抵可以看出，西方职业体育市场秩序演化主要遵循自发演化的特质，由市场主体顺应宏观经济社会环境，在不确定性消解和专业化发展路径上，不断博弈而来。需要指出的是，自发演化的市场秩序是一种脆弱的秩序，这种秩序依赖市场主体的逐利性展开，其利益的分歧往往会导致市场秩序的被破坏，如西方职业体育经常出现劳资谈判破裂进而导致的停摆问题即是明证。因此，西方职业体育的市场秩序更强调利益共同体构建的价值。当然，在这种秩序中，政府并非不存在的。现实中，政府更多是存在的，且以强制法律的形式存在，这种存在不过是政府存在形式上变化，是一种高级形式的存在。如西方职业体育的众多制度与运行机制的变化，都与西方职业体育面临的制度环境有关，如反垄断法案的出现，催生了自由代理，并进而改变了职业体育联盟的众多运行规则等。

第四节　欧美职业体育差异化运行模式与秩序样态原因分析

约翰·哈格里维斯（John Hargreaves，1987）指出，"运动项目变革的过程，就是一个争斗过程，充斥着控制与反抗。在这个争斗的舞台上，伴随着各种权力关系，而最终获得胜利并实现变更的成功的关键往往源自于运动变革能否真正有利于人的自由发展和项目问题的有效解决。"职业体育的发展演化历程即证明如此。而国内外学者通常认为，欧洲与北美在职业体育运营上存在明显的差异。如表4-5所示，欧洲职业体育在运营模式、市场主体、运营目标、市场准入机制、资源配置机制、市场竞争机制及利润分配机制等方面都有明显的差异性。诚然，无论是北美职业体育，还是欧洲职业体育，都是内生于西方资本主义社会氛围中的，是体育市场化发展的结果，而为何在大西洋的两岸就会产生不一样的状态呢？

表4-5　欧美职业体育市场运行体系及其秩序样式比较分析一览

	北美职业体育	欧洲职业体育
运营模式	封闭、无升降级制度	开放型、有升降级制度
市场运营主体	联盟为主、俱乐部为辅	俱乐部为主、联盟为辅

续表

	北美职业体育	欧洲职业体育
市场主体运营目标	主体利润最大化	效用最大化（或获胜最大化）
（俱乐部）市场准入	联盟在位俱乐部的认可、特许权，高额准入费	自由进入（高水平进入、低水平淘汰）
资源配置机制	计划配置为主	市场配置为主
组织内部竞争政策	不充分、竞争联盟有严格规定（存在内部市场）	充分，俱乐部自主竞争（不存在内部市场）
组织外部竞争政策	整体运营、反垄断豁免	各自经营；少许联盟整体经营与干预
利润分配机制	共享性分配：电视转播收入分享制、主场门票收入分享制、奖金池分享制	竞争性分配机制：少数几个国家实行电视收入分享制、几乎无门票收入分享
代表性联盟	NFL、NBA、MLB 等	英超联赛、西甲联赛等

一 欧美职业体育差异化的运行模式与秩序样态原因找寻

哈尔穆特·M. 迪特尔等（Helmut M. Dietl et al., 2009）从治理角度入手，认为欧美职业体育不同模式选择是经济治理博弈实践中组织选择结果。在历史上，欧洲球队体育联盟是由各自的国家和国际协会运行，并在法律上独立于职业俱乐部，在这些联赛比赛，北美职业体育在演化过程中更加注重团队治理的作用，强调在俱乐部和联赛之间的关系是通过契约治理体系来实现的。在这种模式下，联盟基本上充当俱乐部（生产者）和产品之间的"中间人"角色。相反，在欧洲，则更加重视竞争性，强调竞争激励的价值与作用，于是围绕竞争激励演化出欧洲的具有开放性的契约体系。

郑芳等（2009）从治理角度入手，认为，从经济史的角度看，任何治理模式都离不开它所处的文化、地域和经济环境；一个有效的治理模式总是最有效地利用外生变量中的合理因素与其内部治理要素之间相互匹配。而对同根同源的欧美职业体育联盟的成因和演变轨迹的追溯中研究发现，致使其呈现差异性的原因存在外生性和内生性两个方面，外生性变量的差异，诱导联盟的内生性选择发生变化，产生不同的激励行为和绩效追诉模式，并最终导致其演变出两种风格的模式。其中，致使欧美职业体育相异的外生性原因主要涉及地域条件、资本结构和社会文化三个方面；而内生性变量反映在治理模式上则显现为：欧洲采纳开放的、分层纵向一体化、市场自由配置的治理模式，北美则采纳封闭的、横向集体选择、计划配置的治理模式。

事实上，回溯职业体育演化形成历史，一个基本观念应该是可以得到共识的，即早期的俱乐部带有自主性的特征，在市场经营方面没有经验可以借鉴，而且组织化程度低是一基本状况。如此意味着，适应经济社会发展是其不同样态形成的核心所在。对于一个新生的事物来说，如何生存显然是头等大事，对于早期职业体育而言也应如此。与西方社会自由化观念根深蒂固一样，西方市场经济运行中竞争至上是其强调的首要理念。如此，也就意味着两者差异性形成即是在生存竞争中如何利用竞争机制的问题，或者在多大程度、以什么样方式发挥市场机制效用的问题。单从市场运行角度看，竞争机制诱导市场行为关注产品的生产过程，提高产品质量、提升产品生产效率，然而，它很少去顾及产品所产生的利润分配问题。问题是市场机制，如何产生生产激励的问题。在欧洲足球模式下，获胜最大化取向所暗含的"赢家通吃"本身就带有明显的冠军激励及其连带的经济、社会激励（其核心是为消费者营造一个向上的形象）；而对于北美职业体育联盟而言，则将激励移交给一个专门的机构进行（核心是营造一个整体形象）。这也意味着，两种方式的选择实质上都是为了解决市场机制所无法解决的生产激励问题，是激励机制选择上的偏差导致两种模式的产生。

不过，按照经济学的竞争理念，利润最大化或者说团队利益最大化，在早期俱乐部生存压力巨大的前提下，往往无法有效惩罚懒惰者，无法有效发挥竞争激励的作用，反而压制主动优化调整的俱乐部的利益获取。那么，北美职业体育为何又会选择一个这样的激励机制。凌平等（2003）指出，美国职业体育的起源，从地缘上看，是移植了英国的赛马俱乐部模式；从根源上看，是资本主义制度的建立以及自身的不断调整，带动了世界经济的持续增长；从文化上看，缺少英国的贵族阶层的捐赠；从管理上看，是联盟体制的建立和完善；从内容上看，是有效地协调了观众、球员、职业运动队、联盟、媒体、赞助商和政府之间的利益关系；从制度上看，是美国完善的市场法规给予了这种体制以有效运行的保障。如此来看，欧美职业体育选择了差异化的运行模式和市场秩序样态还有许多更为深刻的原因，并主要显现为以下几个方面：

（1）职业运动员和俱乐部业主形成方面。诚然，从贵族绅士等上层阶层，逐渐向工人阶层演化，特别是带薪运动员的出现对职业体育产生具有重要意义。然而问题是，在欧洲从绅士球员到职业球员的转化经历了漫长的历史时期，有资料①显示，要大于半个世纪，在法国一直到1932年6月职业章程的出台方才基本解决。而在北美职业球员身份的确立则没有经历如此长时间。运动员身份确立的难易程度直接关系到后续关于俱乐部组织运营及其向着更高组织演化的可能性。在业主方面，欧洲早期俱乐部业主更多带有运动员特质，从运动员自序参与构成的俱乐部中，运动员赛场竞争倾向可能会传导到赛场外。如此更加强调竞争，以俱乐部为中心组织就在欧洲被广为采用。事实上，欧洲职业体育在发展过程中，也尝试过采取类似北美的职业体育联盟样态，采用利润分享机制等。如苏格兰的足球联赛，从1905年起开始推出（实施）利润分享政策，当时分享的是门票收入，收入的1/3用来分享，而2/3则可以不分享。② 当然，它们这样做的目的是联赛的生存，而非像北美职业体育那样，更多的是为了竞争平衡或者说是联盟职业体育组织的更好演化。

（2）俱乐部场地、设施的用途方面。早期，欧洲职业俱乐部多是几个项目共用一个场地，如英国足球俱乐部与板球俱乐部共用一个场地。如此状况下，运动项目在特定区域内就无法架构其垄断性，这种垄断性不足导致其在市场运营中首先要做的是自己项目的职业俱乐部生存。而且，早期俱乐部有的有场地，而有的没有场地，在利益分享

---

① ［法］阿尔弗雷德·瓦尔、皮埃尔·兰弗兰基：《职业足球运动员的生活（1930—1995）》，于虹译，山东画报出版社2005年版，第32页。

② Wray Vamplew, *Pay up and Play the Game: Professional Sport in Britain*, 1875 - 1914, New York, Cambridge University Press, 1988, p. 144.

中，是否有场地以及其产生的成本和利润如何进行分配，就成为问题。相反，在北美则多不存在这方面的问题。

（3）比赛冠军的多元性因素。在欧洲，一个俱乐部一赛季可以为多个冠军目标而战，如英国足球竞赛现有英足总杯、全英联赛、联赛杯等。而反观北美则不具备这些，所有球队都为一个冠军而战。

（4）工资政策和收入增长因素。欧洲职业联赛，没有明显的收入分享制度，且受骑士精神熏陶的欧洲社会大众，更加崇尚获胜，并在奖金分配上做明显的倾斜。如表4－6所示，以赛马运动为例，优胜俱乐部的奖金数明显要高于各俱乐部平均数，且呈现逐渐增加的倾向，这在一定程度上必然刺激俱乐部的运营目标，驱使俱乐部适应宏观社会经济、法规、文化环境。相对而言，在北美，职业俱乐部更多的是与社区、城市的发展相关联，各俱乐部成绩往往被看作是所在城镇地位的象征。

表4－6　　　　　　　　　英国赛马俱乐部奖金分配状况

年份	获胜俱乐部奖金数（最大数）	俱乐部平均奖金数
1896	46766	1102
1907	17910	1159
1910	35352	1155

资料来源：Wray Vamplew，*Pay up and Play the Game*：*Professional Sport in Britain*，1875 － 1914，New York，Cambridge University Press，1988，p. 105。

二　欧美职业体育市场秩序样态差异对我国职业体育构建的启示

人类社会的存在与发展离不开基本的物质资料，于是围绕物质资料的生产、交换、分配、消费的经济问题成为人类社会永恒的话题。而人类社会实践行为是无所不至的，涉及经济问题的活动也一定会触及社会生活的方方面面，这就为人类经济问题的研究架设了新的平台，可以跨学科进行研究。马克思就立足于生产力和生产关系的辩证分析，揭示经济与社会的一般特征。其代表作《资本论》就是通过挖掘资本主义社会经济结构和运动规律，阐释资本主义的社会经济结构是其危机的根源，最终必然会致使其走向灭亡。马克斯·韦伯从心理和文化角度，指出加尔文教派所宣传的教义为资本主义的兴起提供了心理上的准备。而且后续研究，则站在社会经济学和经济史的角度，应用社会行为和社会秩序分析工具，指出有关经济问题的分析不仅包括经济现象，还包括与经济相关的现象和受经济制约的现象，从而打开了多利益分析的阀门。埃米尔·迪尔凯姆则通过对"经济人"的批判，指出将经济元素从社会生活中剥离，并忽视行为人的社会角色是不可能的。格奥尔格·齐美尔则抓住两个经济世界的关键问题：利益和货币，认为利益是驱使人们形成社会关系的因素，也只有放在特定的社会关系中才能认清；而货币则被经济生活中非常重要的情感——信任所包裹，剥离信任，货币的社会价值就无法存在。1985 年美国学者格拉诺维特在《经济行为与社会结构：有关嵌入性问题》一文中，借鉴人类学家波兰尼（Polaney）的"嵌入性"概念，鲜明指出了经济现象的社会嵌入性问题。在其后，诸如场域、社会网络、社会资本等分析概念与理论工具相继形成，对经济现象的认识也不断深化。如今学界大体已经就以下议题达成共识，即经济是一种特殊的社会系统，人类经济行为不仅受到资源、效用等经济因素的影响，还往往受到历史条件、政治体制、文化和意识形态等众多社会系统因素的影响。

欧美职业体育在市场运行体系及其秩序样态上具有的差异性，正是经济的社会嵌入性所造就的，是社会选择的结果，是依托特定的历史背景条件博弈生成的。这种背景条件不仅包括物质的、现实的自然条件，还包括法规等正式制度以及社会历史文化、意识形态等非正式制度。条件的不同造就了职业体育在运行方式和实践路径上的差异性，并最终导致欧美职业体育的相异性。这也意味着，在职业体育领域，同样不存在统一化、标准化的运行模式，职业体育发展模式的选择应根据本国国情而定，结合自身经济社会条件进行有效的继承与创新是必要的。

当然，作为后发的我国职业体育，其发展方向指向先进发展国家，并谋求超越后者，带有明显的应然性。然而成功的制度学习和模式参照绝对不是简单地模仿和照搬，任何单纯地学习和参照都不可能引导转型国家实现超越先发国家的梦想，片面地模仿最大的希望仅仅是接近被模仿者的水准，更多会产生"橘生淮南为橘，生淮北为枳"现象。从这个意义上讲，在全球化背景下，需要客观审视我国职业体育的发展历程与走向，结合职业体育市场秩序演化的一般规律，走中国特色职业体育发展之路。

第五章 中国职业体育市场秩序建构逻辑

职业体育作为一种特殊业态缘起于西方社会，是在西方市场经济的历史演进中，经由多次博弈与洗礼而成的，已有 100 余年运行实践。我国职业体育产生于 20 世纪 90 年代，时间上远远落后于西方，具有明显的后发性。作为一种相对成熟的市场运行业态，职业体育在市场系统、市场秩序上已然成型，并创造了西方职业体育名利双收的显著绩效。而作为后发的我国职业体育，虽然在市场组织架构、市场机制运行和制度体系变迁等方面进行了卓有成效的建设，然距离形成较为成熟的市场秩序尚有差距。如此，在明晰职业体育市场秩序及其在西方演化特征后，接下来，就需要探讨我国职业体育该如何进行市场秩序建构。当然，逻辑上，必须首先梳理我国职业体育发展演化历程，了解与把握其秩序演化与建构的起点与路径。本章内容即力图分析我国职业体育市场秩序的建构逻辑，以便为后续研究奠定基础。

第一节 中国职业体育缘起与发展历程梳理

职业体育以市场机制作为资源配置手段，围绕市场系统的组织和机制演化实践形成了职业体育市场秩序；反过来，市场秩序又在一定程度上保障了职业体育市场架构、运行机制、治理体系，使其产生明显的经济和社会绩效。西方职业体育经过百余年发展历程，已经形成相对成熟的运行秩序体系，探究职业体育作为竞技体育市场化、商业化运作的一般特质和规律性所在。理论上，这些特征和规律具有社会共识性，作为后发的我国职业体育，在建构市场秩序时，理应尊重和承认之。因为后发者在发展目标、运行机制趋向上所力图追求的特征大多已然为先发者所提取和表征，后发者要展现自身的后发优势，就必须在缘起与发展过程中充分借鉴与吸收先发运行模式与实践机制。换句话说，作为后发者，我国职业体育在发展趋向上包含西方职业体育若干特征是在所难免的。如此是否意味着，我国职业体育在市场秩序建构中也应遵循西方职业体育市场秩序演化的一般特征呢？当然，该问题的回答首先要从我国职业体育发展的起点找寻，然后分析其发展演化特征，以揭示其固有的规定性。

一　转型发展与市场体系架构：中国职业体育缘起逻辑判识

任何社会系统，其运行发展本身都带有实现自身社会目的的内在规定性，系统演化是"来自系统对一系列复杂机制的区分化和协同所产生的结构变化"，按照鲁曼的观点，"系统自身对环境的自我参照的结果"[①] 便是系统演化的方向。西方职业体育是在西方市场社会环境与氛围中产生的，是根植于带有明显契约气息的西方市民社会及其后续社会演化实践的。比如，在资本主义利润最大化理念引导下，西方职业体育运行体系中强调私有产权、追求契约机制的完备性，认为偏离这种条件，则市场主体无法按照市场理性进行经营活动。同样，现实西方职业体育运行强调的垄断竞争、竞争平衡等运行理念，往往强调从职业体育生产环节入手，引导或"规制"消费者取向，通过生产主体结构性调整谋求有效地解决职业体育发展问题。这种以生产中心主义去迎合乃至切合消费社会的逻辑，显然，又是与西方社会发展趋向上从生产中心主义向消费社会发展理路密切相关。如此，也意味着，探讨我国职业体育缘起问题需要深入我国职业体育产生与演化的社会背景中。

我国职业体育缘起于举国体制下的专业队体制，是经济社会体制改革的催生产物。1992 年，邓小平南方谈话明确了"姓资姓社"问题后，体育系统内的产业化改革应然提速，职业化议题顺应性产生。

---

① 高宣扬：《当代社会理论》，中国人民大学出版社 2005 年版，第 635 页。

1992 年,《中国足球运动改革总体方案》出台,红山口会议顺利召开,中国第一个职业体育联赛,即职业足球联赛(甲 A)于 1994 年正式开赛,随后篮球、排球等项目纷纷推行职业化改革。而 1993 年中国足球协会起草并形成了《中国足球协会俱乐部章程(草案)》,标志着中国职业体育组织化运行体系改革的启动;1995 年,上海会议上又进一步提出了健全中国职业足球联赛体制和完善职业联赛机制的议题;1998 年,中国足协推出俱乐部实体化、法人化建设,联赛内部运营实体组织化基本形成;2004 年,中超委员会在上海成立,职业联赛进入中超时代,后续又相继成立了中超公司、职业联赛理事会、监事会;当前,职业联赛理事会执行局实质性承担了联赛的运营管理之责。综合来说,我国职业体育发展缘起上是以职业体育市场组织架构为起点的。从联赛体系建设、俱乐部架构,到管理、运营体系建设,市场组织建设的脉络贯穿于我国职业体育已有 20 余年发展历程。那么,我国职业体育会选择如何的发展路径呢?事实上,这涉及我国职业体育缘起的社会经济条件及其发展性质问题。

我国职业体育产生于 20 世纪 90 年代社会主义市场经济建设大潮之中。从时代特质和体育发展的走向上,大体有以下几个特征:

其一,随着改革开放和社会主义市场经济的发展,体育经济和体育产业如何在国民经济中有所贡献,成为非常现实的话题。职业体育作为体育经济和体育产业发展的"桥头堡",基础性地位凸显。一个国家体育经济的繁荣与否直接取决于职业体育市场的好与坏。因为,职业体育不仅自身可以带来经济和社会效益,更为关键的是,它可以带动包括体育用品制造与销售、体育健身服务、体育媒体服务等上千亿美元的相关产业增长。职业体育的产业影响力是其他任何体育产业形式所无法比拟的,缺少成熟职业体育的体育经济,充其量只是"堂会经济",而不是"体育经济"。[①] 于是,发展我国的体育经济与体育产业就必须撬动职业体育的发展。

---

① 杨越:《体育强国:未来 10 年中国社会经济发展对体育事业的需求》,《体育科学》2010 年第 3 期。

其二，随着20世纪80年代奥运会对职业运动员放开，职业体育竞技人才供给机制的优势凸显，选择更为经济的竞技体育发展模式成为顺应时代发展需求的必然。出于与世界接轨，适应世界体育一体化后的职业体育发展大趋势需要我国启动与快速发展职业体育。

其三，我国职业体育的发展还带有更好地服务于社会主义国家体育发展目的转换的意蕴。在新中国成立后到改革开放前的相当长一段时间内，我国强调体育的公益性与事业性，即国家办的体育，服务于国家。以"举国体制"为特征的我国体育体制，根本上反映了国家追求快速提升国民身体素质和国际地位的愿望。而后，伴随我国经济、政治体制改革的展开，体育从单纯的国家化推广到国家化与社会化相结合阶段，显示国家在体育管理层面意愿的变革。"举国体制"的单一化、国家化与社会发展所需的市场化、社会化发生冲突，加之群众体育需求和体育经济价值的功效展现，迫切需要进行体制改革。

由是观之，我国的职业体育展开，是时代发展和社会需求推动的结果。带有明显的内源性发展特征，是立足于自身所处的环境及其依赖的资源，兼有改善原有体制的弊端，寻找新型更有活力的运行手段，以满足社会需求的理性选择结果。现实中，我国职业体育形成是以一个高度集中具有计划秩序特征的举国体制为起点，依赖政府主动转型，用国家的整体性力量来中断原有体制的惯性，以迎合职业体育运行规律的有目的性的实现活动。这种转型是一种人类自觉的理性选择过程，是结合我国基本国情和社会发展需要，并涉及以西方先发职业体育为参照的发展历程。如果说转型是一个反映事物的结构形态、运转模型和人们观念的根本性转变过程，那么我国职业化改革实质就是一种竞技体育发展模式与运行方式的转型。当然，该转型不是简单地将我国竞技体育引向或回归市场与经济层面，而是一个包含"更高、更好的期望，是更高层次上的'再认识'过程"①，是一个主动求新求变的创新过程。

---

① 杨晓猛：《经济秩序的制度理性——以转型国家为例》，经济科学出版社2007年版，第126—127页。

二 脱域与蜕变：中国职业体育转型演化的判断

从运行方式上看，我国职业体育的发展实践具有从行政计划机制向社会市场机制转换的特征，反映到实践领域中，则带有明显的从国家主导场域向社会市场主导场域演化变迁的特性。向市场经济组织场域的演化，即意味着我国职业体育含有对原有政府计划组织场域的脱域实践。关于脱域，吉登斯在《现代性的后果》中指出，脱域意为"社会关系从彼此互动的地域性关联中，从通过对不确定时间的无限穿越而被重构的关联中脱离出来"。① 而我国职业体育发展实践所展现的脱域特质，则是指从职业体育源头依赖的政府行政主导的竞技体育运行场域中脱离出来，进入符合职业体育发展方向的市场场域中。

当然，这必然涉及对旧的计划体制（举国体制）进行改革，要用市场规则替代计划经济的行政命令和权力层级，让市场规则发挥资源配置的功能，通过"自上而下"的规则制定与"自下而上"的规则修正，博弈出适应我国职业体育发展所需的运行模式和制度体系。市场机制逐渐代替原有行政计划机制，政府行政机制上移，更多地发挥其监控和引导职能，是该阶段的秩序演变核心。事实上。以协会制、俱乐部实体化为标志的职业化改革一启动，就意味着原有强体制下的弱市场结构发生了变迁，社会力量、市场力量从政府行政压制中被解放出来；接着人力资本力量顺应性激活。按照经济学的观念，一旦经济资本和人力资本发生碰撞，就会产生难以控制的火花，市场结构体系建设就必然顺应性地到来。伴随我国职业化改革的深入，职业体育市场主体不断被唤醒，市场主体开始意识到维持职业体育稳定运行需要一整套规则，以利于其交易的达成，原有体制的不适应性逐渐凸显出来，改革体制，成为顺应经济社会发展和职业体育不断完善的必然选择。此时的体制改革，由于其源于行政机制主导样式，方向上自然也带有谋求社会组织化的思路，而这恰恰与职业体育市场主体自省后的理性选择是一致的。由此，围绕产权结构（财产权利）、管理结构

---

① ［英］安东尼·吉登斯：《现代性的后果》，黄平等译，译林出版社2011年版，第18页。

（组织样式、竞争与合作关系）、交易规则（制度）、控制观念的一系列职业体育组织化调整随之而来。而且职业体育围绕市场结构的组织化实践，又往往会伴随资本力量的增长而增加，并最终导向具有完全意义上的市场化组织架构，实现对原有竞技体育举国体制的脱域，变为强市场秩序体系。

　　总体而言，从举国体制中走出，并依赖体制机制改革驱动的我国职业体育，其缘起与发展上带有明显的脱域特质，并伴生组织结构、权力、资源和利益的重新调整，具体如表5-1所示。从组织关系上看，我国职业体育主要经历了两个明显特质的发展阶段。首先为脱域阶段，该阶段力图解决的是市场主体从原有体制中脱离出来，并围绕市场主体作用进行一系列建构实践。当然，作为一种转轨实践，该阶段带有明显的转型形态特征，即资源动员上的行政主导型、资源配置上的市场导向性以及运行机制上的不完备性。该阶段随着《中国足球改革发展总体方案》的出台和实质性运行基本宣告结束，我国职业体育转而进入了另一个关键阶段，也即利益共同体建构阶段。

表5-1　我国职业体育脱域演化中组织秩序及相关变量变迁情况

要素	脱域前	脱域后*
秩序样式	计划秩序	市场秩序
组织结构关系	层级制关系	网络关系
产权状态（尤以人力资源）	模糊（国有性质）	明晰（市场主体所有）
权益（含决策、支配、收益权）归属	政府及其代理人	市场主体（联盟、俱乐部）
运行机制	行政机制主导	市场机制主导

　　注：＊"脱域后"是指脱域完成后我国职业体育合理的且可预期的未来发展走向状况。

第二节　结构转型实践：中国职业体育发展特征辨识

　　发展起点区别于西方职业体育，我国职业体育展开是为了改善原有体制的弊端，是寻找新型更有活力运行手段的主动转型过程，而不像西方职业体育那样是在资本主义社会背景"熏陶"下自序形成的利润最大化追逐过程。因此，决定我国职业体育发展实质必然存在区别于西方职业体育的内在规定性。事实上，我国原有的举国体制是一种制度结构，同时又体现为一种发展模式。作为发展模式的举国体制，显现为以国家为主导的赶超式发展模式，以求在较短时期内实现我国体育（特别是竞技体育）的高水平和强势化。举国体制，外在表征上主要采用行政和精神手段代替市场及物质利益激励，具有权责国家化的特征；结构上则类似于完全垄断结构状态，主要体现在运动员、教练员、场地设施等资源的国有化，国家是最大的所有者，也是垄断主体；而且在制度设计上追求国家利益最大化，没有给社会资本任何进入空间①，政府承担一切经济支出，竞技体育几乎无创收能力。而随着以社会主义市场经济为核心的我国社会结构转型的深入，原有竞技体育举国体制逐渐向社会化、市场化改进，从而开启了我国职业化改革的步伐。即我国职业体育改革是在我国社会转型和经济、政治体制改革的背景下，原有竞技体育举国体制下的全计划机制逐渐向市场化、商业化运作机制为主体的转轨和建构过程。在发展方式上体现为竞技体育发展模式的改变，即从依赖性模式逐渐向自身促进模式发展；在具体内容上包含运行方式的转变、利益协调及价值观念的转变等。

在发展模式转变议题下，我国职业体育缘起与发展最本质内涵体现在我国体育发展的结构转型上。结构转型，在语法上涉及结构与转型两个概念。其中，前者涉及社会系统的组织方式问题，一般蕴含系统构件要素及其组织关系，是洛佩兹语境中"制度、关系及具象三个层面"的综合效应；后者是指系统合发展需要而进行必要的适应性改进与转变。综合来看，对于社会系统而言，结构转型即是社会系统各要素组织关系、作用方式的适应性变化，并引发系统状态的变迁。结构转型映射到我国体育发展领域，则体现为体育运行要素构件和要素

---

① 这是我国为何没有与西方社会一样自发自序产生职业体育演进的根本原因。

关系的联合与协同，并在经济与社会框架中，描述体育运行组织与行为方式转变及其作为社会系统的状态变迁特征；现实中显现为伴随我国竞技体育社会化、市场化的推进，职业体育作为特殊业态的不断发展，而且其基本方向亦是明确的，即确立市场机制的主体地位，遵循职业体育产业组织结构一般要求。

总体上看，我国职业体育未来发展方向体现在以下两个方面：一方面，在内部结构上接近于完全竞争，内部资源可以高效运转，流向最佳配置方向。事实上，西方职业体育不论是欧洲大陆的俱乐部模式，或是北美的联盟形式，其运作的最为关键机制就是市场充分竞争机制，为了保障该机制的效用，各种保障竞争平衡、信息共享措施层出不穷，如倒序选秀、收益共享等。另一方面，在外部结构上则需遵循寡头垄断，凝聚核心竞争力。这也是西方职业体育保持长盛不衰的根本原因，在外部性竞争中，西方职业体育通过挖掘和占有全球最为优秀运动员资源，发挥其先发优势，把持项目发展方向和行业规则。

此外，职业体育作为一种特殊的业态，是依靠职业运动员高水平竞赛的市场运行产业组织模式，具有隶属于文化产业模式的某种共性特征，而它不同的是职业运动员等人力资源的培养往往具有连带性，这也意味着我国竞技体育结构转型还包含运动员等人力资源及其组织培养方式的转型。由此可以认为，社会化、市场化发展方向的确立，及其连带的职业体育发展是我国竞技体育结构转型的题中应有之义。

当然，完整地或者说更准确地认识我国职业体育结构转型的发展实质，还必须深入我国特定的社会背景，探寻其所具有的特征。放在转型发展学的视角下，我国职业体育结构转型主要蕴含以下一些重要特性。

其一，我国职业体育发展的结构转型是一个全面的整体性变迁过程。从系统角度看，一旦社会系统联结组合方式发生变化，则系统必然发生适应性变化，这种转型往往产生两种结果：一方面系统将顺应性地调整运行机制，系统功能随之改善，同时催生系统性质的变化，这时系统发生了质变；另一方面则可能会仅仅是强化了某些方面的功能从而使系统更加完善和稳定，这表明系统仅仅发生了量变。从我国职业发展历程来看，在职业化改革初期，无论是政府主管部门还是职业体育运作主体，都对职业化改革的目标和方向不甚明确，更多的是顺应我国社会主义市场经济建设而进行的体育社会化、市场化跟进，或者说是"摸着石头过河"式展开的、旨在完善和发展我国竞技体育举国体制之目的的改良性发展实践，涉及更多的是体育系统的量变调整。而伴随职业化改革的深入，人们逐渐明晰职业化转轨的目标是指向市场的，这自然涉及发展方式的本质性改变。由是观之，我国职业体育的结构转型不仅涉及运行机制、实践方式的转变，还涉及利益结构、价值体系等多方面的变化，是一个全面整体性的转型与变迁过程，而不是小范围内的"小打小闹"。

其二，我国职业体育发展涉及的结构转型，具有双重性与复杂性特征。因为我国职业体育缘起与发展的社会背景实质上就是一种社会结构转型状态。在社会结构转型背景下进行职业化结构转型，其结果是我国职业化结构转型与体制转轨同步进行，两者紧密联系。一方面，我国职业化结构转型是沿用自上而下的方式驱动的，政府主导成为缘起与发展的显要特征。因为我国职业化前的竞技体育资源以举国体制方式运行，资源控制在代表国家的政府手中，离开政府主动转轨，则资源无从实现市场化运行可能；而作为后发模式，强政府可能会产生优于弱政府效应，即前者可以通过政府职能来实现集团目标最大化和集体决策准确化，从而胜于弱政府的依托社会力量通过个人利益（目标）汇总方式。我国是一个国家利益倾向明显的国家，于是依托强政府成为一种应然。另一方面，我国职业体育发展不同于西方之处在于，我国是先有职业体育市场的，而且该市场的生产者为西方职业体育（如 NBA、欧洲足球联赛等）。而我国职业体育是后入者，是该市场的进入者。对于市场进入者而言，就必须把握该市场的信号，通过价格机制与质量竞争机制调节自身的结果与行为。在此背景下，我国职业化结构转型实践中，微观层面，优先实行了市场机制或类市场机制，从而形成微观市场机制与宏观政府主导机制的"剪刀差"。

由此，随着职业体育发展的深入，政府主导推进与职业体育实践主体自上而下驱动相结合是必然趋势，而伴随职业体育市场的逐渐形成，政府继续推进的决心将至关重要，特别是牵涉一些核心利益时，如产权改革后，国家战略或奥运战略如何得到保障等问题将考验政府驱动力。双重转型同步进行状况下，运行机制冲突、角色定位与利益摩擦等相互交织在一起，互为犄角相互牵制，不仅增加了职业化结构转型的难度，而且往往使得众多职业体育问题变得复杂化，"人们在处理各种冲突中，往往顾此失彼，投鼠又忌器"。①

其三，我国职业化结构转型又具有转型发展共有的阶段性和非均衡性。我国职业化是以计划机制为主要特征的举国体制为起点的，转型发展的目的是更好地促进我国体育发展。而结构转型必然涉及从一种机制（制度）向另一种机制（制度）的转换过程。换句话说，就是打破一种机制均衡态，而建构另一种机制均衡态，其间必然存在两种体制并存，两种机制并举的磨合状态。这不仅决定我国职业体育发展存在明显的阶段性特征；而且必然面临两种运行机制并存的中间状态。更为关键的是，"这种状态的基本特征就是运动的非均衡、非平衡性"。② 以制度结构转型为例，在举国体制下，我国体育制度结构是由以优先国家利益的一系列制度安排构成的，在总体结构上显现服务于国家体育水平的迅速提升与奥运争光，一旦伴随职业化改革的展开，则意味着某一（些）制度发生变迁，其结果"可能引起其他相关制度安排的不均衡"③，从而产生制度不均衡发展特征。事实上，现实的我国职业化结构转型实践中，不仅存在项目发展优先性上的不均衡，而且存在机制承认上的不均衡，如价格机制与产权机制就不是同步发展的。这也意味着，我国职业体育发展的结构转型必须摒弃西方

① ［英］埃里克·邓宁：《型构社会学对体育社会学研究的贡献》，［英］约瑟夫·马奎尔、凯文·扬：《理论诠释：体育与社会》，陆小聪译，重庆大学出版社2012年版，第153—156页。
② 张月、陆丹：《组织的全新界说与释义》，《中州大学学报》2008年第1期。
③ 张文健：《对职业体育联盟组织模式的研究》，《上海体育学院学报》2006年第1期。

理论①，回归带有中国特色的非均衡发展路径。

第三节　有组织的无序：当前中国
职业体育发展困境

　　缘起举国体制下的竞技体育发展方式、以市场组织体系建设为重点的我国职业体育，在缘起逻辑上带有明显的结构转型特征。然而，职业体育作为一个复杂的运行系统，需要多元体系的协同配合、共同作用。唯有如此，才能产生系统性效用，演化出市场秩序来。现实中，我国职业体育，不仅存在管理体制方面的问题，还存在运行体系、运行机制，乃至治理体系等方面的不足。这些系统问题的出现，预示着我们要找寻其发展实践中存在的问题根源，唯有如此，才能探解问题解决之道，引领我国职业体育走向有序。本节重点结合案例进行相关分析。

一　脱域实践所衍生的无序性：当前我国职业体育的实践困境

　　我国职业体育形成与发展带有脱域特质，是一个逐渐摆脱政府主导体制束缚，转而进行市场主体体制建构的过程，同时又是一个基于具体环境与时间的组织化过程，或者更确切地讲，是旧有组织的不断解构并架构新组织体系的过程。从这个意义上讲，职业体育的脱域实践是组织学习与改进的结果。当然，任何组织场域都是基于特定环境遵循符合诉求的游戏规则，并经由集体行动反复博弈而生的，是卢曼语境中的"自我参照系统"。在这一系统中，组织结构与组织目标相一致、组织行为与组织规则相协同，从而保障组织发展的结构与功能一致性以及合社会性。高宣扬（2010）指出，布迪厄所架构的

---

　　①　主要是指"华盛顿共识"，该理论主要以一般均衡理论、货币理论、比较经济体制与公共选择理论为支撑，强调均衡的以货币政策和产权私有化为抓手的激进式转型，是东欧原社会主义国家当时采用方式的理论基础，实践证明是不适合我国的。参见［波］格泽戈尔兹·W. 科勒德克《从休克到治疗——后社会主义转轨的政治经济》，刘晓勇等译，上海远东出版社 2000 年版。

场域概念，是建立在其"建构主义结构理论体系中的"，"与其象征性实践、资本、习惯等概念相衔接"；并认为"场域的基本构成要素就是在特定社会空间中的各个行动者的相互关系网络"，而这种关系网络，"主要靠行动者的不同社会地位，靠各个行动者所握有的资本力量和权力范围，靠行动者所具有的各种竞赛状况和精神力量（即行动者的'生存心态'），靠由各种象征性符号系统所表现出来的文化因素，以及靠行动者在实践中所接受的历史条件及其未来发展趋势的因素所组成的"。换句话说，任何成熟的场域都有相对稳定的结构样式，行动者之间的合作、竞争以及主从关系相对稳定且易于调适。而一旦这种场域被打破，则意味着组织的关系结构被颠覆，组织开启松散化实践，场域内的各色力量往往趋于不稳定状态，并诱使组织行为脱离组织规则的规约，使组织的内聚与整合呈现不稳定状态，类似马奇语境中"有组织的无序"① 的脱域问题随之产生。

如果将在一定社会环境（空间）中，由特定的行动者基于其在相互关系网络体系中的力量和多方因素作用所维系和运作的社会综合体，定义为组织场域，那么脱域问题，显然与脱域实践中权力、资源和利益关系的协同混乱有关。理论上，一旦个体脱域，则意味着个体进入了一个丛林式的自然状态，人与人之间的关系也就类同于狼与狼的关系，相互防范、相互竞争，从而陷入集体行动困境。我国职业体育改革前的竞技体育，源于国家意志的塑造和自上而下的行政组织控制的举国体制运行结构，相对来说是一种稳态。而职业化改革后，"政府自上而下的纵向分权及自内而外地向市场和社会放权"②，在促成竞技体育相关资源的空间重组与优化配置的同时，也必然带来日益分化的社会断裂态势。经验性的考察，以中国足球超级联赛为代表的我国职业体育市场化程度不断推进，而与之不协调的是，我国职业体

---

① 转引自［法］埃哈尔·费埃德伯格《权力与规则：组织行动的动力》，张月等译，格致出版社、上海人民出版社 2008 年版，第 68—70 页。

② 金太军、姚虎：《政治逻辑及演化趋势：中国场域的实践》，《天津社会科学》2012年第 2 期。

育社会问题似乎没有减少，诸如冠军内定论、球场暴力、裁判问题等仍不绝于耳，不稳定、不和谐、不文明现象层出不穷，体制问题、治理问题、秩序问题长期困扰我国职业体育。之所以如此，在于职业体育从带有工具性组织特征的举国体制有序状态脱域，进入新型的以市场机制为组织手段的状态，旧有的组织样式面临境遇环境、约束机制、信息变量乃至资源调配机制等方面不适应，而组织的结构权变尚未完成，实践中自身呈现众多组织破碎景象。即脱域问题随之而生，并成为阻碍我国职业体育继续发展的关键因素。而细数我国职业体育现实问题，无论是职业体育运行中政府与市场的关系，还是职业体育联盟与俱乐部关系，职业体育联盟与赞助商、媒体组织、中介组织的关系，以及职业体育联盟（俱乐部）与球迷、社会大众的关系；也无论是职业体育制度规范缺乏且效用不强，还是旧有体制改革滞后造成的治理体系中市场话语不强，综合机制尚未形成；甚至无论是我国职业体育运行中假球黑哨，还是球员（迷）不理智或越轨行为，内嵌于我国职业体育发展历程中，背后隐藏着市场秩序要素缺失的弊端，与我国职业体育尚未形成合市场秩序结构体系（如利益共同体关系）有直接关系。

为了更为清晰地揭示我国职业体育脱域所带来的"有组织的无序"问题，以下选用两个典型案例进行分析，以探讨问题，找寻出路。

二 案例分析

（一）案例1：中国职业体育市场违约行为的根源挖掘：从恒大足球俱乐部"球衣门"谈起

1. 事件经过

（1）事件还原

2014年2月17日，恒大足球俱乐部与东风日产汽车就后者旗下品牌"启辰"冠名恒大未来两个赛季球衣胸前广告一事正式确立战略合作伙伴关系，双方签署费用为单季1.1亿元的合作协议。

2015年11月21日晚，广州恒大队在亚冠决战中1:0战胜了阿联酋的阿赫利队，成功登顶亚冠。就在万众欢腾为恒大喝彩之际，大家却听到一个不和谐的声音。比赛结束 10 分钟后（22 点），东风日产乘用车公司发布声明，称："在今晚的亚冠决赛中，东风日产发现，原本应该在恒大俱乐部球员比赛服胸前广告上出现的'东风日产启辰 T70'却并未如约出现，我公司对此表示非常震惊。恒大俱乐部在未征得我公司同意的情况下，单方面擅自取消东风日产的赞助权益，我公司非常遗憾。对于此次恒大俱乐部的违约行为，我公司希望恒大俱乐部能够给予公开的解释说明，同时，我公司也将保留进一步行动的权利。"

后续，东风日产发出的补充声明又称"恒大第一次提出更换亚冠决赛胸前广告是在 11 月 10 日，被当场明确拒绝后，恒大直到赛前一分钟才将更换广告的邮件发给我公司"，为此，东风日产已启动法律程序。事后，恒大方面已承认违约，双方正在进行友好协商解决。

（2）事件反响

广州恒大足球俱乐部赛前换球衣（简称"球衣门"）消息一出，各路媒体纷纷对此进行评论，将此事推至风口浪尖。事实上，国内媒体报道无一例外地将矛头指向恒大足球俱乐部，具体如表 5-2 所示。新华社则在 23 日深夜播发 1400 字题为《恒大失信　冠军褪色》的评论文章痛批恒大这次提供的"反面教材"；指出：对于成功的渴望和期盼以及对商业利益的追逐不能演变成对诚信、规则甚至法律的无视和背叛。后续新华社又发《无契约精神拿世俱杯也令中国足球蒙羞》一文进一步提高对事件恶性的认识：很多人将恒大看作中国足球的"遮羞布"，也有人将恒大视为中国足球的"加速器"，但一个缺少基本契约精神的俱乐部，就算拿了世俱杯的冠军，也只能让中国足球更加蒙羞，甚至反而"减速"。还有媒体指出，广州恒大无论作为一个企业还是一个足球俱乐部，鉴于其知名度，都肩负着社会责任，有义务做出表率，回报社会。而"违约首先会影响市场秩序，而市场需要大家来维护，其次也有悖于其社会责任和公众期望"。

表 5 - 2　　　　恒大球衣事件发生后国内部分媒体的报道标题一览

序号	标题	媒体
1	恒大亚冠决赛换球衣广告被指违约　赞助商启法律程序	人民网
2	恒大失信　冠军褪色	新华社
3	无契约精神拿世俱杯也令中国足球蒙羞	新华社
4	恒大夺亚冠，却负信东风日产，更失信于天下	搜狐网
5	恒大违约换广告，这"球"踢得臭	凤凰网
6	恒大亚冠决赛换球衣广告被指违约　媒体斥其失信	中国新闻网
7	广州恒大淘宝再夺亚冠　恒大临时换球衣牵动了多少利益？	观察者网
8	守信，才能"恒大"	《人民日报》
9	黄金赛点让恒大违约　胸前广告拷问金元足球诚信	《北京青年报》

注：资料来源于报纸和网络。

2. 广州恒大足球俱乐部（职业体育）市场违约现象分析及其根源挖掘

2014 年，《国务院关于加快发展体育产业促进体育消费的若干意见》的发布给我国职业体育发展带来了难得的机遇期，各种社会资本纷纷瞄向体育产业，职业体育一跃成为社会热门产业。以中超联赛而言，过去的 2015 赛季，投入过 5 亿元的俱乐部已有数家，中超联赛版权卖出了 5 年 80 个亿的天价。与高投入成正比的是，近年中超联赛的竞技水平、社会关注度都有较大幅度的提升。其中，广州恒大俱乐部，不仅"霸占"了国内联赛冠军，还实现了亚洲冠军联赛三年两冠的壮举，一举跃升至亚洲顶级俱乐部行列。当然，与恒大再夺得亚洲冠军、联赛冠军一样轰动的是，恒大俱乐部亚冠决赛临时更换球衣胸前广告的违约行为，一时间迅速占据各家媒体头条，各种批驳之声骤起。事实上，近年我国职业体育领域背信违约之举屡见不鲜，如2014—2015 赛季 CBA 季后赛中辽宁男篮在总决赛前的突然涨价事件等。于是，不禁要问，为何职业化发展 20 年后，我国职业体育这种低级违约事件还不见消亡呢？这种行为属于什么性质的行为呢？又是什么原因催生了这种行为的屡次出现呢？而相关问题的解答显然是有利于我国职业体育联赛有序健康发展，以顺应体育产业汹涌的市场浪潮。

（1）信用缺失：我国职业体育违约现象探源

伴随社会主义市场经济建设，通过转轨而来的我国职业体育，其发展走向已然明显，那就是建设中国特色职业体育。中国特色职业体育是什么？从字面上讲，就是带有中国特色的职业体育样式，或者说是中国的个性和世界的共性在职业体育目标体系、运行组织样式和机制依赖上的表达。当然，中国特色职业体育作为一种带有特色性的职业体育运行样态，其必然是一种成熟样式，"一定是以有序运行为基本特征"。[①] 在秩序的范畴上，职业体育作为具有明显经济性的社会运行体，其显现的秩序必然是一种市场秩序。市场秩序就是市场运行中，"符合可识别模式的重复事件或行为"，"它使人们相信，他们可以依赖的未来行为模式完全能被合理地预见到"。[②] 之所以如此，在于市场秩序是包含一系列内在规定性的，是可以有效化解市场运行的不协调、不和谐行为的。

诚然，市场经济维系其有秩序的运行状态，需要有所依托。在（新）古典经济理论那里，是依赖"看不见的手"达成的有序状态。这种"看不见的手"也即是市场调节机制。市场调节提供了一种秩序，这种秩序通过市场竞争和交易选择来实现的，实质上作用方式是利益，并假定市场主体都是逐利的"经济人"，他们通过市场机制自主选择市场行为，达成社会福利最大化。但是，现实的信息不完备性与市场主体的有限理性，暴露了市场调节机制的弱点与不足，这个时候政府就成为解决市场问题的有效手段。政府作为"经济人"和"社会人"的结合体，它可以化解市场行为中的社会性不足问题。当然，政府调节同样也提供一种秩序，这种秩序以法律、规则制度为依托，强调政府可以对市场进行必要的规制与干预，其中，市场规则的建立和维护尤为关键。因为在经济学范式中，一旦有了市场规则，这

① 张兵：《走向秩序——我国职业体育发展研究》，博士学位论文，南京师范大学，2012 年，第 120 页。

② ［德］柯武刚、史漫飞：《制度经济学》，韩朝华译，商务印书馆 2000 年版，第 182 页。

种规则就会规范各市场主体的经济活动行为，并引导他们在供求、竞争等机制实践中，造就市场经济有秩序地运行。一般认为，市场经济通过规则制度安排，在政府与市场这两个平衡力量的作用下，运作与维系着自身固有的秩序。

回归我国职业体育建设实践，遵循我国社会主义市场经济发展路径，从政府谋划的顶层设计改革起步，路径上依赖政策实践的资源释放一步步推进。首先通过向社会释放人力资本，给予体育领域市场经营的自主权，唤醒市场主体的逐利性意识；进而政府有节奏调控配置并依赖"经济人"的利益追求驱动，逐级进行职业体育市场建设，从联赛形成到市场主体（俱乐部）培育再到管理体制改革。伴随管办分离改革的实质性推进，让市场机制发挥主体作用而政府逐渐退居服务者角色，从而为形成符合中国现实国情的职业体育市场运行体系创设条件。换句话说，依赖政府与市场两机制维系的职业体育秩序条件已然基本具备。循此思路，现实中我国职业体育违约行为的出现，预示存在着仅仅从政府机制与市场机制角度探讨而无法明确的东西。

按照经济学的思维，市场经济是交易经济。市场主体在特定市场环境中借助供求、价格、竞争等实践机制进行的资源调配活动，这种活动需要赖以达成的保障，该保障即是契约，背离契约的市场交易是可怕的。诚如川岛武宜（1994）[1] 所强调的："市民社会的经济是以商品经济的等价交换为媒介的经济。在此交换契约和买卖契约成为整个经济的基础，'信守承诺'成了整个经济得以维持的最根本的规范。"正是在这个意义上，市场经济又往往被看作是契约经济。契约在市场运行机制中，实质上就是一种约束机制，是维护市场交易双方权责的一种设置。当然，契约的实现需要借助一些手段。这些手段，一部分是通过政府机制、市场机制给予的，如法规制度、市场规约等；另一部分则是政府与市场无法自主达成的，需要借助市场主体运作所依赖的社会力量或者社会关系维系机制来实现，如市场伦理、市

---

① ［日］川岛武宜：《现代化与法》，王志安等译，中国政法大学出版社 1994 年版，第 26 页。

场主体道德等。而且，由于市场的社会嵌入性特质，前者功效的正常发挥也以后者为依托、为基础。通俗地讲，在一个民风淳朴的地方做生意，往往会比在一个民风败落之处显得更容易，也就是这个道理。在经济学语境中，往往将这种既具有文化规范价值又具有鲜明社会经济效用的元素定义为信用，并基于其可以降低交易成本、增加经济效率的内在规定性，认为它是市场经济运作的基本原则和现代经济的基石。需要指出的是，信用由于源自社会关系，往往经由社会诚信的多元化交互实践发展而来，是市场主体所拥有的一种无形资产。如此，存在于社会关系中的市场运作，其每一个环节都离不开信用的身影。正如厉以宁（2009）所强调的那样："市场是靠社会信任维持的，企业是靠自身的信用支撑的，广大消费者凭着信任给生产消费品的企业投票。"现实中，信用机制的发展状况往往与市场化程度直接相关，没有诚信作为前提，或者说不能发挥信用的效力，市场交易就不能顺利进行，市场活动就无法正常运行，市场秩序自然就不会存在。即一旦社会信任或市场信用出现问题，则"一个个充满前景的行业会被毁掉，经济生活运行的基础会被毁掉，社会秩序的基础会被毁掉"①，美国的"次贷危机"是信用出现问题的结果。由此来看，市场信用作为维系市场交易的关键变量，对市场秩序具有极其重要意义，而且失信的危害程度极大。

谈及失信，也即意指在市场运作实践中，由于利益追求驱动的违背信用规则的行为，如赝品假货、虚开发票、肆意违约，等等。反映在职业体育运作中，球场上的假球黑哨、球员管理中阴阳合同、俱乐部经营中的欺瞒和违约行为等，都属于该范畴。从法理上讲，失信行为又往往具有"主观上的过错"或者说是市场主体有意为之的行为，而且这种行为又客观上"给他人或社会利益造成损害"②。从这个意义上讲，我国职业体育中，无论是恒大俱乐部的违约行为，还是辽宁

① 孙立平：《断裂：20世纪90年代以来的中国社会》，社会科学文献出版社2003年版，第124页。

② 徐国栋：《民法基本原则解释（增删本）》，中国政法大学出版社2004年版，第64—65页。

篮球俱乐部的肆意涨价行为，抑或是职业体育球员的阴阳合同状况，都具有失信的明显特征，而且这种行为实实在在地给尚处发展中的我国职业体育带来了负面的影响，影响了我国职业体育市场秩序的生成与维系。

（2）我国职业体育失信违约行为的根源挖掘

明晰了我国职业体育违规失信行为的基本特征以后，逻辑上就需要去探讨是什么原因催生其产生特定行为？是制度缺失，还是利益、习惯诱发？抑或是其他什么因素造成的？如果说"法治是诚信社会的制度保障"[①]，那么当社会运行中出现众多不良行为时，法治问题首先是需要考虑的问题，对于市场违规失信行为也是如此。事实上，进入21世纪后，我国进入了社会主义市场经济的内涵建设阶段，该阶段以优化社会主义市场经济资源配置方式、调整市场经济结构和塑造市场经济秩序为主要内容。关于社会主义市场经济秩序形塑问题，国务院先后两次专门发文指导该项工作。2001年年初，《国务院关于整顿和规范市场经济秩序的决定》指出，"建立规范的市场经济秩序，既是保证当前经济正常运行的迫切需要，又是完善社会主义市场经济的重要举措"，随后2014年，《国务院关于促进市场公平竞争维护市场正常秩序的若干意见》又进一步指出了其重要性，并从放宽市场准入、强化市场行为监管、夯实监管信用基础、改进市场监管执法、改革监管执法体制、健全社会监督机制、完善监管执法保障、加强组织领导8个部分给出具体而明晰的意见。而2014年党的十八届四中全会做出了全面推进依法治国的战略部署，有关企业信用体系建设作为其重要内容已然得到国家和社会的广泛重视。但现实中，有关赛风赛纪和俱乐部运营规范议题屡屡被强调，但是问题时有出现。从这个意义上讲，如果单纯说是法治体系不健全、缺少监管显然理由是不充分的。这也意味着，需要从更深层次去挖掘我国职业体育失信问题的根源。

第一，利益驱使与信息不对称的叠加效应。"天下熙熙，皆为利来；天下攘攘，皆为利往"，市场存在的"连字符"就是一个"利"，

---

① 付子堂、类延村：《诚信的自由诠释与法治规训》，《法学杂志》2013年第1期。

无"利"则无交易、无市场存在之必要。然"君子爱财，取之有道"，意味着"利"的获取需要遵循规则，需在市场秩序规约下进行。在现代经济学家眼中，市场交易和运行之道即在于主观为己、客观为人的逐利理性。生产者需要根据市场需要来进行生产活动，也即为他人生产而自身获利；销售商要既帮助生产者又为消费者服务，以获取利润；消费者则本着为自己更好而消费他人商品。经济运行中，基于个体的利益追逐的伦理道德孕育出理性的利益驱使倾向，并演化出市场有序运作、良性发展的秩序。而一旦市场主体单纯以利益追逐为目标，而忽视了利益达成之道，背离其应遵循的伦理道德、社会责任，这种过分利己性的行为必然会催生出失信问题。事实上，无论是辽宁男篮临赛前的球票涨价，还是恒大足球俱乐部的单方违约都带有明显过度逐利的特质。

在现代经济运行中，市场交易行为的不断变迁、细化，委托—代理、中间商的大肆发展，信息显得越发重要。"无论是基于法律的或基于信誉的信任，都离不开信息。"[1] 然而问题是，现代职业体育实践是一个多元化的综合社会活动。在人的方面，从球迷（消费者）到球员、教练，再到俱乐部管理层，最后到投资人；在财物方面，从门票到赞助费、冠名费、转播费，再到联赛运营分成，如何进行有效协同恰恰是我国原有体育体制下所没有遇到的议题。于是，不断拉长的"战线"，必然伴随信息不对称的逐级增多，同时也带来约束效用的不断弱化，如此状况下，失信行为也就越来越容易产生。

当然，在我国社会主义法制建设尚待完善之际，在社会氛围逐渐凝聚之时，利益诱惑驱使人们忽视诚信、社会责任感弱化，是社会转型的常态。从这个意义上讲，在价值观变迁和信息不对称双重激发下，我国职业体育市场活动中各种违约失信行为多发，也就带有理论上的必然性。

第二，威权信用体系转型后的约束空洞。与我国社会主义市场经济建设一样，依赖政府理性的转轨放权改革实践是我国职业体育缘起

---

[1] 张维迎：《信息、信任与法律》，生活·读书·新知三联书店 2006 年版，第 194 页。

的突出特征。职业化改革前，我国竞技体育以举国体制为基本运行样式展开。举国体制说白了，就是一种计划经济下的行政指导实践机制，其能够提供的秩序是一种威权秩序，依赖行政命令和组织程序进行资源调配，一切以奥运会等国际大赛为导向，服从大局、对组织负责是该秩序的内核所在。职业化改革后，职业体育作为具有明显市场特质的运行样式，"骨子"里带有市场秩序的规定性，强调法律意识和信用意识是其内核所在。这意味着，我国职业体育的缘起和发展上，带有明显的从威权秩序向市场秩序，乃至法治和信用秩序转变的特征。

然而，依赖政府自上而下的顶层设计改革推动的背后，需要赋予政府以强有力的控制权和调配权。原有举国体制下的威权秩序是一直贯穿于我国职业体育改革的始终的。而且，对于国人而言，从家本位到单位本位，顺从权威、依附关系是我们所熟识的。于是，遵循事物发展逻辑也好，顺从国人信任传统也罢，威权式的、熟人特殊主义式的秩序也就长期存在于我国职业体育运行实践中。但是，这种秩序样态事实上是与职业体育自身包含的市场秩序相抵触的。因为职业体育运行中，需要借助市场机制的作用，需要强调公平竞争、利益驱动，需要依托契约关系，西方职业体育的有序运行的根源即在于此。当然，即便是承认我国职业体育缘起上的内源性，但是不可否认，西方职业体育制度体系和运行样式往往还被看作是我国竞技体育职业化转型的理想"摹本"，特别是民间社会组织和市场运行主体更是如此认为。由此也就形成了一种隔阂，即政府引导的自上而下的"顶层设计"推行秩序逻辑与草根推动的自下而上的"边缘革命"秩序逻辑之间的巨大分野。关键问题是，我国职业体育改革是在政府主导推进下运作发展的，市场主体的获利空间和机会往往源自政府政策放权。由此也就产生了，市场主体交易实践由于存在对政府威权的依附性，要不断揣摩政府是要"向左走"还是要"向右走"，从而不断调整自身的运行策略。其结果自然是政府自身威权的发布与市场主体接受之间的间隙生成。这种间隙又转而现实地影响政府有关整顿市场秩序、优化职业体育信用关系、培育具有普遍意义的市场信用秩序体系的效用，或者说存在了政府力图规制却无法实践的人为空间。实践中，自然会产生基于对政策解读偏误的违约失信行为。从这个意义上讲，政府威权信用体系的存在，制约了职业体育市场秩序所蕴含的社会本位制度信用体系的形成是导致我国职业体育失信问题的深层根源。

第三，利益共同体缺失的约束阻滞。人类学的视阈中，人类史上的大部分时间，信任不是个问题，因为"那个时候，存在的是一种共同的利益感、经济需要和友谊的一种联系，以及心理上对群体的依附"。在这种"种族中心主义"的框架里，亲缘成为连接社会的纽带，基于亲缘，则"群体成员之间不存在信任的问题，甚或没有信任的概念"。① 因为，此时的群体天然就是排外的，是以家族的小圈子来维系的，圈子里的人就是自己人，自己人就自然是值得信任的人；而圈子外面的人就是生人，生人也即是外人，自己的事情自己可以做了，外人就不需要去信任，也用不着信任了。进一步讲，信任问题是有条件的，这个条件就是有外人进入圈子了，或者说只有遇到"他人"时，信任才显得有意义。"他人"是谁？显然是超出自我"圈子"的那些人。而"他人"的出现，则意味着人类社会的发展已经跳出了族群中心主义涵盖的范畴，具有了类现代性的交往行为，像滕尼斯所说的社会前身的"共同体"样式。事实上，滕氏的共同体社区也带有明显的血缘和地缘性，也是带有不依靠成文法律来维系的状况。而后都市或工业化后的（现实）社会，则是一个陌生人社会，是社会关系更正规化和缺乏"人情味"的，这个时候，信任问题成为社会问题，与人交往需要考虑该人是否值得信任，这人的情况如何，而表征该人的情况就上升为信用问题。由此可以看出，信用问题不是天生具有的，而是逐渐演化的。这种演化的根基即是事情已经复杂化了，需要进行更广泛的社会活动，而这种更广泛的社会活动就需要有契约意识，交易和互惠成为人类生活的重要内容时，信任关系及信用问题才出现。甚至退一步讲，在共同体范畴中，信用都是多余

① 范可：《当代中国的"信任危机"》，《江苏行政学院学报》2013 年第 2 期。

的，因为共同体存在的基因中就包含了信用和信任关系。换一种思路来看，一旦社会上存在信任问题则意指社会信任共同体是缺失的。同样，市场经济实践中存在信用问题，则意味着利益共同体是缺失的。

事实上，职业体育，由于其联合生产等特质使然，以联盟作为主要运行方式是其显现特征。职业体育联盟实质上就是一种利益共同体组织架构样式，联盟整体与单个俱乐部在利益和目标上的一致性，是其运行的基本保障和效益基本增长点，各俱乐部为了共同利益而竞争合作，联盟团体越稳定、利益收益越大，单个俱乐部收益越多。而且更为关键的是，职业体育联盟运行机制中就暗含着组织的自律，这种自律要求各俱乐部不仅从自身利益出发，还要从其他利益相关者角度着想，为了联盟共同利益最大化而约束自身行为，而不容许因个体利益追求阻碍联盟共同体利益的有效达成，西方职业体育即是如此。工资帽设置、球队迁移规则限定等，组织运行规范化实践是为了保障共同体利益的实现，一旦其中个别俱乐部触犯了组织自律准绳，则往往会受到组织的严厉"清洗"。

反观我国职业体育，前期由于管理体制改革的滞后，特别是管办不分的存在，使利益共同体建设仍处于起步阶段，或者说尚未形成。在利益共同体尚未形成状况下，联盟整体目标和利益与俱乐部的不一致是常态，而俱乐部之间各自为政成为理性的选择。于是，在单个俱乐部行动逻辑上，往往遵循"我的地盘我做主"原则，即我做的事情就是我自己的事情，与其他人（俱乐部）无关，只要自身获得效益最大化即可，至于联盟（联赛）公共利益那是管理层（如中国足球协会）的事情。实践中，前期出现的众多问题大多与此有关，包括假球黑哨等越轨行为、国内球员虚高身价，以及俱乐部的随意失信违约问题。

3. 启示

从假球黑哨风暴中走出来的中国职业体育，当前仍然处于低信任度阶段，而此时多发的市场经营失信违约行为就会给"重生"的职业体育以沉重压力，需要积极进行规制与化解。现实中，我国职业体育失信违约行为的缘起上的特殊性，又时刻警醒着我国职业体育建设的复杂性与艰巨性。而建构依赖政府、市场、伦理道德（信用）的职业体育多元市场秩序体系及其协调机制，无疑必须尽早提上议事日程。

（二）案例2　中国职业足球联赛高薪引援问题及其原因

1. 问题阐述

在国家体育产业政策出台和《中国足球改革发展总体方案》发布的双重激励下，当下中国职业足球热浪汹涌，引来了新的发展机遇期。2015年年底，中超版权卖出了5年80个亿的"天价"；同时，各家俱乐部陆续加大投入力度，广州恒大、江苏苏宁、河北华夏幸福、上海上港、山东鲁能、上海申花等俱乐部连番更新中超内外援之身价，并伴生令人瞠目的球员（特别是外援）薪金，具体如表5-3所示。

表5-3　　　2016年赛季中超足球俱乐部外援转会费一览　单位：万美元

序号	俱乐部	球员	花费
1	北京国安乐视足球俱乐部	奥古斯托	800
2	山东鲁能足球俱乐部	吉尔	850
3	江苏苏宁足球俱乐部	R. 马丁内斯	890
4	上海绿地申花俱乐部	弗雷迪·瓜林	1300
5	河北华夏幸福足球俱乐部	热尔维尼奥	1500
6	上海上港足球俱乐部	埃尔克森	1850
7	江苏苏宁足球俱乐部	拉米雷斯	2800
8	广州恒大淘宝足球俱乐部	J. 马丁内斯	4200
9	江苏苏宁足球俱乐部	特谢拉	5000
10	上海上港足球俱乐部	胡尔克	5850

资料来源：根据网络资料整理。

据德国《转会市场》网站统计，中国足球俱乐部已经投入了

2.589 亿欧元的转会费，首次超越英超俱乐部（2.473 亿欧元），中超联赛也就成为 2016 年冬季转会期世界花费第一联赛。甚至英超阿森纳俱乐部主帅温格都表示，英超球队应该对中超俱乐部感到担忧，"因为中国似乎有财力把整个欧洲联赛搬到中国"。与此同时，中超内援转会价格也不断攀升，具体如图 5 - 1 所示。

与中超联赛资本雄厚"中超购全球"、高水平外援集聚反差甚大的是国足水平提升之艰巨，一时间相关问题引起了全社会广泛关注，"外援利弊之争""限援限薪之论"再起。诚然，管办分离改革后的中国职业足球需要这种资本"热情"，但是，对于管理体制和运行秩序尚处于优化与磨合期的中国足球而言，是什么原因催生了这一现象，又该如何规制这种资本热情，并转而将其化约为推进中国职业足球联赛有序发展的动力机制，显然甚为关键，也甚为棘手。

2. 中国职业足球联赛高薪引援制衡的理论分析

在全球化议题下，合理利用外籍球员已成为世界各国职业体育联赛通用的样式，高水平外援不仅有利于提高联赛的竞技水平，更好地满足球迷需求，还往往被寄予国际化发展的期望。近年来，由于球员工资剧增和转会费高涨，欧洲职业足球俱乐部的财政困境逐渐暴露，并逐渐成为西方职业体育相关研究的热点问题。基于理论框架和着眼点的差异，相关研究大致上可以分为三类：一是优秀运动员的挤压提升说；二是组织结构治理缺陷说；三是市场不成熟说。

优秀运动员的挤压提升说，基于一般经济学市场竞争选择理论，特别是人力资源供需理论，即一个开放和竞争的交易市场中，商品的价格取决于市场的供需状况，当供给小于需求时，则价格上涨；而当供给大于需求时，则价格下降。于是，在市场经济条件下，足球运动员的薪金也受制于市场运作规律，受供需状况约束，当球员供不应求时，价格上升；反之则价格下降。纵观世界球员市场，转会费发生了明显的飙升是现实。如 2001 年，齐达内的转会费为 6600 万欧元，而 2009 年，C. 罗纳尔多的转会费就高达 9400 万欧元。究其原因在于，职业球员作为特殊的人力资源，存在异质性、低替代性、稀缺性等特性，不同水平的职业球员面临着不同的需求曲线。一般来说，"球队

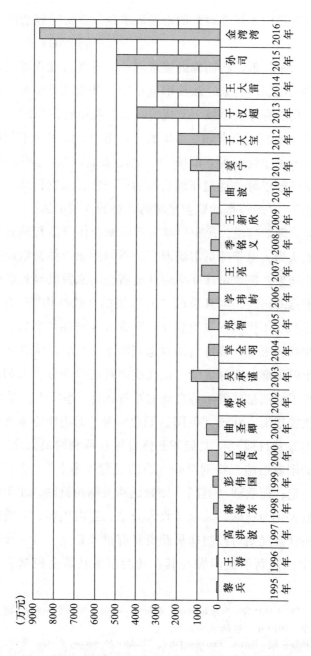

图 5-1　中超联赛历年国内球员标王一览

资料来源：根据网络资料整理。

对顶尖水平运动员的偏好使对其的市场需求是行业所能容纳的上限",而由于"顶尖运动员是有限的"[1]，于是，水平越高的球员，所面临的需求越大，水平越低，所面临的需求越小，这使得优秀球员供需关系背离市场供需规律的约束，从而形成了球员薪金的金字塔结构。更为关键的是，反映到球员市场上，优秀球员摆脱原有市场的"双边垄断谈判"样式，改变了原有球员市场的运行规则。即"对于超级球星而言，市场变为了单纯的买方市场"[2]，其结果是，"大型俱乐部（巴塞罗那、皇家马德里等）通过压缩自身的剩余收益来支付球员的高昂工资和转会费"，并最终推动职业足球运动员的薪资增加。

组织结构治理缺陷说，源于对欧美不同职业体育运行模式的比较研究。该学说认为，对于球员市场而言，不同的职业体育组织架构会带来不一样的结果。职业足球联赛中球员薪金高涨及其导致的欧洲足球联赛财政困惑的出现，与其采取"升降级的开放结构"[3] 有关，因为伴随 20 世纪 80 年代欧洲取消职业联赛收入强制性共享后，在博斯曼法案出台和欧洲冠军联赛推出的双重刺激下，开放结构的运动员人才供给，给予俱乐部争取好成绩、征战欧洲赛场以获得更大利润的刺激。由此拉开了欧洲足球俱乐部之间的军备竞赛。事实上，早在 1976 年，斯洛尼就曾指出，欧洲（英国）职业体育与北美职业体育联盟具有"差异化的经营目标"，"北美职业体育更强调利润最大化"，并采取了"相应的限制措施，特别反映在特约经营体系上"，这有助于它们保持财政稳定；而欧洲（英国）则缺乏相关制约机制。北美职业体育，以利润最大化为目标，采取了收入分享、自由代理、工资帽等制衡机制，这些联盟规则对控制球员薪资具有重要意义。进一步讲，职业足球联赛中的高薪引援问题与其在转会市场及薪金控制上缺失有

---

① 朱亚坤：《职业体育劳动力市场的经济学研究——基于 NBA 的实践》，博士学位论文，北京体育大学，2010 年，第 66 页。

② Pedro Garcia - del - Barrio, Francesc Pujol, "Hidden Monopsony Renta in Winner - Take - All Markets—Sport and Economic Contribution of Spanish Soccer Players", *Managerial and Decision Economics*, Vol. 28, No. 1, 2007, pp. 57 - 70.

③ Umberto Lago, Rob Simmons, Sterfan Szymanski, "The Financial Crisis in European Football: A Introduction", *Journal of Sports Economics*, No. 7, 2006, pp. 3 - 12.

关，而这又源于其组织结构和治理体系；或者采用北美职业体育联盟样式是有可能化解职业足球球员市场困境的。事实上，这种方向导向了我国职业球员转会市场及薪金控制上存在缺陷。

市场不成熟说，立足于我国职业足球联赛现实展开，认为"我国职业运动员市场的不成熟，导致了职业运动员在流动中仍然存在着工资过高、转会费的确定标准不明确、流动的动机不合理等问题"。① 回溯我国职业足球发展历史可以发现，1994 年，中国足球职业联赛（甲 A 联赛）推出伊始，就参照国际标准允许外援的存在，上海申花、广东宏远和江苏佳佳等球队就开始引进外援。从大连万达的"三个火枪手"（瑞典人金斯、汉斯和捷克国脚内梅切克）、北京国安的"三杆洋枪"（巴拉圭人冈波斯、卡西亚诺和西班牙前锋安德雷斯），到恒大的"外援帮"和当下的球星云集，我国职业足球大体上经历了数次巨幅的涨薪和高价引援时期。这几个时期的出现，大体上与国家相关政策松动有着密切关系。如职业化初期的引援风，与当时我国职业化初期，对外援限制不足而且主动推动有关；广州恒大介入以后引起的高薪引援，多少与足坛扫黑风暴完成和北京奥运会后中国体育产业激励政策出台有关；后续的更为疯狂的引援潮，与 2014 年国务院 46 号文以及随后的《中国足球改革发展总体方案出台》关系密切。遵循我国经济改革的逻辑，宏观政策松动后，有节奏进行调控随之而来。② 由此可以看出，我国职业足球联赛中高薪引援问题的出现显然是与市场机制不成熟，转而过分依赖政府政策调节有关；而问题的解决需要依赖改革所推进的市场及其机制完善来达成。

诚然，上述理论从不同视角探讨了职业足球运动员市场高薪资问题，拓宽了相关研究的理论视野，有助于加速对职业球员市场及其调控机制的认识。但是，任何社会问题的出现都带有复杂性，单一方面的理论分析往往无法得出具有普遍意义的结论，也无法系统解决现有

---

① 欧亚敏：《对职业运动员流动的经济学分析》，《科技广场》2006 年第 6 期。

② 王琢：《行政制衡与机制制衡——论社会主义市场经济的制衡机制》，《财政》1994 年第 1 期。

问题；而且，任何社会问题的出现都无法离开其鲜活的社会背景。以组织结构治理缺陷说为例，其将问题解决指向了北美职业体育制衡机制，认为我国缺失相关机制。

事实上，北美职业体育制衡机制的样态也离不开北美经济、社会、法治等鲜活土壤，是在特定历史演化中造就的样态。有关北美职业体育，如 NBA、MBL、NFL 等，联盟化运作是其基本标签。在联盟出现之前，职业俱乐部多是球员中心主义的，是兴趣相投者之间的游戏性竞技运动，经济性质是相对淡薄的，且受限于交通，往往多数比赛在同一（或相近）城市（镇）之间进行。如北美职业棒球，最早在国家棒球员协会名义下进行"分区比赛"，"球员经常游走于各支球队之间，一区比赛结束就另谋高就加入另一个球队"；这种问题在1875 年被打破，在威廉·赫尔伯特的呼吁与鼓动下，全国职业棒球俱乐部联盟（国家联盟）1876 年成立。"随着联盟的成立，运动员操控棒球比赛结束了"，"俱乐部的老板占据了主导地位"，"制约运动员游走"的"君子协议"随之而来，"每个俱乐部老板都具有了保留运动员的权力"。① 于是保留条款出现了。

由此可见，从运动员主导模式走出，进入俱乐部老板（业主）主导模式，联盟出现，而联盟在场外建立和实施一系列规则体系，其中形成人力资源的买方垄断力量，减少运动员流动，以便更好地控制球员，降低薪资支出，也即维系俱乐部生存需要是保留条款出现的动因所在。因为，在职业体育出现的早期，俱乐部如何生存显然是最为重要的问题，詹姆斯·奎克、罗德尼·福特（1997）指出，在 NFL 联盟成立的前十余年（1920—1936 年）中，几乎每一职业球队都经历了更迭。事实上，正是这种失败的经历，启迪了职业俱乐部老板（业主），使他们明白了：自身球队的成功不仅依赖于自身而且更依赖于"联盟中其他球队的成功以及作为一个机构的联盟的成功"，也使他们理解："球队们还是尽量把它们的竞争限于竞技场上，并且在限定范

---

① Harold Seymour, *Basketball*: *The Early Years*, Oxford University Press, 1960, pp. 79 – 82.

围内限于对天才运动员的争夺上；在竞技场外，球队业主们相互将对方当作同事而非对手，他们一起力图通过最大化收入和控制成本来最大化他们的财富。"① 这种理念的形成实质上也预示着分享机制的成型。

在球员与业主的利益争夺中，仲裁规则出现。当保留条款被认为与《谢尔曼法案》发生冲突时，自由代理制度作为折中规则也随之出现。自由代理规则的出现，从一定意义上削弱了联盟对球员的控制力。不过，伴随联盟自身运行体系（委托—代理体系及三权分置结构）的完善，工资帽制度和倒序选秀制度首先在职业篮球联盟中被提出，并进行了推广，从而又解决了联盟对球员的控制问题。当然，球员方面，受美国 20 世纪初期工会运动的启示，球员工会应运而生。由此劳资集体谈判就出现了。至于特许经营权规则出台也是遵循这一逻辑，以保障联盟业主权益。以职业棒球为例，国家联盟成立后，另一个竞争联盟——美国联盟成立，并于 1900—1902 年进行了激烈的竞争，最终后者也获得了大联盟地位；而后续另一个联盟联邦联盟随之而来。化解多联盟并行竞争局面，成为需要解决的问题，经营权的进入限制应运而生。总体而言，北美职业体育联盟的相关制衡机制是以市场为导向，在降低经营成本、维护业主（投资人）利益的同时，又推进竞争平衡、保障球迷福利；其对球员薪资控制的效果更多的是联盟核心运行机制的附加效应。

已有研究②认为，北美职业体育的收入分享和工资帽效用往往会带给人们以误解，因为它们无法消解"被低估的关联性收入"，而且变相"掩盖了联盟金融脆弱性"。梅尔穆特·M. 代特尔等（Helmut M. Dietl et al., 2012）的研究进一步提出，工资帽等北美职业体育薪资控制机制，对于欧洲职业足球联赛来说，具有明显的不适用性，它不仅无法解决问题，而且很容易影响社会福利。此外，我们也注意

---

① ［美］布拉德·汉弗莱斯、丹尼斯·霍华德：《体育经济学》第二卷，赵长杰译，格致出版社、上海人民出版社 2012 年版，第 88 页。

② Andrew Zimbalist, "Reflections on Salary Shares and Salary Caps", *Journal of Sports Economics*, Vol. 11, No. 1, 2010, pp. 17 – 28.

到，在我国职业足球联赛盈利能力欠缺的状况下，市场容量与球员薪金之间存在明显的不匹配性；而且，足球运动员市场转会费偏离常态的飙升，显然是不符合事物发展规律的。总体来说，当前中国职业足球遇到的高薪引援问题是无法在现有的职业体育理论体系中找到理想答案的。这也意味着，我们需要深入分析我国职业足球俱乐部高薪引援实践，找寻其背后的真实原因，并结合中国的社会现实进行客观审视，方能真正找到其缘由。

3. 我国职业足球联赛高薪引援制衡的实践原因

针对职业足球市场的高薪引援问题，中国足球协会曾先后出台了数次限薪（援）令。然而，依赖政府行政干预的办法，严重压制和破坏职业体育正常的发展规律，不仅造成我国职业足球水平提升与社会诉求之间的关系裂痕；而且造成了诸如阴阳合同等问题，引发社会问题。这不仅表明，依赖行政手段制衡俱乐部高薪引援问题是行不通的，还说明我国职业足球俱乐部高薪引援背后还藏着更为复杂的实践机制。

（1）溢出效益是我国职业足球联赛高薪引援的基本动因

对于职业俱乐部而言，它们经营目的是实现预期收益最大化，而其真实的营业收益（R）为其经营收益（α）减去经营成本（γ），即 $R = \alpha - \gamma$。西方职业体育的运营大抵就遵循这种样式。对于我国职业足球俱乐部而言，俱乐部自身盈利能力不强是一种常态，大面积亏损是现实。在亏损状况下，企业为何投资职业足球俱乐部并如此大肆引援呢？一方面，诚如有学者[①]研究显示，俱乐部会获得源自政府的隐性收益；另一方面，职业足球俱乐部还会给母企业带来巨大的溢出效益。如广州恒大俱乐部即为恒大地产（乃至恒大集团）带来了巨大的发展推动作用，不仅恒大名声远扬，而且恒大地产的收益也发生了显著变化，总资产、营业额、经营盈利都实现了倍增，具体如表5-4所示。当然，这种效益是通过高薪签约高水平外援（以及后续取得的优

---

① 顾晨光：《中国职业足球俱乐部成长研究——从"制度经济学"视角》，北京体育大学出版社 2009 年版，第57—58 页。

异成绩）所带来的，从孔卡到高拉特、保利尼奥，再到马丁内斯，恒大俱乐部就是在一次次刷新中超外援身价薪资的实践中，成就其溢出效益最大化的。由此一旦将职业足球俱乐部的溢出效益计算在内，则意味着俱乐部的收益函数可以表示为：$R' = \alpha + \beta - \gamma - \delta$（其中，$\alpha$ 为俱乐部的经营收益，包括门票、广告、电视转播费等；β 为溢出收益；γ 为常规经营成本；δ 为高薪引进高水平外援的成本）。如此问题也即变为 R 与 R' 的大小问题，或者说只要 $\beta - \delta > 0$，俱乐部就有加大投入并高薪引援的理性，而一旦 $\beta - \delta < 0$，则意味着是非理性的。当然，细致考察该问题，需要静待实践的检验。事实上，在资本涌动的背景下，广州恒大足球俱乐部的成功示范作用已经显现（或者说业已表明 $\beta - \delta > 0$）。如此背景下，意味着其他俱乐部随之进入选择博弈困局。

表 5 - 4　经营职业足球前后恒大地产财务变迁情况（2010—2015 年）

单位：百万元

年份	2010	2011	2012	2013	2014	2015
总资产	104452.464	179023.408	238990.551	348148.192	474462.093	757035
营业额	45801.4010	61918.1850	65260.8380	93671.7800	111398.1120	133130
经营盈利	13820.913	19926.25	16522.857	25043.742	28552.573	32316

资料来源：港股恒大地产（0333）财务年报。

　　遵循经济学一般观点，收益最大化与成本收益最小化的点是企业选择战略的基点。以两个俱乐部之间"高薪引援"决策的博弈模型为例，如图 5 - 2 所示，当两家俱乐部都不采取高薪引援的策略时，则意味着俱乐部的经营收入增加，球员工资随之上涨，结果两家俱乐部收益保持原水平（3，3）。而一旦其中一家俱乐部推行高薪引援，在没有溢出效益的前提下，若其他俱乐部跟随涨薪，则它们收益组合变为了（2，2）；若他俱乐部不跟随，则为（2，3），如此俱乐部显然是不理性的，即俱乐部间博弈的结果将维持原状。

		B俱乐部	
		高薪引援	不高薪引援
A俱乐部	高薪引援	2，2	2，3
	不高薪引援	3，2	3，3

图 5 - 2　完全市场环境下两俱乐部间"高薪引援"决策的博弈模型

当存在溢出效益的情况下，收益由于取决于 β - δ 的大小，此时两家俱乐部 A 和 B 也是选择"高薪引援"与"不高薪引援"两种策略。假设两家俱乐部都实行"不高薪引援"时，此处的纳什均衡收益组合仍为（3，3）。在一家俱乐部实施"高薪引援"策略，而另一家俱乐部实施"不高薪引援"策略，"高薪引援"的俱乐部由于溢出效益，导致俱乐部收益大幅增加；而不实施"高薪引援"的俱乐部则会由于外援水平过低，从而导致俱乐部球队的实力下降，降低观众热情，结果也会导致俱乐部收入的下降，这时"高薪引援"与"不高薪引援"给两家俱乐部带来的收益组合为（4，2）。而当两家俱乐部都选择"高薪引援"策略的情况下，由于溢出效益的存在，它们经营的收益组合是（4，4）。如此，两家俱乐部都选择"高薪引援"显然是更为理性的，具体如图 5 - 3 所示。

		B俱乐部	
		高薪引援	不高薪引援
A俱乐部	高薪引援	4，4	4，2
	不高薪引援	2，4	3，3

图 5 - 3　存在溢出效益环境下两俱乐部间"高薪引援"决策的博弈模型

基于上述分析可以发现，在存在溢出效益的状况下，俱乐部自序地会选择新的纳什均衡，推高球员薪金，加入高薪引援大军中。当然，我们还注意到另一个现象，即中超的高薪引援，往往更为显性地表现在高水平外援上，如广州恒大俱乐部从西班牙马德里竞技队引进的马丁内斯（4200 万欧元）、江苏苏宁队从乌克兰联赛引进的特谢拉（5000 万欧元）、从英超切尔西引进的拉米雷斯（2800 万欧元）。这显然是高薪引援溢出效益所引起的理性博弈无法解释的。这也意味着，还存在另外的关键因素。

（2）后备人才培养缺失是我国职业足球联赛高薪引援的关键原因

如图5-4所示，通过对2016年赛季中超联赛国内球员（28周岁以下）的年龄构成情况统计发现，国内球员年龄分布上出现两极化的特征，即1993年出生球员最多，其次为1989年的球员。事实上，欧洲足球联赛中，"各队年龄结构呈现正态分布特征，多为处于最佳竞技状态的球员，且分布呈现连续性"。[①] 中超联赛中球员年龄分布的特征显然揭示了我国足球运动员培养上的特殊性。联系我国现实，很容易联想到这与我国传统体育运行体制有关。因为，在全运会战略下，后备人才培养的目标是为了全运会、奥运会等国际大赛，各地方体育局在后备人才培养上会根据全运会任务进行适当梯队调整，非常重视全运会适龄球员的培养，而忽视其他年龄段球员的培养。比如第11届全运会足球比赛，要求报名球员为1989年1月1日以后出生的；第12届全运会则要求为1993年1月1日以后出生的。而这种报名年龄限制特征恰恰符合当前中超联赛国内球员年龄分布特征。据此可以认为，在职业化20年后，我国职业足球俱乐部在后备人才培养上仍

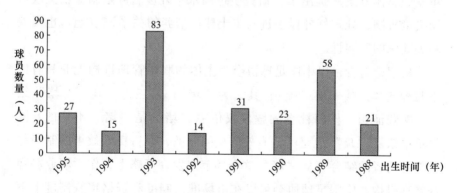

图5-4　中超球队球员年龄分布特征

资料来源：中国足球协会。

---

① 张兵：《中外足球俱乐部球队一线球员构成的差异性探讨》，《河北体育学院学报》2005年第4期。

然更多依赖各地体育局系统，而没有严格执行《中国足球协会注册工作管理暂行规定》和《中国足球协会职业联赛俱乐部准入条件和审查办法》，并造成中国足球后备人才的相对匮乏。

在国内后备人才相对匮乏的背景下，追求高薪引援溢出效益的各俱乐部也只有将目标放在了外援身上，由此推升了中国职业足球联赛球员薪金的大幅增长。而更多高水平外籍球员的出现，在一定程度上加剧职业联赛运动员人力资本的竞争程度，优胜劣汰的竞争实践，不仅有利于提升运动员整体人力资本的水平，而且在一定程度上提升了联赛的水平。从这个意义上讲，对于后发的联赛而言，设置或增加溢出效益恰恰是提升联赛水平提升的非常有效手段。当然，高薪引援也往往带来许多负面效应，这种效应包括增加俱乐部的运营成本、降低俱乐部的竞争平衡，压制国内球员发展。

4. 启示与思考

纵观西方职业体育经历了一百余年的发展历程，形成了较为成熟的运行体系和制衡机制。而作为后发的我国职业体育，发展时间短，体制和机制尚处于磨合与建构阶段，此时出现一些问题也在所难免。然而面对问题，如何解决显然意义极其重大。2015 年，《中国足球改革发展总体方案》提出了"研究引进高水平外援名额限制等相关政策及决策机制，处理好外援引进与本土球员培养的关系"议题，也反映相关问题的重要性。

从理论上看，以中国足球协会为主体的联赛管理机构无非只有以下几种选择：其一是"疏"；其二为"堵"；其三为"疏""堵"结合。实践证明，任何社会问题仅仅依靠"堵"是"堵"不住的，同样单单依靠"疏"也是无法有效解决问题的，取得良好效果的制衡往往都是两者的结合。从"堵"这个环节出发，策略上，作为职业联赛的管理机构，中国足球协会可以在市场准入制度和资格审查制度上下功夫，规制俱乐部高薪引援冲动，剥离俱乐部与投资人之间的直接关联性，使投资人追求的溢出效益无所依托，以引导俱乐部加强后备人才培养力度。

第一，逐步推进俱乐部冠名去企业化。可以采取分步走策略，第一步应该是将俱乐部限定于某一城市、某一社区，并依托城市足球文化发展，转变企业生存依赖。一旦俱乐部的自身造血能力得到明显改善，则可以推进第二步，即尝试性推出俱乐部标识冠名，采取"标识＋企业"冠名样式。而随着联赛整体价值的进一步提升和俱乐部经营状况的进一步改善，则可进入第三步，即去企业化冠名。上述策略实现路径，只需中国足球协会根据协会章程，适当修改职业俱乐部准入条件即可。事实上，2015 年中国足球协会就中国足球职业俱乐部跨注册协会转让限制政策出台无疑走出了第一步。之后，需要做的事情就是等待职业俱乐部自身盈利能力的改善，然后适时推出第二步，并最终完成俱乐部冠名去企业化，压制投资人盲目追风投资之状。

第二，提升后备人才培养力度和质量。事实上，从职业化伊始，加强职业俱乐部后备人才培养即提上日程。2007 年，中国足球协会出台的《中国足球协会注册工作管理暂行规定》要求，"各俱乐部每年应将俱乐部资金投入的 10% 用于青少年足球的发展"，"建立健全 U14、U15、U16、U17、U18、U19 的六个年龄段梯队"；2011 年颁发的《中国足球协会职业联赛俱乐部准入条件和审查办法》第五条第三款规定了具体的职业联赛俱乐部准入条件："成立青少年球员训练中心，组建精英梯队和符合球队发展需要的教练组，并制定青少年球员发展规划"；"俱乐部应当以学校为依托，积极建设 10—17 岁以下（U10—U17）各年龄段的培训网点梯队"，并明确俱乐部青少年经费，"中超俱乐部每年不低于 400 万元人民币，中甲俱乐部每年不低于 200 万元人民币"。当然，当前中国职业足球联赛出现的后备人才培养不足状况，也预示着上述规章在促进力度或者执行环节还存在问题。对于前者而言，则意味着中国足球协会需要重新修订上述两个文件。一方面，加大对俱乐部后备人才培养（梯队建设）力度，如增加职业球队后备梯队数量，提升梯队建设经费在俱乐部运营总投入中的比重（可以提升至俱乐部资金投入的 20%），甚至可以出台后备人才培养经费专用制度；另一方面，在俱乐部注册时，强制性规定本俱乐部青训培养球员比例（如 25%）或者规定非本俱乐部青训培养球员最高报名人数（如 18 人）。在执行环节中，可以在现有《中国足球协会章程》下增设职业俱乐部青少年发展特设委员会，专门负责职业俱乐部后备人才培养发展计划的制订、监督实施与评估工作；同时提高职业俱乐部市场准入（特别是球员注册）的审查力度，细化《中国足球协会职业联赛俱乐部准入实施细则》（2011 年），如进一步明晰球队建设标准，适当增加"青少年发展计划"和"青训梯队"两部分的审查内容与规格。

至于"疏"，就是引导和激励各种权利主体遵循相关规则，有道德地进行实践，"疏"的力量可以是经济的，也可以是道德声誉方面的。首先，中国足球协会可以出台诸如职业俱乐部青少年发展评估与奖励制度，用以评估俱乐部后备人才培养状况，表彰先进刺激后进。其次，中国足球协会可以联合职业联赛理事会建立职业俱乐部青少年发展专项基金，用以支持和鼓励俱乐部发展青训。最后，中国足球协会可以参与由职业联赛理事会主导制定的职业联赛收益分配方案，适当增加对后备人才培养优异俱乐部的分配份额。

需要指出的是，职业体育球员市场改善系统工程。中国足球协会除需要在职业俱乐部环节入手以外，还需要抓住当前校园足球大发展的良机，制定切实有效的"疏""堵"机制，大力提升中国足球的普及程度和后备人才（注册球员）数量与质量。唯有如此，才能改变中国职业球员市场供需状况，解决俱乐部无奈的高薪引援问题。

第六章　中国职业体育市场秩序
建构基点选择

职业体育市场秩序作为市场秩序的一种，原则上理应遵循市场秩序的组织要素架构，即需要在微观角度依赖产权和契约关系建构职业体育俱乐部和联盟，形成中观层次的治理体系，并内嵌于复杂的经济社会环境中。如此也就形成了市场运行的基本规制体系，并映衬于市场秩序的合规律性之中。当前，我国职业体育运行中存在系统性问题，而解决这些问题，应从市场主体培育和组织规范方式上进行优化调整，更应借助体育管理体制和体育运行机制的改革实践，甚至还有赖于我国宏观政治、经济、社会环境的优化。

第一节　优化制度体系：推进职业体育
市场基础要素建设

职业体育作为一种市场运行体系，需要遵循市场经济的一般范式。从组织体系层面看，职业体育是以体育竞赛活动为经营和运作客体，以经济性为主要特征的组织模式，按照市场机制进行资源配置与运行，以追求利润最大化为显要目的。这种运行模式的形成是需要一系列条件的。如在职业俱乐部层面，就具有以下要求：其一，职业体育组织的物质和人力资源条件，如注册资金、场地设施、人才梯队等，必须达到一定要求后方能成为职业体育俱乐部，才能加入职业体育联盟，进行职业体育竞赛和商业开发活动。其二，俱乐部要有明确的目标、原则、宗旨，并在组织章程（明文规定的或口头协议）中得到体现，如规定职业体育俱乐部的性质等；要依据既定的目标而形成明确的程序，而且这种程序具有相对的稳定性；要遵循竞赛活动的各种规程，确定俱乐部运营流程体系，形成明确的信息流和人才流。其三，要有明确的领导系统、管理系统和执行系统，形成俱乐部立体管理和运行结构，并能够遵循联赛组织的各项组织规程。此外，由于职业体育的秩序外在表现为竞赛竞争秩序和市场交易秩序，若要保证竞赛竞争和市场交易的持续发生，保持竞争有序进行，职业体育组织必须能够恪守自愿交易、公平竞争、诚实守信等原则，并服从、服务于社会发展的运行规范，遵从一定的社会规则。事实上，这些条件，也是职业体育俱乐部组织开展职业体育经营活动所需的物质和人力资源条件。另外，还需要有明确的责任关系和严格的市场运行规范。对于后者而言，实质上即将问题指向了产权与契约。当然，产权关系和契约交易在现代市场运行中，往往是密不可分的。保护产权也即维护了市场契约，而保护市场契约交易首先涉及尊重产权关系，两者联结的实践，往往是以市场主体与市场行为交集的方式实现的，偏离其一则意味着市场运行的行为模式发生扭曲。

一 强化职业体育产权改革

从举国体制的专业体育脱域而来的我国职业体育，在运行状态和演变路径上有不同于西方职业体育的本质差异性，突出表现在利益协调和运行机理上。如果说结构转型是一种利益调整过程，那么该利益分配的调整必然改变相关利益主体的权利关系与结构，并以产权问题显现出来。这样，则意味着推进我国职业体育市场秩序形塑，也应顺应这一规律，首先应解决好产权问题。

（一）当前我国职业体育的产权样态探析

现代经济社会学认为，产权是伴随市场而生的，依赖一定社会经济环境而做出的经济关系存在。产权是无法脱离具体的社会经济环境而存在的，解构我国职业体育的产权问题，理应从其所处的环境入手，一方面重视职业体育运行的经济制度条件，另一方面则要注意我国转型发展的宏观经济社会环境对其的制约。关于我国职业体育运行的制度条件，又要从我国职业体育的缘起谈起。我国职业体育改革路径类同于我国社会主义市场经济建设及其体制改革发展路径，遵循的潜在逻辑是"甩包袱"的"减支减人"，即在政府财政压力下，依靠体制改革和政府行政力量推进体制内成本外部化运作。具体来讲，就是在政府行政要求下，通过专业队的转轨实践，建立俱乐部，并依靠政府建构理性搭建形成职业体育联赛体系，在某种程度上给予参与投资企业以经营剩余索取权，形成运营激励；然后，在通过行政体制改革，逐步放权让利，分类推进。而职业体育市场制度建设上，主要沿用增量改革的理性建构思路，整体规划与逐项推进相结合，自上而下形成，制度的有效性和适合性还有待具体运作实践检验。这种通过渐进式改革形成的职业体育在初始条件和后续运作上，明显有别于西方职业体育的发展实践。首先，我国社会主义市场经济没有达到西方经济理论所追求的市场制度完备要求。我国社会主义市场经济建设尚处于关键阶段，按照市场规律办事，发挥市场的决定性作用，正确处理政府与市场关系依然是经济体制改革的核心议题；现实中，要素完全市场化尚未实现，政府的不正当行为时有发生。其次，我国社会也没有聚合成类似西方的市民社会态势。伴随经济社会的快速发展，社会分层分化日趋严重，利益格局变迁又往往催生一系列社会问题，转型社会所带来的社会运行风险不断加大；然而，我国社会治理模式尚处于建设和完善过程中，我国社会总体法治化水平低，社会主义法治社会也仍处于建设中，制度约束力远未达到化解社会风险的程度，违约的法律解决成本高且途径单一，而且经常会出现权力、关系运作跑到制度前面的现象。此外，在我国转型社会背景下，我国却面临社会需求多元化加剧的状况。经济发展所带来的收入增加和生活水平提升，各种新的社会需求不断涌现，生活质量、健康幸福、公平正义的关注度越发提升，多元化需求则意味着利益诉求的多样化趋向明显。转型阶段这种多元化利益需求的满足显然也是西方经典市场运行范式所没有遇到的。俗话说，种瓜得瓜、种豆得豆。离开了西方产权理论所赖以生长的约束环境，伴生于我国市场经济建设实践中的产权结构与形式也呈现了特殊化，有学者将其框化为"模糊产权"①，也有学者将其定义为"关系产权"。②

当然，圆满解答我国职业体育产权问题，逻辑上需要去探寻当前这种产权具体是什么样的，又为何存在等问题。与我国市场经济中出现的特殊产权现象一样，缘起于政府行政机制动员又面向市场化建构的我国职业体育确实存在西方经济学语境中的产权问题，模糊产权、关系产权广泛存在于其具体运行实践中。而根据市场运行内在机制及其产权表现样式的差异性，可以将我国职业体育的模糊产权分为公私嵌套产权、妥协性产权、象征性产权以及公有化隐性产权四种主要样式。所谓公私嵌套产权样式，是指公有产权与私有产权嵌套一体形成的独特结构样式，表现为"在联赛层面带有明显的公有性，为政府部门或带有政府职能性质的部门所有；在俱乐部层面，则往往具有或强调私有性"。③ 这种产权特征，存在于诸如中超、中职篮等发展较早、职业化程度较高的联赛运行中。妥协性产权是指职业联赛或俱乐部通过在产权上的某种弱化妥协来换取其他相关组织合作的产权样式。在联赛层面，如中国排球联赛即将市场开发权转让给中视公司，以换取其电视转播的机会，从而维持联赛、俱乐部与赞助商之间的合作关系，同样的情况还出现在诸如围甲联赛、乒超联赛、羽超联赛中。在俱乐部层面，是指投资者通过投资职业体育，换取与地方政府之间的某种非正式的、隐性的交换关系，如地产公司投资职业俱乐部谋求保护政策、高耗能企业则谋求节能减排上的政策优惠等。象征性产权是指双轨制初始阶段的主要运行样式，即职业俱乐部或联赛仅仅具有名义上的产权，但并不具有实质性的决策权，俱乐部更多的是执行者。如我国乒超联赛、羽超联赛的运动员产权即是如此，各家俱乐部通过短期租借的方式拥有联赛期间运动员的使用权，而基本上不具备所有

---

① 李稻葵：《转型经济中的模糊产权理论》，《经济研究》1995 年第 4 期。
② 周雪光：《"关系产权"：产权制度的一个社会学解释》，《社会学研究》2005 年第 2 期。
③ 张兵：《过渡经济视域下我国职业体育产权结构形成与改进分析》，《天津体育学院学报》2012 年第 5 期。

权；联赛结束后，运动员又各自回国家队或省市专业队。公有化隐性
产权样式往往存在于职业化水平相对较低或者尚处于起步阶段的职业
联赛中，这种联赛以政府（项目管理中心）为主导，以专业队为主
体，在争取社会力量赞助参与的情况下展开，运动队（俱乐部）得到
赞助商赞助后，会以某种心照不宣的方式按照通俗约定行事，给予参
与企业某些市场开发权利，但是，总体上运动队仍然是具有明显的专
业队性质。

　　按照西方经济学的观点，我国职业体育的各种模糊产权样式显然
是有问题的。一方面，模糊产权往往伴随治理困境，造成约束和激励
缺失，甚至产生"捕获效应"；另一方面，模糊产权又经常会伴随权
力扭曲显现。如公私嵌套产权样式中就可能存在公有产权背后夹带的
政府行政干预往往使私有俱乐部的支配权、决策权弱化，导致经济活
动背离市场规律；象征性产权则往往无形中压制私有投资者的投资利
益和投资热情。诚然，任何事物都存在两面性，我国职业体育的模糊
产权也是有其代价和益处的。其代价可能存在对社会资本介入的压
制，引起资源配置的效率耗散和激励不足；但是其益处更为明显。其
益处即在于正是由于这种模糊的产权结构，保证了政府的合法存在，
给予我国职业体育以生存的可能。在西方经济学范式中，产权所显现
的资源配置与利益分配、激励、约束以及外部性内部化功能，是建立
在西方市场经济前提下的，立足于解决市场制度完备条件下的，不完
备市场（主要指信息不对称、交易成本不为零）的竞争与合作问题。
市场全要素化是这一市场的基本特质，由此才产生强调市场运营的权
责分明。反映到职业体育运营实践，则意味着人、财、物、信息等要
素要全部市场化，而且职业体育竞赛产品能够为市场所接受，能够创
设具有自身特色的盈利模式。西方职业体育的发展历程即是以社会需
求为导向，从个体需求起步，延伸到投资需求、赞助需求、广告需
求，最后推广到全球化需求，先有需求再有市场，自然就实现了盈
利，而且不论是球员转会还是电视转播，全要素市场化根植于职业体
育运行始终，并且成为其盈利模式的核心构件。反观我国职业体育，
当前从联赛角度看，全要素市场化显然是没有实现的，不论是球员的

归属，还是场地的租借都存在明显的问题，更为关键的是职业体育主要盈利手段的电视转播权这种信息要素无法进入市场，甚至于联赛或俱乐部要主动贴钱求转播，不仅增加了联盟或俱乐部的运营成本，而且压制了联赛的市场开发。如此状况下，联赛通过开发权让渡形成妥协性产权关系，则可以保证自身社会影响力的存在，也就为后续发展提供了可能；反之，如果不采用该产权样式，而俱乐部在无电视转播的前提下运作，显然无法满足投资者的利益诉求，而每场次数十万的电视转播投入显然又增加了投资者的压力，结果必然造成联赛投资缺失。同样，"尽管绝大多数俱乐部至今不能实现经营性盈利，但企业投资俱乐部的确得到了实惠"，这是由于"地方政府常常通过行政力量促成运动队与企业联姻"，投资者在这种联姻中"可以得到来自政府的实惠"①，得到实惠的投资者的投资，又促进了俱乐部的发展，维持了联赛的良性运作。如此来看，我国职业体育模糊产权是组织在现有特定社会经济条件适应性选择结果，其存在带有明显的积极意义。而且，我国职业体育 20 余年，从无到有、从弱小到逐渐壮大的发展事实，也揭示了不具备西方产权理论所要求的产权体系的我国职业体育并不是不能取得良好的发展实效。

如此看来，跳出西方的解释逻辑转而基于我国发展现实，可以发现，模糊的产权也可能产生了超出西方主导的清晰私有产权的功效。因为，服从于特定的市场运作状况和制度设计安排，是产权制度存在的根本；相反，背离特定历史条件而理论化地推进产权问题改革往往会导致更为恶劣的后果。我国职业化过程中，实质上是按照边际成本的增量改革方式，逐步推进产权和所有权分离的。如我国职业足球改革，即第一步是建立联赛体系，将专业队比赛变为类职业联赛；然后推进俱乐部的市场组织建设，建立法人公司制；进一步再推进诸如中超公司、职业联盟建设；而现在要做的是推进以管办分离为突破口的市场化职业联赛体系建设。其中产权调整从职业体育运动员（队）开

---

① 顾晨光：《中国职业足球俱乐部成长研究——从"新制度经济学"的视角》，北京体育大学出版社 2009 年版，第 65—66 页。

始，然后进行俱乐部产权明晰，最后要做的才是联赛的产权优化问题。这种分层推进的方式恰恰是适合我国职业化改革实践的。因为，我国职业化改革发展沿用渐进式转轨路径展开，存在一个明显的双轨制阶段，"双轨制是新旧利益格局平衡的典型形态，其基本逻辑就是允许新制度安排在不对旧的利益格局构成本质性影响的前提下合法地取得制度外的收益"。① 在双轨制阶段，市场具有不完备性，然转轨实践中利益主体多元化、利益格局多样化是必然的。调控这种利益纠葛，渐进式制度变迁中需要政府的作用显现。政府的存在，一方面出于维护竞技体育长效发展和稳定需要，平衡多元价值和利益冲突，承担改革风险；另一方面在职业体育市场不成熟、运行机制不完善状况下，克服市场运行缺陷，发挥其导向和扶持作用，在一定限度内有序培育职业体育市场，从而减少职业化改革成本，保障职业体育市场化的顺利实现。也就是说，在我国职业化改革实践中，政府以适当形式的存在事实上是有利于我国竞技体育职业化取得成功的。当然，政府的存在也是有条件的。政府与市场关系以及其衍生的产权调整应以现实市场的功效显现为前提条件的。随着职业化程度的提高，从公有化的隐性产权样式，发展为象征性产权样式，再到公私嵌套产权样式。最后，形成有中国特色的职业体育产权样式，这应该是我国职业体育产权改革的基本路径。

（二）我国职业体育产权问题存在深层根源

事实上，承认模糊产权或关系产权在我国职业体育发展当下的合理性，更多是在一种宏观或中观视角下的判断，是我国职业体育在由来方式上行政资源动用的特殊性、当前我国职业体育发展的不完善性以及其宏观社会背景的尚待发展性，这些主客观因素综合作用的结果。当然，这并不否认，在微观层面，我国职业体育现实存在产权问题；而且产权不清、管办不分，行政部门双重身份往往被认为是阻碍我国职业体育发展的关键因素。于是，逻辑上，探寻为何会产生这种

---

① 葛杨：《经济转型期公有产权制度的演化与解释》，人民出版社 2009 年版，第 71 页。

状况，并进一步厘清我国职业体育产权问题激发的深层根源理应成为接下来需要探讨的议题。

我国职业体育的产生源于举国体制下的竞技体育市场化改革实践。在举国体制下我国竞技体育的目标是国家利益至上的，维护奥运争光这一根本目标，职业化改革的实践增添了市场化、商业化运行的成分，然而竞技体育为国争光的目标丝毫没有改变，这就使得职业体育发展涉及的制度环境中充斥着众多力图维护体育公共性的成分。职业体育一头连着国家队及其所需的后备人才培养，一头要兼顾市场化、社会化、商业化，在政治市场和经济市场的双重挤压下生存，职业体育运行中的权力关系也自然呈现产权和行政权交织的现象，逐利性与非逐利性共生于我国职业体育运行中。如此状况下，我国职业体育运行中的权力配置就形成了产权跳跃于市场和联赛组织之间的问题，一方面要求市场实现自由平等的资源和利益配置，另一方面又强调产权归属不可凌驾于联赛组织的科层制体系，以实现职业体育服务于国家、社会、市场等多元化目的，现实运行中，经常不自觉地出现行政权挤压产权的现象。诚然，任何市场运行中产权都不可能是完全界定清晰的，而我国职业体育产权问题的激发，可能还源于市场运行主体（俱乐部）在市场经营压力加剧下的显性表征。当前，我国职业体育，不论是中超、中职篮，还是围甲、乒超，无法实现自主的经营盈利是一个基本现实，高额的球员工资支出、巨额的办赛费用以及后备人才培养压力，迫使各俱乐部谋求自身经营上的突破。现实中，我国职业体育组织形式建设在众多项目中依然完成，如中超联赛、中职篮，与欧洲足球联赛或北美职业联赛几近相同，如此状况下，经营不善的罪责自然导向利益关系层面，要求项目管理中心、联盟承认俱乐部的利益所在。加之，在我国职业体育行政权与产权混杂的运行体系中，职业体育运营管理方面的不成熟往往被换位界定，成为显现产权体系问题的重要依据。于是，在当前我国行政体制改革的去行政化氛围浓厚背景下，问题极易被集中引向行政权的退出和产权明晰路径上。

经过20余年发展的我国职业体育，除少数职业联赛外，大多数职业联赛业已建立了法人治理结构，俱乐部是在工商部门登记注册的公司。这种状况下，俱乐部完全可以按照自己的想法去决策经营，也拥有经营所产生的利益支配权和收益权，从市场运行条件来说，这已经足够了。同样，项目管理中心或者政府行政权力所做的事情也不再是要求俱乐部仅仅充当执行者角色，按其计划指令办事，而强调俱乐部独立自主经营，推行市场化，甚至是去冠名化；利用资源掌控优势去为联赛发展找赞助、找市场，去组织和推进联赛的良性运作是它们所努力实现的目标。而此时，产权为何在职业体育经营中作为一个突出问题存在呢？从俱乐部层面看，表面上所提及的获得联赛权益多少可能仅仅是一个方面，更多的是想通过诸如管办分离、产权改进等实践，让体育行政机构释放产权机制以谋求更大的激励。因为，在职业体育发展当下，项目管理中心所能产生的激励已经无法满足职业联赛各俱乐部所需，于是，向外寻求更大的激励成为联赛经营实体的本源诉求。从这个意义上讲，我国职业体育产权问题的现实表征不是是否适应市场化经营的问题，而是其能否满足俱乐部经营需求问题，如能否为母企业创设更大的发展平台，提供更优的地方政府激励和保障等。

综合来看，我国职业体育确实存在产权问题，行政权与产权混杂配置是我国职业体育产权现存的一个基本状态，模糊产权或关系产权是其表现特征。但是，我国职业体育产权问题之所以引起重视的原因不同于西方关于产权问题的一般解释，可能更为关键的是源自我国职业体育经营不善以及各俱乐部本体运作之外的逐利上。而由此引出的问题是，我国职业体育产权发展不能按照西方产权理论逻辑来约束我国职业体育的产权运作实践，而应该重塑我国职业体育产权发展的理论逻辑。

（三）关于我国职业体育产权发展的若干判断

西方职业体育借助先发实践和强势地位，在全球化洪流中锁定了当今职业体育发展的一般样式，并吊诡性地引领着世界职业体育的发展方向，定式化地引导着后发国家职业体育的建构实践。然而，这种定式化的思维却极少去关注后发国家职业体育运作的社会背景，更不会去研究后发国家职业体育产权具体是什么样式的，又为何呈现现有样式，而不遗余力地找出其存在的问题，极力推崇类西方式建构。其结果自然是将其引向某种认识论的偏差，导致像我国这样后发国的职业体育产权改进落入西方的逻辑圈套。于是，在我国职业体育发展的关键阶段，需要进一步明晰产权理论逻辑。

其一，产权作为推进我国职业体育发展的工具存在明显的逻辑偏差。"产权主要作为一种工具来分析的趋势是西方新古典经济学价值观和方法论的一种延伸"。① 西方产权理论往往基于西方成熟的制度环境和市场体系，沿用个体主义的分析视角，将个体效用最大化追求上升为社会福利追逐，进而揭示不同的生产关系就会产生不同的成本与收益，如此就形成了产权结构的差异化运作结果，而生产关系优劣比较也就有了产权这样一个甚为显性的指标。如此也就有了德姆塞茨关于"产权是社会的工具，在一个人与他人做交易时，产权有助于他形成那些他可以合理持有的预期"② 的论断。事实上，"产权本身是经济发展的结果而非技术层面的工具"。③ 西方职业体育产权自序形成的历程也证实了职业体育产权是职业体育运行主体适应宏观经济社会环境选择的结果，而非刻意为之的结果，更不是其构建过程赖以标定的工具。如此看来，一旦我们将我国职业体育改革中诸如管办分离、去行政化等议题都建立在产权上，以产权明晰化作为行动标准或效果检验标杆显然是有失偏颇的，甚至可能产生极坏的后果。因为，我国职业体育管办分离等举措实践立足点是力图解决行政机构双重身份问题，进而架构起适合的市场治理机制，特别是法律法规效用维护机制，使职业体育运行各行为主体都能够诚服于市场规律，形成利益共同体；而产权问题涉及的是如何分权。逻辑上，产权问题的解决依赖

---

① 卢现祥：《论西方产权理论运用在中国经济研究中的四大问题》，《贵州财经学院学报》2003 年第 2 期。

② ［美］哈罗德·德姆塞茨：《关于产权的理论》，银温泉译，《经济社会体制比较》1990 年第 6 期。

③ 高超：《西方产权理论在中国经济转轨过程中运用的缺失》，《求索》2004 年第 5 期。

利益相关者治理结构的完成，是后续的话题。从这个意义上讲，当前理性的做法应该是，将产权的界定贯穿于我国职业体育发展完善过程中，通过内部市场制度设计（特别是治理机制）与外部环境建设的双重作用，自然而然地完成产权界定过程。

其二，明晰化产权仅仅是我国职业体育发展的目标模式，而非现实的必然选择。市场运行的基本机制是交易行为，是通过竞争和博弈产生的运作实践，无数次的反复交易形成了市场制度的某种带有定式化的运转规律，产权就是其中一种。立足市场去发展职业体育必然要把握其基本运行机制，在利益分享的基础上发挥激励机制，提升职业体育竞赛水平和商业化价值，为此产权明晰就成为职业体育发展的目标所在。事实上，这仅仅是一种理论推演的选择，它建立在职业体育是靠自身盈利的基础上，且职业体育运营目标是单纯的，无任何社会目标渴求，也无任何其他非分之想的。这种假设前提，显然是不切合现实的，因为任何社会经济运作都无法背离鲜活的经济社会环境，也无法完全消除其外部性。换一种思路看，如果产权所代表的市场激励功能能够为其他机制所替代，那么明晰产权的现实诉求自然就会受到影响。如此来看，给予我国职业体育发展以更多推力，更大范围地激励职业体育运营主体投身职业体育建设发展实践，在当下意义显然更为重大。西方职业体育的有序运行是建立在其完备的制度安排和有效的治理体系上的，而产权仅仅是其中一环。而我国职业体育当前真实问题，可能在于没有形成有效的治理体系，没有建立多元利益相关联盟，没有将政府、联盟、中介组织、消费群体等纳入治理体系中，或者即便建立了相关者治理结构（如中超），但是共同治理与相机治理环节又往往出现问题。如此状况下，单向度地推进产权明晰化，则会进一步打乱业已存在问题的治理体系，使得治理，乃至政府规制无着力点，带来更大的问题。由此看来，怀揣着明晰化产权的梦想，转而脚踏实地地推进我国职业体育综合治理体系建设显然是适合的。

其三，私有产权不一定适合我国职业体育发展实践。在西方产权理论体系中，"清楚的权利界定是私有产权"①，并坚信唯有私有产权才能牵引着资源拥有者，在市场运行中追逐"看不见的手"提供的利润预期，实现自主激励和自主行为选择，从而推动经济的不断发展。事实上，西方市场经济体系中，私有产权的激励功能和协同竞争功能是有条件的，需要诸如公司治理结构、市场组织样式等多元化体系与之配合；而且私有产权认识形成历程本身是先现象后理论的，是无可比对象存在的，或者说更多是一种经验性的总结。理论上，市场和政府都可以用以资源调配，同样，两者也都可以作为激励手段而存在，具体采取哪种方式，取决于两者之间的博弈，而且这种博弈不仅仅单纯在市场运行中体现出来，还需要放置在宏观经济政治社会背景中进行综合考量。斯蒂格利茨曾指出，"缺乏私有产权关系不是问题的症结所在"，并给出了两个支撑证据。而我国社会主义市场经济发展经验告诉我们，即使不具备西方产权理论所严格要求的产权前提，照样可以实现经济的快速健康发展。诚然，在微观层面，建立产权清晰、运作规范的体系，是市场化发展取向下我国职业体育的应然选择，但这并不是说，这种清晰的产权样式就必须是私有产权。而且常态下，产权是无法清晰界定的。即便是西方市场经济中，也存在大量留存于公共领域的产权部分，社会的动态发展过程决定"特定制度或时期内资源配置的流向以及产权交易双方博弈策略的调整，产权界定与私有产权交易动态价值的变化也使得均衡和最优效率无法长期存在，次优行为的持续存在才是保证经济发展和博弈双方利益的关键。"② 从这个意义上讲，解决我国职业体育产权问题的关键是保障市场主体在应对市场风险、利润追逐实践中发挥出产权应有的激励和资源配置效率，而是不是私有产权则显得无关紧要。正是认识到这一点，党的十八届三中全会提出混合所有制经济是基本经济制度的重要实现形式，用以指导我国国企改革实践。事实上，这同样对我国职业体育的产权发展

①　张五常：《凭栏集》，社会科学文献出版社 2001 年版，第 121 页。
②　林勇：《论演化产权理论对经典产权理论的继承、批判与拓展》，《学术月刊》2009 年第 6 期。

有极其重要的指导意义。而建立以国有资本、集体资本和私有资本交叉融合的多元化产权样式，理应成为我国职业体育产权发展的指向，因为唯有如此，才能一方面保障我国职业体育的市场化发展，另一方面又不会动摇我国社会主义制度下体育的根本发展目标。

二　推进职业体育制度体系建设

我国职业体育改革经历了 20 余年的发展，取得了一定的成效，然不和谐之音始终不绝于耳，从职业足球的假黑、腐败问题，到职业篮球的球员球迷互殴。追求价值的活动构成人类历史的主要活动，职业体育活动自然无法摆脱对利益、价值的追求，而伴随价值追求的多样化，利益冲突和矛盾显现，如何对利益追求进行规制成为重要问题。实质上，该规制过程是一个利益关系不断调整并趋同合理的过程，是一个价值追求与规制手段（制度）背离、吻合、再背离和再吻合的过程。作为后发的我国职业体育要发展，必须强化对利益的协调，促使追求利益主体在价值取向上的统一；而这恰恰与职业体育制度建设的紧迫性相关、与其制度效用显现相吻合。

另外，完备的制度体系是职业体育发展的必要保障。如何建立和完善与我国职业体育发展相适应的制度体系，是摆在当前我国体育转型期的重大理论和实践问题。诚然，任何的制度旨趣上都带有利益协调性。于是，我国职业体育的制度建设，也要以协调各种相关利益主体的利益关系为基础，着眼于整合和引导合理的价值取向，建设以价值趋同为基础的制度体系。

（一）当前我国职业体育存在的制度问题

我国职业体育改革是我国经济、政治体制改革大潮中，适应时代发展需要的结果。在我国竞技体育职业化改革前的相当长一段时间内，以"举国体制"为形态特征的竞技体育强调体育的公益性，竞技体育利益单一化，国家办的体育事业，服务于国家，竞技体育的政治功利性强，价值取向的工具政治性特征明显。伴随我国改革开放和体制改革的推出，体育的利益需求发生转变，一是从群体的政治需要转向人类的根本需要；二是从社会的强制性需要转向个体幸福生活的主动需要。伴随体育利益需求的转变，体育价值也发生转变，强调工具价值与本体价值相结合的双本位的体育价值取向，更加关注人的健康和发展，在价值取向上展现出政治价值、经济价值和社会价值的协调。在此背景下，我国职业体育的利益主体呈现多元化，而此多元利益主体价值追求的耦合问题恰恰成为困扰职业体育健康发展的关键因素。

现阶段，围绕职业体育存在多个利益主体，比如国家、职业体育俱乐部及社会群众等，也因此产生了一系列利益关系，如国家与职业体育俱乐部的利益关系、职业体育俱乐部之间的利益关系、职业体育俱乐部与社会群众间的利益关系等。事实上，我国职业体育利益主体的价值追求从职业化改革伊始就存在偏差，具体表现在：职业体育在国家层面，首要是竞技体育的"演练场"，通过运动员在职业体育联赛中的锤炼，提高技术、战术能力，为国际比赛做准备，显示为政治价值取向；同时，职业体育作为我国社会转型和经济快速发展阶段的一个重要经济构件，要具有促进群众体育发展的经济功能和满足群众体育欣赏需求的社会功能，显现为经济价值取向和社会价值取向。作为职业体育经营主体的职业体育俱乐部，首先要力争在经营上实现盈利收入，实现其经济价值；同时，在当前特殊背景下，其利益追求还在于提高自身所属企业的影响力，谋求在政策支持上的照顾，具有明显的政治价值取向。满足自身体育欣赏的要求是我国社会群众追求的主导价值取向，不过在长期"举国体制"的竞技体育国家利益熏染下狭隘的地域（或国家）取向可能也占有较高的比例。有关利益主体的多元化价值追求对我国职业体育制度糅合功能提出了巨大的挑战。而且最为关键的是，国家、俱乐部和社会群众在政治价值取向上的不一致性更是从根本上限制制度的秩序保障功能的显现，甚至影响制度的正常建设及制度执行的效用评价。

制度作为社会控制手段，其建设过程是通过其特有的法定形式对社会运行和社会结构进行确认、调整和再确认的过程。当对社会运行和社会结构调整失效时，不仅限制自身的发展，更会导致社会法制化的无序性和功能偏离性，造成社会越轨问题频发。以职业足球的假黑腐败、市场违约等为代表的职业体育困境，其实质可能就在于我国职业体育制度的价值取向整合功能上存在问题。即制度与价值冲突是当前我国职业体育的困惑之一。

职业体育中经济制度、政治制度、伦理道德等的耦合不力。目前，我国职业体育出现的众多问题，可能不在于制度建设的力度不够，而是经济、政治和道德三种制度力量的界限不清、功能紊乱、制衡不力的结果。其具体表现在：（1）传统的体育专业队结构被打破，新的职业体育整合机制运作不力或缺乏，体育竞技人才与资源的配备不力，现代体育社会的社会公德、公共秩序和公共制度的失范、失导和虚无化，体育资源配备的自利性超出自律范畴，导致后备人才培养缺失，价值判断偏差，导致集体利益、国家利益受损。（2）传统计划经济时代的专业队模式，个人、集体和社会利益具有高度的统一性，体育参与者的社会地位（利益）单一，转向职业体育后呈现多元化格局，国家、俱乐部（集体）和个人三者之间的利益关系错综复杂，各利益主体内涵界限模糊，角色界定不明，责权利界限不清，故造成公私难分等各种行为。（3）职业体育改革的起点在于建立竞赛制度体系、管理制度体系及产权体系等经济制度领域改革，涉及宏观监管层面的政治法律制度体系构建进展缓慢，而根据职业体育特征建立的道德制度定位错失，道德舆论导向呈现模棱两可和片面性特征。上述这些矛盾和问题的解决，需要深化改革，建立完善的职业体育运行模式；需要立法，建立与职业体育切合的政治法律体系。同时，也需要加强理论研究，进行正确道德舆论导向，促进三种制度力量并行发展和良性制衡。

（二）以价值趋同为基础的职业体育制度体系建设

诚如前文所述，制度和价值的关系相对密切；而我国职业体育发展现阶段，各利益主体的利益追逐呈现多元化趋势，制度整合功效缺失，并导致价值取向偏散。如何促使价值趋同，成为决定我国职业体育制度建设效用的关键因素。价值趋同，就是在协调各利益主体利益追逐的基础上，使职业体育利益主体价值导向归于一致的过程。在具体操作上，职业体育制度建设应强化利益的协调，保证具有稳定的运行秩序，并重点考察制度的执行力，通过有效监管实践达成。

1. 构建价值趋同制度体系，达成利益协调机制

社会中的制度安排总是与特定的社会经济状况相适应的，当社会经济基础发生变化时，社会的制度安排也应随之发生变革。在我国竞技体育在职业化改革前，为了快速提高我国体育水平，提升社会主义制度的优越性，我国实行以竞技体育的快速发展、优先发展为导向的"举国体制"；当竞技体育发展到一定阶段后，国家的财政支出和竞技体育的发展利益最大化被打破，而且国内体育的主要矛盾发生变化，群众体育需求和体育经济价值的功效展现成为当时的主要矛盾，竞技体育社会化、市场化条件逐渐成熟。于是，为了适应社会主义国家经济体制、政治体制要求的建构需要，政府采用自上而下的演进式体育体制改革，以及有中国特色的职业体育制度体系构建，竞技体育职业化成为我国竞技体育体制改革的发展方向。即我国职业体育的产生是国家在竞技体育发展价值取向上发生了转变的结果，其发展则是体育体制转型过程中职业体育制度建设的过程。

当前我国职业体育相关利益主体的价值取向上分歧是显性的。事实上，我国在职业体育发展道路上有了一些相关尝试，如网球项目，采用的"在举国体制下的职业化训练和职业化选赛和参赛的道路"，取得了一定的成绩，特别是女子网球水平的突飞猛进；不过其根本还是应用行政的手段进行职业化的干预，当前其面临职业选手的"单飞"时，也显得束手无策。这也提示：单纯的行政手段显然是无法规制职业体育"这头脱缰的野马"，使其价值追求趋于一致。要趋同我国职业体育主体的价值导向，必须依赖制度建设，利用制度在协调社会成员之间相互利益关系的功效，维护职业体育运作秩序，促进职业体育制度价值整合作用的发挥。也就是说，在现阶段我国职业体育必须借助合理的制度安排，强化职业体育利益群体的价值判断、促进其价值契合，解决其利益冲突；通过制度的法定性明确规定职业体育各利益主体的权利、责任与利益关系，促进职业体育的有序运行，使其可以各尽其能、各得其所、共同发展；同时要跟进我国体制改革和法制化建设的步伐，加强和完善职业体育制度体系建设。此外，要合理定位职业体育在国家和社会发展中的作用与意义，并以此为基础增强

职业体育制度的整合功能。

我国职业体育不论采取自上而下的制度创新路径，还是选择自下而上的路径，其根本立足点必须是对体育价值的整合和对体育相关利益团体的协调。只有解决了国家、职业俱乐部、社会需要之间的价值取向趋同问题，职业体育制度功效显现才有了根本保证，才可以有效地推进职业体育正常运行秩序。因为，没有利益协调就没有职业体育正常的秩序，更不可能有职业体育的发展。

2. 创新职业体育制度安排，保持职业体育运行秩序

秩序对社会的重要性是不言而喻的事情。社会秩序要靠一整套普遍性的法律制度体系来建立。[①] 制度控制是维系社会正常秩序、推进社会进步的重要手段，在我国职业体育发展中理应发挥其重要作用，并通过职业体育制度建设保障职业体育运行秩序。

就职业体育遵循市场经济运行的特征来说，职业体育在维持利益主体运行秩序的制度建设上重点是要关注符合市场经济运行特征的制度体系建设。其主导方向有三：一是建设完备的职业体育运行制度体系，比如职业体育联赛规程、纪律规程、联赛经营收益分配制度等。有了良好的职业体育运行制度，职业体育在运行过程中，出现问题就不会再去跑体育局、跑体育管理中心，也就解决了职业体育运行中利益纠纷解决的法定化。按照市场经济特征运行的职业体育只有在完善的市场运行法规体系下运作，才能有效避免各种"寻租"现象发生，职业体育市场经营动力才能体现。二是职业体育组织制度体系，用以规范职业体育组织方式，主要包括职业体育内部组织结构关系的一类制度。职业体育经营行为必须是在特定数量团体协同下实现的，职业体育组织首先要有明晰的、受到制度保护的产权组织方式，保证经营活动的权益对等。当然，职业体育内部组织职能上的健全与否，直接决定着职业体育运行的方式、规模、成本与效率，并间接作用于职业体育利益主体的价值取向，必须通过有效的制度安排来加以规范和协

---

① 程竹汝、卫绒娥：《价值·制度·角色——系统论视野中的现代司法结构形态》，《学习与探索》2002 年第 2 期。

调，如职业体育机构权责结构分工制度等。三是有效的监管协调保障制度体系，以解决职业体育按照既定目标稳健、安全和有效运行及相关主体的越轨行为处理与协同等问题。该问题将在下一节具体探讨。

良好的社会运行离不开制度体系建设，对于一个社会构件系统来说，保障社会运行秩序的制度建设必须与社会总体制度建设同步进行。我国当前正处于经济、政治体制改革的快速发展期，也是社会法制化转型的快速期，职业体育作为新生事物必须跟上我国法制化建设的步伐，在国家相关法律制度完备的背景下，制定符合本系统特征的社会运行秩序保障制度体系，避免再出现类似当前职业足球的社会问题。当然，考虑我国职业体育实际情况，在制度体系建设中，遵循渐进式发展路径是必要的。

3. 构筑监管制度体系，确保制度执行力的有效性

马克思主义认识论揭示：实践是检验真理的唯一标准。其实，对于制度建设更是如此，有了制度，即便是设计再好的制度，如果不能得到有效执行，也不可能发挥利益协调作用。也就是说，制度建设的关键问题，必须高度关注制度的执行问题，即考察制度是否有效促进利益协调，是否有效推进价值趋同。事实上，制度政策执行问题长期以来一直是公共管理的重要研究课题。因为，执行的效用，不仅关系到制度运行的状况，更为重要的是其可以反过来作用于制度的制定过程，从而直接影响社会的有序法制化。对于职业体育也是如此，比如，在明确了职业体育经营的独立实体化制度条款后，如果不加强督查，难免会出现有关职业体育运营主体的挂靠现象，使职业俱乐部成为大型企业的"附属品"，无法独立核算、自主运行，并连带影响整个职业体育的整体运作。离开了对职业体育制度执行的监督，就剥离了职业体育的制度控制职能，职业体育的运行难免偏离正常的轨道。

也就是说，在职业体育制度建设过程中，必须强化制度执行的监管力度。长期以来，我国的监督体制大体是一种金字塔形的集中控制的模式，表现为规模上小下大，等级层序清晰明确。如最高层次是全国政协对全国人大实施监督，在地方或机关也有专门的监督部门，呈现出社会监督路线一种单方向、纵向垂直、自上而下的形态。这种方

式，虽然有统一、集中和同步的优势，不过，在具体实践中，行政权力的干预性大，社会监控的效能随等级下降而不断弱化。反映到职业体育监督中，更是如此，往往出现职业体育监管的形式化或功能弱化。比如足球管理中心，不仅是职业足球的执行部门，也是职业足球的监管部门，单一的部门难以不被关系学搞垮，又难以不被瞒骗。因此，职业体育制度体系中，必须专门设立职业体育监管制度。职业体育的监管制度，必须明确监管主体，最好形成国家、职业体育联盟和社会三维监管主体的协调机制，从上、中、下三个层面对我国职业体育制度运行进行监控，以促进其发挥实效。其次，现阶段职业体育的监管制度服务目标必须明确在促进职业体育良性发展、推进职业体育利益协调和价值趋同上，避免以治理问题而影响职业体育发展现象的发生。此外，职业体育监管制度的监管涵盖面应该是多元的，不仅仅局限于俱乐部等职业体育经营主体，还应该包含职业体育运行导向团体，如管理中心等。

　　总体而言，从价值角度出发，离开了监管制度建设，制度建设的效用也就无从评判。当前，伴随我国职业体育制度完善，必须重点加强监督制度体系建设，从源头上为职业体育制度的良好运行提供有力保障。从这个意义上讲，职业体育监管保障制度是基于职业体育运行制度、组织制度得以有效发挥功用的制度，即所谓"制度的制度"。

第二节　发展职业体育联盟：优化职业体育市场组织建设

　　职业体育运行实践中，类似市场经济运行方式，跳出体育竞赛范畴，要求市场参与主体在遵守市场规则的基础上按照利益最大化的理性原则构建自身的行为模式，从职业俱乐部上升为职业联盟，以联合运营方式进行实践，其间各俱乐部自身既是企业样式又是联盟的一个分支组织。围绕高专用性的资源（如运动员人力资源）配置，形成联合生产的联盟治理结构，架构职业体育利益共同体，是当前西方职业体育运作的一个显性特征。区别于西方，依赖转轨而来的我国职业体育，以结构转型和市场组织建设为重点，在联赛体系、俱乐部建设等方面取得了一定进展；然而，以俱乐部或投资人为主体的市场主体性身份缺失是一个基本事实。顺应市场发展要求，还市场主体地位，则意味着要优化当前我国职业体育市场组织建设，架构可以代理俱乐部（投资人）利益的市场运行组织体系，其核心是建立职业体育联盟，并赋予其代理投资人利益，承担联赛的办赛和市场经营职责。

一　联盟暗含的利益共同体特性是职业体育走出集体行为困境之关键

从举国体制演化而来的我国职业体育，以制度变迁和结构转型为重点，遵循联赛体系建设、市场主体构建、市场体系建构之路径，逐渐培育市场秩序。然而，转轨实践所衍生的脱域问题，往往伴生集体行动困境。因为，转轨脱域实践中，利益主体的增多和利益约束的脆化往往是常态。而走出这种困境的出路，洛克寄希望于具有强制力的权威（君主、国家）出现，发挥"看得见的手"的作用，个体则通过让渡自由以换取进入社会的权利。而接下来的问题是，一旦权威出了问题，则对于个体而言，其成本无疑是巨大的。始于斯密的经济学家，则给出了另一个解决方案，即依靠市场交易、博弈竞争实现个体融入社会的集体行动。他们假设个体是一个理性人，又是一个自私自利者，并坚信在没有集权存在的条件下，自利的个体在人际交往中本着"一报还一报"的策略，会自觉地意识到"主观为己、客观为人"是切合理性选择的，并由此形成"看不见的手"主导和维系的市场体系。沿承这种逻辑，具有相同利益诉求的人就会采取一致或者至少是相近的行动策略，并顺应性地合力行动，达成共识集体。而奥尔森等陆续发现，集体利益的公共性往往导致"公地悲剧""囚徒困境""搭便车"行为等集体行为困境，引致公共利益的损失，破坏集体行动的有效实践，为此，奥尔森给出了"提供有选择性的激励"和"提供公众身份"[①] 两剂药方。需要指出的是，奥尔森分析路径上沿

---

① ［美］曼瑟尔·奥尔森：《集体行动的逻辑》，陈郁等译，上海格致出版社、上海人民出版社 1995 年版，第 5—14、41—42 页。

用的仍然是理性人的假设，力图通过社会个体追求约束条件下的收益最大化来解决集体行动困境问题，然而，较少考虑利他主义行为、社会氛围与社会关系网络等其他因素，这在一定程度上影响了相关理论的解释力。因为，现实中人的理性是有限的，信息不完备也是常态的；而且在复杂社会关系网络中，法治体系、社会规则、社会习俗及道德规范，无一不会影响人们的理性选择。考虑社会行为的嵌入性，认同任何社会个体都是内生于特定的关系网络结构中，并在不断联系的过程中产生社会网络、社会关系和信任等，社会资本概念由此进入集体行动分析体系。社会资本作为具有资本性质和社会意蕴的基于社会关系的资源存在体，在个体走向集体行动的实践中强调个体所拥有的资源体系对其集体行动的决定性作用。换句话说，引致集体行动的关键因子是社会资本所含辖的诸如权威关系、信任关系、社会规范信息或网络体系、社会（市场）组织体系等，这些社会关系约束构件，赋予社会资本有效地约束人们的行为，协同社会关系、发挥社会控制、保障社会有序运转的功能，并最终解决集体行动困境形成共同体。由是，一旦政治经济体制、社会组织结构、社会规范、道德伦理综合进入集体行动分析体系，则意味着共同体成为类同综合治理机制的一环，并成为摆脱组织脱域困境的应然选择。

通俗地讲，在共同目标指引下结成的集体即是共同体。关于共同体，其概念最早由滕尼斯于 19 世纪中后期提出。作为对社会现实中人（群）存在状态的社会学概化，共同体概念日益拓展，早已跳出滕尼斯、涂尔干、韦伯的时代范畴，实现对血缘、地缘的脱域，"融入权力组织、社会网络、社会资本等多种新元素"①，出现众多新型共同体样式，其中包括利益共同体。利益共同体，从字面上理解即为依赖共同体利益而存在的，共同利益的结合体。关于共同利益，马克思曾指出，共同利益恰恰只存在于双方、多方以及各方的独立之中，共同利益就是自私利益的交换，而且这种共同利益不是仅仅作为一种"普

---

① 李慧凤、蔡旭昶：《"共同体"概念的演变、应用与公民社会》，《学术月刊》2010年第 6 期。

遍的东西"存在于观念之中，而首先是作为彼此有了分工的个人之间的相互依存关系存在于现实之中。① 即共同利益是以个体私利为前提的，并依赖社会关系而存在的，而社会交换交往活动是共同利益达成的有效途径。当然，在社会运行中，利益的分歧是常态，交换交往等社会互动需要规则进行限制与保障，以维系社会共同利益的存在。于是，基于保障自身利益，不同利益主体之间反复博弈、协商，以实现资源的持续稳定发展，而进行的带有契约性的组织建构，就形成了利益共同体结构。这意味着，强调利益达成功能性是利益共同体存在的核心所在；而内生于社会关系的特质，又无形中赋予其契约性共同体特征，并且承担约束社会个体行为、规范社会博弈、摆脱无序困境的功能。而且，利益共同体作为一种网络组织形式，往往催生网络资源的溢出效益。网络资源源自成员（企业）基于某一经济目的建构的旨在维系或传递重要资源的企业间网络，而其溢出效益伴生于网络关系中"成员身份稳定""网络治理效应"以及"网络结构优化效应"②，是指超出单一成员（企业）自身拥有的资源和能力的网络资源合作绩效。通俗地讲，就是由于稳定利益合作关系的形成，各利益相关者（成员）"具有持续维持的意愿，故会投入更多的努力，从而获得更大的综合效益以达成合作目标"。③ 由此，遵循工具理性，利益共同体具有影响企业在网络中的行为的内在规定性，促进信息互换和专用性投资的累积，从而"带给企业自身无法通过独立运营而获得的绩效"。④ 正因如此，带有明显利益共同体特质的产业集群和产业联盟被广泛采用。

回归职业体育领域，组织关系是职业体育运行过程中不可避免的

---

① 《马克思恩格斯文集》第 1 卷，人民出版社 2009 年版，第 536 页。

② Gulati, R., "Network Location and Learning: The Influence of Network Resources and Firm Capabilities on Alliance Formation", *Strategic Management Journal*, Vol. 20, No. 5, 1999, pp. 397 – 420.

③ Anderson, J. G., Gerbing, D. W., "The Evaluation of Cooperative Performance", *Journal of Business Logistic*, Vol. 19, No. 2, 1999, pp. 69 – 83.

④ 沙振权、周飞:《企业网络能力对集群间企业合作绩效的影响研究》,《管理评论》2013 年第 6 期。

话题，俱乐部与俱乐部、劳方与资方、运动员与教练员，联盟（俱乐部）与政府、球迷、赞助商、媒体等，这些复杂关系都需要依托运行组织关系网络得以协同解决。而且更为关键的是在职业体育中，俱乐部集体产出是其最为重要的市场运行特征，唯有俱乐部形成联盟运行，才能实现俱乐部的生产实践活动，才有市场运行的竞赛根基。由此，要实现职业体育有序市场运行，就需建立职业体育联盟，走出集体行动困境。在产业经济学的研究范畴中，往往将企业之间出于战略目的而进行的合作称为战略联盟。联盟以整体运行利益为决策基础，导向利润最大化。在社会学研究视域中，联盟形式实质是一种企业网络结构模式，是不同市场主体之间通过一系列关系链条构造的社会结构态势。这就意味着，联盟的形成是由于"具有参与活动能力的行为主体，在主动或被动地参与活动过程中，通过资源流动，形成一些彼此之间正式或非正式的关系"①，职业体育联盟的形成也是如此。引申之意，职业体育联盟形成即是依靠集体行动关系协同而实现的，其间利益共同体就是核心机制。现实中，采用联盟模式运行的西方职业体育，无一不暗含着利益共同体运行特征。俱乐部的利益在很大程度上是由联盟整体的结构与功能所决定的，其成本、收益不完全取决于自身，更大程度上取决于它所赖以存在的联盟及其他俱乐部。当然，从利益属性和交易关系上看，联盟利益共同体内各俱乐部都具有各种独立的利益，也力争实现自身利益最大化，并通过市场交易行为来实现；而对内采取内部市场运行样式，对外彰显利益相关者协同竞争力，维系共生的联盟环境，采取竞合融通的治理机制，成为联盟谋求整体优势的关键所在。如 NBA 联盟采取委托经营集中营销的联盟运作方式，推行工资帽等维系内部竞争平衡的举措，这都反映了其利益共同体运行特质。由此可以发现，职业体育利益共同体内生于职业体育联盟运行关系体系中，带有明显功能性共同体特质，可以有效地解决职业体育运行中面临的集体行动困境，在各种相关利益群体的社会

----

① 郭劲光：《企业网络的经济社会学研究》，中国社会科学出版社 2008 年版，第 32 页。

联系中建立符合社会发展的秩序，是维系职业体育联盟组织系统有效运行的共生系统，发挥治理机制的基础作用。

二 联盟建设是串联当前职业体育问题解决的关键一环

经过 20 余年发展，我国职业体育取得了显著成绩。如仅从中国职业足球联赛的组织形态上看，类英超建构已然成型。同样，我国职业篮球联赛（CBA）经过"北极星计划"等一系列重大改革后，也形成了类 NBA 的形塑。总体来看，作为后发的职业体育，我国职业体育在组织化建设方面已然取得了显著成效。但是，现实中，不论是中超还是 CBA，它们的问题并没有随着联赛组织化进程而消解，甚至出现了逐渐增多的趋向。如我国足球联赛、中超联赛的成立，形成了类英超的样式，然而，中国足球协会实体化的进程迟迟无法推进，而作为协会制改革过渡机构的中国足球运动管理中心更是与中国足球协会"一体两面"，使得联赛管办合一，阻碍实体化俱乐部的正当利益表达，被称为"中超革命"的"七君子"（G7）事件便是该问题的鲜明表征。同样，CBA 进行了类 NBA 模式的建构，"伪职业"的名头并没有随之而消失。事实上，纵观我国职业体育 20 余年发展，过分重视外在联赛体系的建设，而忽视联赛组织体制和机制建设是问题所在。从职业体育办赛功能来看，单项协会、社会组织，乃至政府机构都具备，而综观世界职业体育，也存在协会办、社会组织办、协会和社会组织联办等多种样式。然而，办赛以及其形成的赛事体系是有别于赛事的组织运行体系的，因为前者所提供的仅仅是职业体育的赛制，而后者则包含赛制具体由谁来办的、这个办赛组织是什么性质的、联赛是如何进行商业化运作的以及内外关系又是如何沟通协调的等。理论上，职业联赛体系与联盟这种组织体系是密切关联的，离开了联赛体系就无从谈及联盟组织体系，前者是后者的基础性组织架构，唯有前者有了以后，才有必要去考虑后者的建构。回溯西方职业体育的发展历程，可以发现其伴随着西方工业文明、城市文化和体育文明，生成路径上从俱乐部到联赛，再到联盟，逐渐衍生出现今的组织模式。从这个意义上说，我国的职业体育，不论是中超、CBA，还是乒超、羽超、围甲，依靠政府主导机制推动的办赛体制仅仅是完成了联赛组织建设的一部分，而联盟以及以此为平台的治理结构建设恰恰是尚待解决的内容。

而细数当前我国职业体育面临的问题，如 CBA 虽然进行了类 NBA 联赛体系建构，但当联赛的收益都为事业单位资产收益时，组织的实体化自然就无从谈起。如此状况下，职业体育实质上就是一种"伪职业"，伪职业只能是越搞问题越多，问题越多，越无法控制。如此来看，建立具有法人企业性质的联赛实体化运行组织就成为解决问题的关键所在。

诚如前文所述，联盟是利润追逐游戏的产物，是复杂市场竞争格局下衍生出的合作竞争组织样式，利益共同体是其基本特质。然而我国的职业联赛，不论是中国足球联赛，还是篮球联赛、排球联赛，都没有给予形成利益共同体的空间与机会。联赛层面的产权不清、管办不分等由于体育行政改革滞后诱发的体制性障碍阻断了利益共同体形成的可能，联赛更多地表现为削减奥运争光负担、顺应市场化改革的政府举措，而实体化的俱乐部可能仅仅充当"陪玩族"的角色。如此体系下，短见行为、贪腐问题、越轨现象就不可避免地发生。

西方职业体育联盟作为经历百余年发展历程的沉积产物，根植于西方特定的政治、经济、社会氛围之中，这种氛围不仅仅是文化、伦理层面的，更重要的是其制度以及相关制度衍生出的治理结构。偏离相关的制度体系和治理结构，联盟作为单纯的组织模式是无法顺畅运转的，如 NBA 联盟就包括明细的竞争平衡、垄断控制、集体营销等规则体系，并形成公司化的治理结构。反观我国职业体育，制度层面的缺失、运行管理上的不规范是常见的，更不谈治理体系的形成。缺乏制度条件和治理机制的职业体育难免会出现众多无法解决的问题，呈现混乱局面。

此外，我国职业体育发展恰逢我国社会转型期，同时社会主义市场经济仍不完善、社会主义法治社会仍处于建设之中。社会矛盾多发、市场机制不完善、社会法治化水平低是这一时期的基本特征；而借助政治、经济、社会管理体制改革生成的我国职业体育，自身运行体制机制尚未成熟，尚未找到适合我国国情和体情的运行规律。两者的叠加效应，往往使我国职业体育面临众多社会问题，而且相关问题更多是职业体育（甚至于体育领域）自身无法圆满解决的。更为关键的是，我国职业体育长期以来在体育系统内运作，体育行政部门权力介入过甚与诸如工商、税务、公安、宣传等其他相关职能部门的缺位并存，这也无形中增加了职业体育运行风险。事实上，《中国足球改革发展总体方案》中关于"建立足球改革发展部际联席会议制度"的部署，正是基于该问题的严重性而提出的。

也就是说，我国职业体育当前问题是无法单单依靠职业体育联盟建设或组织化改进圆满化解的。但是，这并不意味着推进职业体育联盟建设就失去了意义；相反，作为系统改革的一个重要分支，职业体育联盟的建构恰恰是串联问题解决方案的关键一环，因为推进职业体育联盟是搭建利益共同体运行模式的有效组织途径，是促进实体化协会制改革的有效推手，同时，还可以为架构职业体育治理机制提供平台，引领职业体育后续改革。

三 落实职业体育联盟建设的内容

（一）推进组织制度建设：我国职业体育联盟建设的基本意向

我国职业体育，从缘起上就具有官办性质，而且这种官民一体的身份和运行特征，催生了我国职业体育发展问题归因上的"管理机构无能论"，即认为，"职业体育管理机构政事不分、事企不分，职能紊乱，管理无序、无效，人员素质低下，是导致我国职业体育越改越痛的根本原因"。[①] 造成这种现象的根源在于我国职业体育本源推动力上的市场化、产业化取向和现实驱动上的事业化、行政化之间的巨大隔阂，两者不是一个层面的事情却偏偏强扭在一起，自然会出现众多问题。解决上述问题的关键即需要理顺两者关系，让职业体育按照其固有的规律运行，即按照市场化、产业化以及其企业化组织样式运行。如此看来，在组织演化改革的议题下，建立职业体育联盟必须顺应这种规律，让职业体育运行组织（联盟）具备实体法人企业性质。策略上有二：其一，是推进单项协会实体化改革。具体来说，就是推进诸

---

① 鲍明晓：《中国职业体育评述》，人民体育出版社 2010 年版，第 2 页。

如足球、篮球等项目管理中心的进一步改革，撤销或加快其与单项协会的分离；然后再借助管办分离等举措推进单项协会的实体化、法人企业化改革，做到自主运营、自负盈亏。其二，是绕开现有体制，单设职业体育联盟。当然，这种单设联盟的做法，事实上涉及资产转移以及与原有协会及管理中心权力拨付分配协调上的困境，往往难以有效达成。从这个意义上讲，笔者是推崇推进单项协会实体法人化改革路径的，并将其作为职业体育联盟建设的基本内容。事实上，《中国足球改革发展总体方案》中就涉及"调整改革中国足球协会"的议题，并将调整组建中国足球协会，改变中国足球协会与体育总局足球运动管理中心两块牌子、一套人马的组织构架，实现中国足球协会与国家体育总局的脱钩，作为下一步工作的重点；在此基础上，重新组建具有独立社团法人资格的职业联赛理事会，作为联赛运营的主体存在，从而改变现有足球职业联赛理事会的政府隶属性和运行机制上的行政主导性，与法人实体化的中国足协协同配合承担职业联赛的组织运行管理任务。

在组织行为学分析架构中，职业体育可以看作是一种组织存在业态，而组织的构成与行为选择往往是由"标准的运行程序所规定的"，是"把特定情境与职位需求进行匹配的过程，并由规则驱动"。[1] 即实现向以市场机制为主导的职业体育结构转型核心在于制度转轨。我国职业化前的举国体制，其内含的运行程序是以国家利益最大化的体育赶超战略，是在特定的社会背景下产生的，并表现为运行主体国家单一化，利益国家至上化等特征；伴随职业体育的开启，我国体育领域发生一系列变化，比如，原有举国体制运行程序程序裂痕，体育运行需要适应社会主义市场经济建设，运行程序上带有两者的综合特征：一方面满足我国体育超越式发展需求，为国家战略提供人才培养平台和锻炼机会；另一方面，则需适应市场机制要求，赋予体育以自身"造血"功能，切合市场经济与大众体育需求多元化氛围。而对于

---

① March, James G., Johan P. Olsen, *Rediscovering Institutions: The Organizational Basis of Politics*, New York: The Free Press, 1989, pp. 21 – 23.

一个给定社会而言，它是一种"根据制度结构给定秩序"，换句话说，"制度提供一种游戏规则，也就是提供一种程序，给予人们社会生活以稳定和规律的意义"①，人们往往根据自身感觉选择其行为或关系的恰当、合法的模式，而人们期望的变迁事实上反映内在运行秩序的转变，是规范模式转变的结果。也就是说，我国职业体育结构转型的内在源泉在于制度与规则要素的变迁，是制度变迁演化与选择的结果。

在制度演进架构中，我国职业化前的举国体制类似于一种规范化制度演化体系，该体系强调权威体系与政治功用，将体育行为界定为工作，赋予运动员、教练员以特殊角色，注重价值观和荣誉感的积极引导作用，使各主体产生义务遵守惯例，从而进行相关规则与制度的界定选择。而伴随我国竞技体育的发展，特别是社会主义市场经济改革的深入，人们意识观念发生显著变化，体育价值与意义一定程度上得到重新辨认，体育经济价值与群众体育重要性得以客观化确认，围绕这种客观化信念的变迁，我国开启了职业化转轨，确立了职业体育是以市场机制为核心要件的运行模式，按照市场运行机制进行制度建构成为一种必然选择。市场机制的最大特征是追求效率、强调竞争的，而市场机制背后的关系系统往往以治理与权力关系为基础，强调协议与合约的正当性，于是规则与法律就成为制度建设与演化的方向。由此可以看出，从原有举国体制计划秩序（状态）向市场经济秩序（状态）转型的我国职业体育，在制度结构变迁上遵循从人治向法治的演化历程，只要以法治为标志的职业体育制度体系没有最终确立则该转型过程就没有结束。

（二）推进利益共同体形塑：我国职业体育联盟建设的基本取向

前文所述，利益共同体是职业体育联盟维系的核心所在，也是西方职业体育有效运行的基本保障。反观我国职业体育，缺乏利益共同体关系是当前基本现实。胡鑫晔（2011）采用米切尔（Mitchell）的评分法对我国职业体育各利益主体关系进行研究，指出：在我国职业

---

① ［英］杰西·洛佩兹、约翰·斯科特：《社会结构》，允春喜译，吉林人民出版社2007年版，第40页。

体育中，国家体育总局是权威型利益相关者，单项运动协会或称运动项目管理中心是权威型利益相关者，职业体育俱乐部是从属型利益相关者，大众传媒是权威型利益相关者，赞助商是从属型利益相关者，而观众是或有型利益相关者，如此利益关系格局造就我国职业体育运行中呈现扭曲的利益博弈结构和博弈状态。不可否认，我国也曾出台若干举措，力图推进利益共同体建设，如职业足球领域成立了中国足球协会职业联赛理事会、监事会等组织，但是，由于其缘起方式上的官方推动型、定位上的足协隶属性和非实体性，往往收效甚微。试想：一个联赛的理事会与监事会对联赛财务收支和盈利分配这样的核心议题都无话语权，而所有人的目光都盯在如何赚钱、如何为自身牟利上，利益共同体的共同性又何以存在，而依托其去促进利益共同体形成无疑是痴人说梦。诚然，我国职业体育的形成带有明显的政府主导推进特征，并形成政府及准政府机构的威权性，然而顺应职业体育运行规律，需要转换利益推进主体，逐渐约束体育行政部门或准行政机构的过分权力介入，转而依靠市场利益博弈，架构利益共同体关系，而这恰恰应是职业体育联盟建构的基本取向所在。

至于利益共同体建设，西方职业体育强调自序演化的立场，遵循习惯和利益主体的市场竞争合作选择的路径。按照演化经济学观点，不确定性和复杂性是市场主体在市场运行中不得不面对的两个核心问题，市场组织形成过程即是在此背景下的竞争性选择过程，而组织发展与演化"可以被看作是从系统的所有组成部分的交互作用中所产生的形态形成"。[①] 面对复杂的多变的市场环境，市场组织需要与企业的顾客、投资者、政府、协会及其他有合作关系的组织发生多样化的利益交织，这种复杂的关系套嵌形成了市场组织的规范和价值观，"任何组织都需要从其利益相关者中获得合法性的认可才能够生存"[②]，而组织演化过程中将这种合法性期望贯彻的过程，即形成了利益共同体

---

① ［澳］约翰·福斯特、J. 斯坦利·梅特卡夫：《演化经济学前沿：竞争、自组织与创新政策》，贾根良等译，高等教育出版社 2005 年版，第 4 页。

② 刘雪梅：《联盟组合：价值实现及治理机制研究》，博士学位论文，西南财经大学，2013 年，第 29 页。

结构状态。由此可以看出，利益共同体形成过程中，市场主体的组织决定性与市场主体组织的合环境规范、价值观和信念系统型构成为两个关键因素。西方职业体育，不论是北美职业体育，还是诸如英超这样的欧洲职业体育，都是以市场主体为组织核心进行利益关系型塑的，俱乐部、赞助商、大众传媒这样的市场利益主体始终在职业体育组织化演变中发挥关键的作用，并显现其强势主体地位，而且正是这种强势主体地位使得各利益主体在激烈的市场竞争中选择了联盟的组织样式。同样，西方职业体育根植的商品经济和公民社会所提供的市场氛围和消费倾向时时嵌套于联盟的形成过程。从这个意义上讲，我国以利益共同体为核心内容的职业体育联盟建设，也要从强化职业体育市场主体的决定性作用和推进职业体育组织演化制度氛围建设入手。策略上，确立联盟的法人实体企业性质是第一位的，而建立这一实体组织后，则需要围绕该组织进行系统的制度建设。当然，围绕职业体育企业实体组织的利益博弈和竞争合作推进联盟建设，并不意味着排斥政府机制的存在；相反，应强化政府在制度和氛围建设的作用上，重视非体育行政部门的合法有序介入。

（三）推进综合治理机制改革：我国职业体育联盟建设的基本指向

联盟是市场竞争与企业组织化矛盾运作的产物。同样，职业体育在产业化演进过程中也面临市场竞争合作及其衍生的组织化问题，加之职业体育产品生产规则、资源高专用性、产品特性等原因，职业体育联盟在西方社会出现了。如将职业体育定义竞技体育商业化、市场化的运行体系，那么追求利润最大化显然是其根本出发点和最终归宿。郑芳等（2009）研究显示，"悠久的足球历史、忠诚的球迷基础、资助型的财政结构、异质的俱乐部促使欧洲职业体育采纳分层纵向一体化的管理、'获胜即是一切'的激励策略与方法；薄弱的球迷基础、兼容并蓄的体育文化、商业化运作的财政结构、同质的俱乐部，则为美国职业体育采取集体选择、收益分享策略提供了解释"，即不同的经济背景和市场条件，催生了不同的联盟模式选择。这从另一层面印证了职业体育联盟带有明显的目的性，是职业体育市场主体实现利润追逐的手段。当然，这种手段论立场往往为职业体育的复杂治理体系所掩盖。因为以职业体育生产、运作、销售等业务过程为核心，由系列关联组织所组成的职业体育联盟，在复杂的市场运营活动中，不可避免地会出现大量的双边或多边问题需要处理和解决，即需要一系列与之配套的运行体制机制，于是就形成了职业体育产业过程中衍生出来的治理机制保障了职业体育联盟正常存在的逻辑判断，从而冲淡了联盟作为治理机制依托平台的真实性，并颠倒后发的职业体育联盟构建逻辑。

一旦认同联盟构建的手段论逻辑，则意味着我国职业体育联盟建设实质上是为后续改革服务的，一方面为找寻符合我国国情、体情的职业体育运行体制机制架设桥梁；另一方面则为构建和完善我国职业体育综合治理体系搭建平台。同时，职业体育联盟建设也不再成为检验我国职业体育改革推进成效的评价标准，而仅仅为后续众多改革发展的阶段性举措。需要指出的是，联盟作为关涉广泛的组织模式，离不开内在主体的完善。西方职业体育联盟及其治理机制的生成逻辑上蕴含着职业体育运行主体的决定性作用发挥，是职业体育俱乐部和联赛管理机构基于自身市场诉求而顺应性自发推进的。从这个意义上讲，我国职业体育联盟及其治理机制的构建也离不开职业体育相关主体的成熟；而且这种成熟不仅仅体现在职业体育俱乐部的现代企业制度建设、法人治理结构架构以及运营规范化水平提升上，还应涉及职业体育决策机制、政策制度体系等方面的成熟。事实上，唯有在我国职业体育全方位的成熟度提升语境中，推进职业体育联盟建设并以此来撬动诸如治理机制建设等改革实践才有落脚点，才能达成。

第三节　推进管办分离改革：强化职业体育综合运行体系建设

在我国行政改革与服务型政府建设大背景下，我国体育领域也启动了以"政事分开、政企分开、管办分离"为核心的改革历程，并于2012 年年初在职业足球领域率先进行了管办分离的改革试点。管办分离就是政府管与办的职能分离，是"公共事务管理职能（管）与出资人职能（办）的分离"。① 实践中，管办分离改革，就是将政府中心逻辑下的"办"的职责转交于社会组织或事业单位，而自身退居为管理者的角色，负责宏观规划与监督。也就是说，政府从公共服务直接供给者的主体立场上退下来，而成为与社会大众一般的需方立场，实现从政府本位论向社会本位论的转变。这种立场转变，不仅可以防止政府行政机构与民争利问题，关键还在于它给予市场以主体地位；而政府借助市场主体效用显现，实现其作为公共服务供给者角色。同时，政府职能观念将发生转变，即从万能政府向有限政府转变，从政府统管向政府服务转变。

在管办分离实践中，往往会引起一系列诸如机构设置、管理方式等方面的变动。但值得关注的是，管办分离并不意味着管办机构的必然分开，或者说管办分离可以采取机构分开的方式，也可以不涉及机构分离。而其真正要做的是对政府内部职能进行区分，区分出经营运作部门以履行办的职能和行政监管部门以发挥管的职能，而这两个部门是否在一个衙门办公则不是问题的关键，关键是两者之间的父子一体关系或直接勾连性必须被打破。因为，机构设置对政府职能彰显的影响效用甚微，即使是分离的机构，乃至性质有异的机构都可能管理同一件事情，并不是说机构分离设置就必然是管办分离。这表明管办分离改革的着力点，并非指向机构设置等组织结构层面，而是指向机构及其职能性质的界定。

此外，管办分离后的政府，在社会运行中位置上移，站在服务于市场主体发展的立场，维护社会秩序、促进市场发展是其基本职能。这种政府职能边界重新界定过程，将形成社会发展依赖模式与治理模式的转变，即从原有政府主导的单中心治理模式，向更多依赖市场主体以及利益相关者的多中心治理模式转变。由此观之，以促进经济与社会发展为目标，摆脱政府中心逻辑，重框政府职能边界，更多地依

① 赵立波：《事业单位管办分离若干重大理论与实践问题研究》，《中共福建省委党校学报》2012 年第 2 期。

赖社会与市场来实现政府职能效用显现构筑管办分离改革的基本旨趣；而"民进官退"必将成为管办分离改革的显要特征。

一　中国职业体育管办分离改革的缘起

产生于特定社会背景下的我国体育体制，被冠以举国体制之名。从政府职能显现上看，这种体制实质是一种集中全国优质资源、依赖财政供养、权责一体化的管办合一模式。不可否认，这种模式对提升我国体育发展速度，实现短期赶超式发展是极其有利的。然而其外部性体现为制度性垄断，必然伴随体育领域政府事宜、社会事宜、市场事宜的界限模糊，其结果表现为：（1）行政职能越位、缺位问题现象严重。在政府主导体育发展模式下，行政事业化成为主要实践方式，体育行政部门对微观事物干预过多过细，管了众多不该管也无力管的事情；另外，又对诸如我国体育发展最终走向、中国特色职业体育是什么样等涉及顶层设计的内容缺乏关注。其结果必然是体育行政部门劳心劳力却又不得其所。（2）组织效率激励机制缺失。体育行政部门管理一切，背后隐藏着体育领域的国家所有逻辑，而国家所有模式暗含着所有者缺位问题，致使委托—代理虚设或内部人控制，效率"黑洞"和政事摇摆问题严重。（3）监督者缺位，评价机制运作不力，且目标达成和绩效考核检验困难。在政府主导的体育运行实践中，但凡涉及体育的所有事务都是政府一家之责，政府与各执行组织要么自成一体，要么形同父子，监督实质上是一种自我监管，责任考量无从谈起；而且政府主导供给无形中挤压了服务对象的自主选择权，社会大众反馈机制缺失，形成"自说自话"的循环怪圈。随着社会经济政治发展，体育社会需求逐渐多元化，体育的价值导向随之转变，无形中凸显了政府管办合一的体育供需矛盾，政府职能的单向度显现成为困扰我国体育发展的重要议题，迫切需要转变政府职能以适应和满足社会大众体育文化发展需求。由此观之，在我国深入推进政府职能转变的背景下，当我国体育发展问题之流与宏观政治体制改革的政治之流相汇合，体育行政部门的职能改革也呈势在必行之状。

体育领域的政府职能，是为了满足人民群众日益增长之体育需求，而其改革导向必然是为了更好地满足体育服务需求，谋求效用最大化。由于我国体育体制改革及其政府职能转换是以举国体制下的管办合一模式为起点的，在政府与市场两极论范式下，其发展方向必然是力图通过市场或社会之力来增强政府职能效用。现实中，从 20 世纪 80 年代开始，我国逐渐开启了借助自身体制改革以解决体育发展问题的实践过程。1986 年国家体委制定的《关于体育体制改革的决定（草案）》中明确指出，"实现由国家包办体育到国家办与社会办相结合转变"，体育社会化发展成为我国实现体育腾飞的突破口，以体为主，多种经营策略迅速在全国铺开。而 1992 年中山会议更是使体育行业明确了按照社会主义市场经济要求和遵循现代体育运动发展规律的社会主义体育发展路径，体育职业化议题开启。1996 年，八届人大四次会议通过《国民经济和社会发展"九五"计划和 2010 年远景目标纲要》提出："进一步改革体育管理体制，有条件的运动项目要推行协会制和俱乐部制，形成国家与社会共同办体育事业的格局，走社会化、产业化的道路。"体育社会化、产业化被正式确定为我国体育事业改革的方向。当体育向社会化、市场化发展成为不可阻逆的趋势时，与之配套的体育行政部门职能改革随即展开，转变职能，实现政事分开，分类推进运动项目协会制和管理中心管理与经营成为国家体委按照精简、统一、高效原则的运行选择。国家体育总局在《2001—2010 年体育改革与发展纲要》中就明确指出，"国家对体育事业的管理方式，正从直接、微观管理向间接、宏观管理转变"。进入 21 世纪以后，《中共中央、国务院关于进一步加强和改进新时期体育工作的意见》更是正式指出，"明确政府和社会的事权划分，实行管办分离，把不应由政府行使的职能转移给事业单位、社会团体和中介组织"，标志着政事分开、政企分开，管办分离议题走上我国体育改革的台面。按此要求，国家体育运动项目管理中心相继进行改革，以推动各个运动项目的社会化和产业化进程，培育运动项目市场。2012 年，中国足协率先提出《中国足球职业联赛管办分离改革方案（试行）》，明确提出了管办分离是当前改革的主要工作，并给出"三步走"的具体实施步骤。纵观我国体育改革历程，内在逻辑恰恰映射于体育领域中政府与市场作用边界的逐渐明晰化过程。若将该历程分为两个衔接紧密的阶段：第一阶段主要显现为明晰、推进、落实体育社会化、市场化，是带有完善原有体制，增强自身"造血"功能特征的改革实践；第二阶段则是伴随我国体育社会化、产业化发展演进，以顺应体育市场发展需求为目标，以体育行政部门角色定位和政府职能表达转变为核心内容。而管办分离改革无疑是勾连两个改革阶段的核心环节，是我国体育有序发展无法逃避的重要内容。然而，管办分离改革首先出现在我国职业体育的排头兵足球中，则反映职业体育是我国体育改革相对彻底的一种表征，是政府职能和市场功用明晰化的显现。

经过 20 年的职业化改革，职业体育的市场化、商业化取向已然为国人所接受、所遵从；同时伴随前期改革而出现的各种体育社团组织，不断发展壮大，它们需求表达意识不断提升，参与体育公共事务之要求不断增强。仅以我国职业足球而言，从 10 年前的"七君子"事件，到近期网传的球员欲成立球员工会之举，无不彰显我国职业体育民间组织的崛起。如此背景下，如何联络与调动多元主体，以改善我国职业体育运行状况，促进其健康发展，必然需要政府出面，通过自身政府职能的转变，让渡市场或社会组织以权力，以发挥这些社会主体之功效。这种重新框定政府、社会、市场之间关系，并借助政府职能转变而实现的方式，必然涉及管办分离改革，也唯有经过管办分离改革，才能巩固与推进我国体育市场化改革实践之成果。因此，如果说我国体育职业化是体育领域摆脱政府中心论的产物，那么当前的管办分离改革之缘起则是这种实践不断深入的结果；背离社会经济、政治体制改革的大背景，或者没有体育运行方式的市场化转变也就无管办分离改革可言。

二 中国职业体育管办分离改革的践行基点

（一）化解政府行为外部性：我国职业体育管办分离的核心议题

市场行为主体在市场范畴内的相互依赖性，还经常受到其他相关群体特别是某些外部权力主体的影响。由此，外部性就跳出市场结构范畴，广泛存在于市场形成及其运行规则体系中，进一步讲，外部性成为权力行使的问题，是源于互动实践中人类行为问题，具有明显的经济社会性。任何市场环境的变迁都会引发外部性问题，产生外部性效应。政府行为外部性正是在这个意义上得以产生。当然，其背后也隐藏着一个逻辑，即讨论政府行为外部性必须放在市场运行中，背离市场的得失判断去谈论政府行为外部性是无根据的，或者说，政府行为外部性问题唯有针对带有明显经济特征、具有企业性质的市场运行体才具有影响意义。如此一来，回归本书议题就必须从职业体育的经济性谈起。

关于职业体育经济特征的讨论，早在 20 世纪中期西蒙·罗滕伯格（Simon Rottenberg，1956）就指出，职业体育是以球队利益最大化的组织设计，尼尔（Neale，1964）更是给出职业体育联盟整体的经济企业性质，随后，不论是埃尔·霍迪里和奎克（El - Hodiri and J. Quirk，1971）的分析，还是史蒂芬·多布森等的讨论都是在利润最大化的范式下进行的；而国内诸如杨年松（2006）、王岩（2010）等学者的研究也从不同层面揭示职业体育的经济性特征。当前，学界已基本形成共识：即职业体育作为体育的市场化、商业化运行模式，是具有明显经济性的社会运行体。学理上说，职业体育的经济性主要体现在以下几个方面：首先，职业体育运行目标和组织结构具有经济性特征。不论这种模式是有心之为或是无意之果，当今职业体育具有可自由竞争的明晰产权体系和合市场规范的组织形式，并以追求利润最大化为基本运作目标。这种顺应市场运行需求的组织结构特征和运行目标体系，无疑为职业体育贴上经济性的标签。其次，职业体育是遵从市场体制的运转体系。在职业体育运行实践中，往往将诸如运动员、教练员、场地等进行生产要素化或货币化"处理"，借助价格、供需、利润竞争等手段充当利益分配、资源配置、信息传递、结构整合机制，实现职业体育市场主体的经济生产、市场交易和利润分配。这种运转体系与市场体制的资源"调拨"和利润分配实践过程具有明显吻合性。此外，职业体育主要依赖利益关系、市场谈判交易等经济方式，协调解决其面临的系统风险，形成类似市场运行的协调体系。事实上，不论是从组织构型、目标机制，还是从运行机理与关系协同方面考察，职业体育都具有市场组织的基本运行特征。而现实中，职业体育具有明显的经济价值更是无须明证的。可以说，偏离经济去谈职业体育就失去了职业体育作为一种业态存在的根本属性，是带有明显偏误的。

当然，职业体育遵从经济性的市场运行特征不是孤立存在的。从其来源上看，职业体育缘起于体育竞赛活动，是在西方市场经济氛围浓厚的社会背景下，从体育竞赛赞助式发展到体育竞赛自主盈利，经由社会选择博弈而生的，或者说是一个体育竞赛商业价值显现历程，不断附加经济规则演化的过程。因此，职业体育经济运行从其缘起就无法逃离特定社会环境束缚，是内生于社会环境的。如果将市场定位于某种网状组织，或说是一系列协调行为的组织集合，那么该组织体系存在必然是有条件的，市场是更大的社会系统的子系统。职业体育运行实践自然牵连出包括政府在内的政治和社会环境来。事实上，不论是在洛克的政府存在论范式中，还是在亚当·斯密的政治经济学范式中，抑或是凯恩斯主义或新自由主义理论体系中，"政府行为都是市场体制发挥作用过程中不可或缺的部分"。① 而涉及社会系统或经济体制的政府行为，更多指向政府所代表的公共性以及以此而建构的社会体制。我国是社会主义国家，其政府存在的根本依据就在于代表广大人民群众的利益，保障人民的根本权益。问题关键在于，新中国成立后，我国实行的是国家所有制形式，即由国家出面代表全体国民拥有对领土范围内财产的全部权益。实质上也是提供一种产权范式，即全民所有的委托—代理范式。反映在体育领域，则以举国体制最为耀眼。当然，站在制度经济学或者产权经济学的角度，举国体制实质也是一种产权结构，因为它给出了谁可以做什么，又可以得到什么的具体涵盖；而在运行样式上，举国体制则是完全意义上的管办合一模式。在举国体制下，我国高度重视竞技体育的国家效用，将国民体育诉求加总为国家体育争光与弘扬民族精神彰显上，具有一定的历史合理性。然而，伴随经济社会发展，特别是改革开放带来的社会个体性

---

① ［美］C. E. 林德布鲁姆：《市场体制的秘密》，耿修林译，江苏人民出版社2002年版，第88页。

激发，个体对自我健康的关注越发重视，加之体育衍生出的经济文化效用不断彰显，将举国体制的利益偏激问题逐渐展现出来，使得原有政府意识中的加权体育出现明显的不适应性。顺应社会发展需要，我国开启了体育社会化、市场化发展的历程，商业体育、职业体育相继出现。

社会改革实质是社会运行价值取向、机制体系及其组织体系的变革，它们不断整合效用优化的过程恰恰填充了改革演进的历程。我国体育改革历程，是在体育运行价值目标变迁的背景下展开的，首先是放开原本带有国有性归属政府管理的体育实体资源，使它们可以通过价格机制进行市场交易；而当体育实体资源配置的运行仍无法满足社会发展需要时进而放开运动员等资源，进一步推进生产要素市场化，即进行职业体育改革；伴随上述改革的推进，再从体制内向体制外拓展性地逐渐调整体育运行管理体系，即进行组织体系改革。当然，这种改革逻辑往往使我国职业体育运行中，管理组织体系改革的步伐总是滞后于市场体系建设。如中国职业足球联赛，从 1993 年起步，经由球员脱轨与实体化改造后，目前在俱乐部建设层面已经基本形成产权清晰、权责明确的企业化运作模式，初步达到市场机制运作所需的组织特征；而与之形成鲜明对比的是，在中国职业足球管理层面，从中国足球协会到足球运动管理中心，其自身改革步伐缓慢，官方色彩依旧浓厚。在产权体系上，形成了我国职业足球联赛的特殊产权结构，具有"公私嵌套的模糊产权特征"，"在联赛层面带有明显的公有性，为政府部门或带有政府职能性质的部门所有；而在俱乐部层面，则往往具有或强调私有性"[①]；在治理模式上，官办不分成为现实特征，政府行政职能部门不仅集联赛的决策、管理、经营权于一身，而且"在利益分配方面带有国家行政权力的行为特征，违背市场经济规律的现状，极大地遏制了投资主体的权益"。[②] 虽然这种市场运行体

---

① 张兵：《过渡经济视域下我国职业体育产权结构形成与改进分析》，《天津体育学院学报》2012 年第 5 期。

② 谭世文、潘铁山：《对现阶段我国职业体育联赛管理体制的研究》，《吉林体育学院学报》2010 年第 6 期。

系，具有过渡阶段色彩，但其现实中不仅造成市场治理困境，还往往使职业体育市场主体利益受到政府行政部门侵害。即现存的我国职业体育行政部门管办不分的状况，滋生了政府行为外部性的出现，而且这种外部性是以侵害市场主体利益为特征的负外部性。此外，需要注意的是，政府行为外部性的存在，不可避免地脱离市场交易活动的供需关系，割裂价格规律约束下的成本与收益关联性，这种关联性的缺失使得职业体育市场主体交易行为的不合作交易增多，依赖非市场手段达成交易均衡的机会增加；而且这种缺失意味着政府行为的成本约束机制失灵，使得职业体育主管部门进行制度创新的动力缺失，可能导致利于职业体育完善的制度安排无法达成。由此观之，我国职业体育运行中存在的政府行为外部性具有极大的社会危害性，迫切需要进行内部化的化解。

明确了政府行为外部性在我国职业体育运行中的现实存在与危害，接下来就可以回到管办分离改革的议题下，探讨这种外部性的消解与管办分离改革的勾连性或切合性问题。管办分离，字面上的意思就是管与办的分离。那么在我国社会体制下，什么才具有既管又办的资格呢？显然，唯有政府。如此来看，管办分离改革本源上就是对政府的改革。在政府改革议题下，管办分离又可以看作是政府面对社会公共需求变化的应然性转变过程，其目的就是打破政府主管部门对社会发展资源的垄断供给关系，"改变政府既当'裁判员'，又当'运动员'的现象"，从而实现政府职能转换，"以推动政府转型，提升公共服务能力和建设服务型政府"。① 事实上，我国改革前的计划体制实质上是一种管办合一体制，在该体制下，社会公共需求的满足，需要政府单一主体进行供给，从而使得社会管理层面形成大一统思维全能型政府。随着改革开放和社会主义市场经济建设的深入，原有我国改革历程中优先进行经济体制改革的累积问题出现，而且该问题的关键症结在于政府社会服务跟不上，甚至成为市场继续前行的阻碍，优

① 于小千：《管办分离：公共服务管理体制改革研究》，北京理工大学出版社 2011 年版，第 16 页。

化公共服务供给不仅需跳出政府中心逻辑，而且更需要政府转变公共服务供给方式方法，正是在此基础上，政府购买公共服务、公私合营等多中心供给治理模式才得以出现。20 世纪 90 年代末，我国行政体制改革在政企分开的基础上，又进一步提出政事分开、管办分离的议题，以创设与经济体制改革相匹配的社会管理体制，使得政府职能适应社会经济发展需要，并率先在文化、教育、医疗等领域试行。随后，以职能转换为核心议题的行政体制改革总是离不开管办分离的存在，从 10 年前的无锡模式、海淀模式，到现今的深圳模式或温州模式。由此可见，我国管办分离改革实质上是我国社会发展到特定阶段的产物，是政府职能无法适应社会主义市场经济建设需要的改革举措。因为，在现代政治经济学范式中，虽然强调市场的发展离不开政府的保护，然这种保护更应作为强化市场体制的角色存在，"而不是带来限制"。① 换句话说，一旦市场或社会运行，受到来自政府行为的阻碍，则下一步必须是去除这种阻碍，还市场以主体地位。也正因为如此，管办分离改革成为承接我国政企、政事改革的纽带。与我国宏观经济体制改革与政府管理体制改革一样，相似的问题也呈现在我国体育领域。竞技体育职业化改革，则意味着要赋予社会、市场以权力，激发市场活力，同时顺应性地调整政府作用边界是必需的。现实中，政府行政主管部门放权滞后，或者更准确地讲，是政府放权让利无法适应职业体育市场化发展的节奏，体育行政部门的不良行为阻碍了职业体育市场主体以利润最大化为目标的市场交易实现。这种由于政府行政部门自身角色定位不准而引起的组织调整滞后性所衍生出的政府行为外部性，显然，无法适应我国体育发展的需求，改进体育体制应运而生。事实上，在组织行为学框架内，往往将组织界定为"对分享共同制度和相互认可机会束的社会主体边界划分"②，组织化形成过程即是组织为其成员提供活动边界，明确其行为准则，并进而确定

---

① ［美］阿兰·斯密德：《制度与行为经济学》，刘璨等译，中国人民大学出版社 2004年版，第 103 页。

② ［美］查尔斯·沃尔夫：《市场，还是政府：市场、政府失灵真相》，陆俊等译，重庆出版社 2009 年版，第 69 页。

组织内外成员相互关系的过程。于是，一个组织内的活动则意味着是该组织以外组织无法企及的行为。解决问题的关键就必须借助组织创新，实现再组织过程。该过程显现为组织边界的变化，是通过重新框定组织制度，使得利益受到影响的主体在市场行动方案上能够发挥作用。在形式上表现为通过改进市场行为主体在决策和执行环节的权力边界，提升外部性影响主体的市场控制力，并借此消除外部效应。由是观之，我国职业体育面临的政府外部性行为是由组织结构调整滞后性而引起的，纠正消解这种外部性不可避免地涉及组织内部运行体系的调整。实质上，该过程是我国体育体制改革中提及的管办分离改革。

基于上述分析有理由认为，作为转轨而来的我国职业体育，在发展初期，需要更多地依赖政府行政权力的干预与规制作用，以促进职业体育市场运行机制的不断成熟与完善；而当职业体育市场主体具备自身运作能力时，职业体育运行中存在的由于政府行政手段过分参与而形成的政府行为外部性则晋升为关键性阻碍力量。一旦该阻碍力量的缘起上带有明显的组织改革滞后性特质，则推进组织改革优化成为现实诉求，于是旨在消解职业体育运行中政府行为外部性的管办分离议题顺应而生。

（二）破解市场困境：我国职业体育管办分离改革的目标指向

经济领域的基本问题显现为如何分配人、财、物和信息的实践，而对这些资源的控制状况不同会产生截然不同的效果。当资源控制在市场经营主体手中时，企业家的逐利性将催使价值生产实践；相反，若掌控在政府及其代理人手中，则"寻租"行为往往是其重要表现，效率低下、腐败盛行将是迟早的事情。因为，从经济发展角度讲，前者是生产性的，是有利于社会总价值的提升的，而后者则是非生产性的。于是，从效率实现角度看，减少政府对生产性资料控制无疑是合适的。当然，这有一个前提，即市场机制的竞争激励效用已然明确。回溯我国市场经济改革历程可以发现，我国的改革率先激发的是市场竞争机制，并通过价格自由化和中小企业竞争实现，而后才有了市场体系建设和政府职能转变等改革实践。反映到体育改革实践，缘起于管办合一模式的我国职业体育，"在产权结构上带有明显的模糊产权特征，表征为公有产权和私有产权嵌套一起，构成双重产权体系"①，具体来讲，就是由于体育行政部门的管办不分，使得联赛产权带有明显的公有产权性质，而俱乐部层面则已然形成私有产权。这意味着，我国职业体育运行主体不仅要面对市场不确定性，而且要面对政策不确定性，如此状况下，必然导致职业体育市场主体的注意力分散，或多或少去拿捏政策的动向，寻求非创造性的价值行为。另外，伴随职业体育等体育市场化改革的启动，"清水衙门"成为兼具政府与市场二重性的"怪胎"，它们不仅要管钱，而且要生钱，正是这种要生钱的功能催生了体育行政部门的职能变异。更值得关注的是体育行政部门在谋得政府和市场组织双重好处的背后，却丢失了政府的公共性和市场组织的效率性，成为我国职业体育进一步发展的阻碍。

诚然，从转型经济发展角度看，先建立自由竞争的市场主体无疑是合适的，然而，当市场主体形成以后，跟进的措施必然是以政府职能转变为抓手的运行体系建设。回到我国职业体育发展层面，当前我国职业体育在俱乐部层面私有化或类私有化的产权竞争体系已基本形成，职业体育俱乐部间竞争不断加剧，而上层结构的不合理性被无形放大。由是，通过体育行政部门职能转变，借助管办分离改革破解我国职业体育公有产权所代表的非生产性和政策不确定性成为关键，即解决体育行政部门为经济利益牵引的弊端，将其部分原本不合理的职能外化为社会行为或市场行为。当然，这不仅需要政府职能自身的转变，还需要借助市场主体地位的彰显。

（三）框定体育行政部门职能边界：我国职业体育管办分离改革的本体指向

在职业体育市场化趋向明确的背景下，体育职业化则意味着体育行政部门自身定位发生调整，通过社会力量借助市场机制来实现体育领域发展，与之对应的是体育公共品供给模式中，政府开始尝试分离

---

① 张兵：《过渡经济视域下我国职业体育产权结构形成与改进分析》，《天津体育学院学报》2012 年第 5 期。

出部分职能并进而转交于社会。这也意味着，职业化改革实践中隐藏的是围绕竞技体育发展的体育公共服务供给方式的转变，即政府可以从我国体育发展的直接推动者或者体育服务的直接供给者角色上退下来，而借助职业体育这种社会化、市场化组织形式实现我国体育发展。实质上，该过程即是实现体育服务的供给者和生产者分离。现实中，伴随我国职业体育的展开，有关我国体育行政管理部门与职业体育俱乐部之间的争议一直没有间断，认为由于管理中心的角色多样化，使一旦职业联赛出现一些问题时，管理中心往往左盼右顾，而且更多是从联赛发展或者国家队利益层面处理问题，其结果经常为媒体与社会大众所诟病。究其原因，运动管理中心，是政府中心逻辑的产物，其运行目标自然带有服务于政府的本性；于是怀揣着维护联赛有序运行的梦想，而由于其站错了队，问题解决不善就难以避免了。事实上，上述问题恰恰是管办分离力图解决的核心问题，而实践中，该问题又必须通过职业体育相关组织性质界定及体育行政主管部门职能细化来实现。

为了分析方便，本书以我国职业足球联赛为例，探讨管办分离涉及的体育行政部门职能界定及其职能性质辨别问题。围绕中国职业足球联赛，涉及以下一些主要职能团体：中国足球协会、中国足球管理中心、中超公司与中超董事会，其管办分离改革即是顺应我国职业足球发展需要，对这些机构组织的性质界定与职能框定过程。

首先，中国足协的性质是明确的，是民间社会团体，保持或回归这一性质是管办分离所必须解决的问题，于是剥离贴附在中国足协身上的"二政性"是必需的，使其单纯化是管办分离改革的内在要求。

其次，中超董事会以及中超公司，其性质则更为明确，它们是企业性质的，是具有利润最大化取向的企业机构，其面向的对象是各俱乐部投资人，而不是中国足球管理中心，它与后者几乎不相干，而与中国足球管理中心发生联系的是中超公司或中超董事会的附属执行机构，这种关系也仅仅停留在业务上。其次，对于中国足球管理中心而言，其目前的性质是多变的，不仅是官方层面的司局级机关，还是社会层面的中国足球联赛组织运行机构，甚至是市场层面的中超董事会及中超公司背后操控者。实际上，这种性质的多变性，是有其深层根源的。我国体育职业化由来上就是由管办合一性质的中国足球管理中心（及其前身）通过自身改革的结果，这意味着其出娘胎就带有明显政府作用的痕迹，而后的改革实践要求足球俱乐部进行实体化、公司化改造，而与之对应的管理层改革却相对滞后，致使我国职业足球上下对接错位、问题丛生。从这个意义上讲，深化管理中心改革将是管办分离力图解决的关键问题。按照政府职能显现要求，中国足球管理中心，其核心定位是中国足球发展的管理者角色，是代表国家体育总局，乃至中国政府在足球领域的政府职能部门。为此，按照管办分离改革要求，中国足球管理中心内部将产生分化，一部分将继续保持现有政府化趋向，为政府的行政机关或准政府机构，其职能是我国足球发展的规划、引领和管理者，是足球行业公共服务的供给者；另一部分则应变为具有社会性质的事业机构，其发挥承办职业足球联赛的职能，发挥着直接生产我国职业足球竞赛产品，满足人们社会观赏需求，并承担为国家队培养人才等职责，与中超公司与中超董事会对接融合。两者之间的关系是行业内部关系，而非行政隶属上的关系。

事实上，一旦承认上述理论梳理的正当性，就意味着我国职业体育管办分离改革的主体是我国职业体育相关行政部门内部分离，从而框划职业体育维持发展链条上各相关主体职责，使其利益关系明晰化，政府、社会、市场各司其职。即"裁判员"与"运动员"分开、"教练员"向"运动员"靠拢。具体来讲，就是要改变过去我国体育发展中，体育行政部门既当"裁判员"，又当"教练员"，还当"运动员"的格局，而要建立围绕我国竞技体育发展的新型管理体制及组织关系。即体育行政部门（运动管理中心）发挥"裁判员"角色，主要职能彰显在行业监管和业务指导；中超联盟组织则发挥"教练员"的角色，指导职业体育项目发展和职业化运营；而职业体育俱乐部发挥"运动员"作用，通过竞争提供更为贴近社会发展需求的体育竞赛产品。如此一来，体育行政部门将剥离与职业体育联赛的不当关系，从而占据职业体育管理者和监控者角色，而充分赋予职业体育市场主体自由竞争空间，还市场主体地位。

（四）还市场主体地位：我国职业体育管办分离改革的价值指向

职业体育是具有市场本性的社会运行体，是围绕体育竞赛的市场化、商业化运行模式，偏离市场机制的作用，则意味着职业体育失去其某种属性。这意味着市场居于主体地位是职业体育本性诉求。然而我国职业体育缘起于政府主导下管办合一运行方式，是一个尚处于发展之中的职业体育运行样式；其发展过程，自然无法逃离从政府主体地位向市场主体地位的转变。另外，在政府职能转变议题下，我国体育行政部门要从直接供给者角色担当上退下来，相应地赋予社会与市场组织以体育服务生产者角色，以更有效率地提供体育服务供给。逻辑上，离开职业体育市场主体的发育，作为政府职能转变手段的管办分离是断然不会出现。这也意味着，我国职业体育管办分离改革是建立在相关"办"的职能承接主体完备的基础上，赋予其主体地位不仅是改革的本然诉求，更是产生高效的代偿效应的基础。

经过管办分离改革的我国职业体育，遵循市场主体地位运行方式，按照市场竞争激励要求，在竞争与信任并进中实现利润最大化。当然，这种通过职业体育管办分离赋予市场主体地位，并不意味着我国职业体育管办分离就是一种政府"甩包袱"的减负行为。因为管办分离改革后，仅仅是将体育行政部门的经济利益导向转移出去，而其他相关职能不仅没有减弱；相反，随着社会组织的加入，体育行政部门的活动范围将大增，同时其监管职能和项目推广与维系发展职能也将强化。

三　管办分离后中国职业体育的管理运行体系——以职业足球为例的分析

2012 年 2 月，中国足球协会经过较长时间的准备，出台了《中国足球职业联赛管办分离改革方案》（试行）（以下简称《管办分离方案》），拉开了中国足球管理体制改革的序幕。管办分离，就是职业足球的管理职能和办赛职能的分开。为何要管办分离改革？因为原有的管办不分，阻碍了中国足球特别是中国职业足球的发展。问题出在中国足球协会的职责定位不准，中国足球协会和中国足球管理中心是"一班人马、两块牌子"，在职业足球联赛的实际运行中，既当"运动员"又当"裁判员",管办合一是联赛的主要运行机制。社会主义市场经济的发展,推动了政府行政体制改革,也推动了竞技体育体制改革,在 20 世纪 90 年代中期开启的竞技体育体制改革过程中成立了包括足球运动管理中心在内的各运动项目管理中心。而此时中国足球协会和其他运动项目协会一样,受政府领导与管理,协会负责人由政府委派,工作人员出自原有体制。而且,中国职业足球发展过程中资源始终掌握在政府手中,具体为足球运动管理中心所控制,而理论上具有广泛代表性与活力的社会组织——中国足球协会并没有实质性的权力。于是,在管理体制上仍然沿用行政主导方式,足球运动管理中心代行了中国足球协会的职能,对内作为政府行政机构存在,对外对接国际通用的协会交流。职业足球联赛运作中则形成了从管到办的一条龙组织体系和规划、决策、执行一体化的行政运行机制。从这个意义上讲,当下中国职业足球联赛管办分离改革所力图解决的问题也是打破这种管办一体的组织体系和运行机制。

从《管办分离方案》中,我们发现,其实践举措,不论是成立职业联赛理事会还是完善职业联赛监督体系,抑或是做大做强中超公司,都是在中国足球协会框架下完成的,力图还市场主体地位,并以此形成职业足球领域中管理决策和资源配置权力之分开。如前所述,这在逻辑上是行不通的,因为中国足球协会在自身权力缺失的背景下,是无法有效放权的,或者说它自身是无权可放的。而且即便是其力图理顺国家体育总局、中国足协、职业联赛理事会、中超公司四级管理层次的关系,但在缺乏明显而有效的上层体制改革依托下,也是无法有效达成的。因为,上述问题的有效解决首先涉及对原有职业足球领域权力的收回与重新分配,或者说首先要收回中国足球运动管理中心的权力,然后再寻找适当权力主体进行权力重新分配。由此可以看出,《中国足球改革发展总体方案》(以下简称《足改方案》)及随后的《中国足球协会调整改革方案》恰恰是中国职业足球联赛管办分离的有效实践政策。

《足改方案》重新调整中国足球协会的职能定位和归属,将其定义为社团法人,而且关键是对其进行了去行政化的处理,撤销中国足球运动管理中心，实现中国足球协会与体育总局脱钩。这意味着，原有的职业足球联赛权力机构不存在了，其权力自然被收回了，而后这种权力再重新派发下来，其中主体部分分别给了中国足球协会、职业联赛理事会。如此一来，职业足球联赛的管办分离改革的焦点就在于中国足球协会和职业联赛理事会关系之中，这印证了2012年中国足球协会推出《管办分离方案》的正当性。接下来的工作应更多集中于中国足球协会的调整优化上，诚如蔡振华所言："整个足球改革方案的实施，组建新的中国足球协会是龙头。只有把足协改革到位，才能带动改革工作步入良性的轨道。"那么，管办分离后中国足球协会该如何具体定位呢？又该如何改呢？相关研究对后续中国职业足球发展具有极其重要的现实意义。

（一）管办分离后中国职业足球联赛办赛模式与中国足球协会的定位判识

从办赛功能上看，当前国际上职业足球主要存在以下几种办赛样式：第一种是足协独立运营模式，也即职业足球联赛由足协进行组织运营，同时足协遵从法律法规约束对职业足球联赛及俱乐部进行监管，从某种意义上讲，这是一种管办合一模式，现在的韩国K联赛大体上就是遵从这种模式。第二种是足协与职业联盟联合运营模式，如英超、意甲等欧洲的多数联赛即采用这种模式。这种模式是足协管理体制"脱胎"转型的产物，由具有独立法人资格的民间社团组织（职业足球联盟）进行联赛的运营管理，并为俱乐部服务，各俱乐部是联盟的股东，而足协具有职业联盟的监管权力和部分收益权。第三种是职业联盟运营模式，即类似于北美职业联盟的样式，由完全自治的社会法人主体来进行职业足球联盟的组织运营工作，联盟与足协关系是松散的，政府乃至足协主要是以法规制度的建立者与维护者角色存在，现在的美国足球大联盟、日本J联赛都采取这种模式。从现实情况看，职业联盟运营模式具有完全商业化的优势，需要强大的市场支持和成熟的市场经济制度支撑。当然，上述模式的产生更多的是基于各国不同的经济社会文化背景，是切合各国现实情况的理性博弈选择结果，理论上没有对错之分，只有适合与否之别。

回到我国职业足球改革实践，按照《足改方案》规定，中国足球协会是"具有公益性和广泛代表性、专业性、权威性的全国足球运动领域的社团法人"，"主要负责团结联系全国足球力量，推广足球运动，培养足球人才，制定行业标准，发展完善职业联赛体系，建设管理国家足球队。"而职业联赛理事会，同样，"具有独立社团法人资格"，"负责组织和管理职业联赛"。"中国足球协会从基本政策制度、俱乐部准入审查、纪律和仲裁、重大事项决定等方面对理事会进行监管，派代表到理事会任职"。同时，"理事会派代表到中国足球协会任职，参与有关问题的讨论和决策"。如此来看，职业足球联赛未来是以中国足球协会为管理主体，而职业联赛理事会为组织运行主体，即前者是管，后者是办，由此实现管办分离。而且管办分离方案还明确了中国足球协会的职能，主要负责对"职业联赛理事会的规划、体制框架、运行机制、制度规范、商务运行、赛事安全、规定执行（包括注册、运动员身份与转会等规定）"进行监管，以及对俱乐部的准入条件进行审查、批准及监管；而职业联赛理事会作为联赛运营主体，全面负责"职业联赛发展规划、联赛运行管理、商务开发方案，处理职业联赛日常办赛事务，对办赛中的重大事项做出决策。"需要指出的是，《足改方案》提出的职业联赛理事会，作为在民政部注册成立的职业联赛管理运营机构，实质上具有职业联盟性质，是一个体现俱乐部主体地位、全面负责中国足球协会属下各级联赛运营的独立主体。由是观之，我国职业足球改革选择了第二种模式，即足协与职业联盟联合运营模式。

一旦确定我国职业足球联赛改革趋向上的足协与职业联盟联合运营模式，就需要明确，在职业足球发展中中国足球协会具体应该如何定位？或者说，《足改方案》要求的中国足球协会的具体职能应体现在何处？事实上，《中国足球协会章程》（2015）已然明确，"中国足协是中华人民共和国从事足球运动的组织自愿结成的全国性、非营利性、体育类社团法人"；"接受国家体育总局和民政部的业务指导与监督管理，遵守中华全国体育总会与中国奥委会的章程及有关规定"；"中国足协作为独立法人，遵守中华人民共和国宪法、法律、法规和国家政策，依法自主开展活动"。由此可以发现：（1）非营利性是中国足球协会的基本定位，这也就规定了中国足球协会作为职业足球联赛运营主体的不合法性，或者说跳出市场主体的定位是中国足球协会应当注意的问题。（2）中国足球协会是接受国家体育总局和民政部双重监管的依法自主运营的社会组织，也即具有自我内部规划、决策、治理运行体系，是区别于政府行政机构的、以社会为本位的带有公益性的组织。如此一来，如果沿用当前"政府—社会组织—市场"的社会运行架构，中国足球协会显然是政府与市场之间的非政府公共组织，即是"独立或相对独立于政府主体与市场主体，为政府干预市场、市场影响政府和市场主体之间相互联系起中介作用的主体"。① 作为政府与市场的中介性组织，中国足球协会在职业足球运作中，必然具有一般社会中介组织的功能，即传递信息、促进交易、维护权益、协调管理的功能。

在具体实践中，如果沿用"政府—社会组织—市场"三维框架，则中国足球协会的功能主要显现在以下几个方面：（1）在宏观领域，中国足球协会不仅发挥辅助政府行政机构进行职业联赛监管作用，而且承担着政府购买公共服务对象的角色。对于前者而言，中国足球协会要承担为国家足球相关领域发展规划信息收集、规范执行效果反馈以及对微观领域的监管职能，而这些职能的承担需要政府行政授权，而现实行使原本该是政府的职能，也赋予中国足球协会以准行政机关性质，代理着引领足球领域国家事业发展的任务。而且正是因为这一性质的存在，使其具备国家购买公共服务对象的合法性。（2）在中观领域，中国足球协会是运作主体，不仅具有决策权、执行权，还具有监管权。从职业足球发展规划审定到职业俱乐部资格审查，再到职业联赛理事会监管，都是中国足球协会的职能所在。（3）在微观领域，由于中国足球协会的非营利性，自然剥离其市场主体地位，将相关权利让渡于职业联赛理事会等市场主体而自身退居职业联赛管理关系中的治理主体角色。在这样的关系之下，中国足球协会与职业联赛理事

① 杨紫烜：《经济法》，北京大学出版社 2006 年版，第 117 页。

会及相关俱乐部形成一个相对独立的自治系统，实现行业自治。那么，维系这种行业自治体系，该具有什么样的治理结构呢？

（二）管办分离后中国职业足球联赛的治理结构解析

1. 中国职业足球联赛的治理体系

原中国足球协会在行政体系框架内，具有明显官办协会的性质，协会的生存对政府具有较大的依赖，内部机构设置、人事、财务诸多方面都是由国家体育总局所决定的。而一旦中国足球协会去行政化而变为具有自主权的社会组织，就意味着相关行政约束消失，在法律、法规约束的范畴内，中国足球协会可以保持组织的独立性，自主运作、自主管理。这也意味着，中国足球协会必须拥有相应的独立管理权力和自治管理体系，一方面用以维系协会的有序运作；另一方面又作为管理主体在职业联赛的中微观维度存在，以维系行业自治。

在现代治理理论中，决策权、执行权和监督权三权适度分离且有效协调的制度设置是社会组织内部治理体系构建的核心所在。作为带有社会本位色彩的中国足球协会，其治理结构架设应遵循社会组织治理体系的一般要求，即采用法人治理结构。因为，这种结构可以有效结合公营和私营的长处，在降低成本的同时，强化社会监督，增加了风险防范机制，不仅有助于职业足球联赛应对政府不当干预与管制，还有利于防御经营活动中市场失灵风险与市场负外部性。当然，法理上中国足球协会，首先，要联系相关会员单位，进行组织授权。这个权授给谁？从《中国足球协会章程》可以清晰地看出，这个权授给了会员大会，并以执委会为行使权力的执行机构；监督权则由一系列法律条款为依托进行自我监管，同时作为一个社会团体接受上级主管机关的监管。在职业联赛方面也形成了一个治理体系，通过授权组建具有独立社团法人资格的职业联赛理事会，让其代理职业联赛的举办、具体经营实践的管理及运营过程的监督，即该理事会具有职业足球联赛发展规划的制定、联赛经营决策权以及具体事务的处置监督权。其次，为了提高理事会的经营管理效率，理事会授权成立专门的专业性管理团队，行使职业足球联赛具体经营管理，负责职业联赛运营日常管理工作，也即联赛运营团队，当然，该机构必然是企业导向的。此外，还要成立专门的监管机构。其监管机构不仅需对理事会负责，还需对中国足球协会、对体育行政部门，甚至是社会需求负责，于是监管机构在构成上需要强调广泛性和代表性。

　　基于上述分析可以看出，中国足球协会的治理结构本身也是中国足球协会管理、运营体系的一部分，并明显区别于职业联赛治理体系，前者是社会组织性质的治理体系，后者是经济组织性质的治理体系，两者是不可混淆的。对于职业联赛具体运营机构而言，需要对职业联赛理事会负责而非对中国足球协会负责，更不是对国家体育总局等政府行政部门负责，这是需要特别强调和重视的。

　　当然，上述分析的意义还在于对中国足球协会的会员资格问题的明晰上。作为互益性的、会员制的社团法人组织，中国足球协会会员需要具备什么样的资格呢？《章程》明确规定了七类组织具备会员资格，可以申请入会。问题是，作为足球领域最为活跃的分子，职业足球俱乐部是否应该具有会员资格？如果不具有，那么它们靠什么来维系自身利益？事实上，这个问题在职业联赛管办分离之前就是一个重大议题，因为原有职业联赛由中国足球协会管办，而俱乐部是利益的直接相关者，相当于一个行业的企业，一旦行业的企业没有话语权，则意味着这种经营回到了计划经济时代，俱乐部的经营及其利益被中国足球协会侵蚀带有逻辑上的可能性。管办分离后，职业足球联赛已经不再由中国足球协会来办了，中国足球协会仅仅是一个管理机构，而真正举办、组织、运营的实体是职业足球理事会。在此情况下，职业俱乐部只要拥有理事会的投票权或者决策权也就可以了，因为这样就可以保证理事会代表俱乐部的利益。而且，如果作为市场经营企业组织的俱乐部具有中国足球协会的会员资格，具有会员大会的投票权，则可能会催生另一类问题，即中国足球协会在发展规划、政策举措等方面往往会受到这些市场经营实体的影响，偏离了行业监管的角色，从而影响其正当性。从这个意义上讲，职业足球俱乐部不具备会员资格是妥当的、合法合理的。当然，足球联赛组织（职业联赛理事会）具备中国足球协会会员资格已然在《中国足球协会章程》中得到应有的体现。

类似的问题是：中国足球协会在职业联赛理事会中的权益该如何保障。在中国职业足球联赛 20 余年的运作中，中国足球协会始终占有较大的市场份额。于是，36% 的市场份额再加上"三分之二"的事项决策制度，中国足球协会较大市场份额的存在是否会影响其他股东利益，进而影响职业联赛理事会乃至职业足球联赛的正常发展呢？事实上，这种中国足球协会占有较大市场份额和"三分之二"的事项决策的制度设计是特定背景下的产物。在体制改革的背景下，中国足球协会一直存在于联赛的具体运作之中，行政权力的合法性越发受到争议，经历 G7 风波后，中国足球超级联赛推出，中国足球协会为了保证其话语权的存在，或者说使自身的权力具有合法性，只有通过自身拥有的市场份额来实现。而关于中国足球协会必然会影响其他市场投资者利益的思维实质上仍然带有明显的管办不分意识。而现在，管办分离改革之后，中国足球协会退居幕后，担当联赛的服务者和监管者，而联赛具体由职业足球理事会承担，于是问题的解决只要设置好职业联盟理事会即可。而且按照市场运行规律，大股东具有市场发展决策权的较大份额，同时要确保所有股东的利益，这是经济运行的法则，也是经济法的支持所在。现实中关键的是，大股东所有的权力是市场决定性权力，如此设计在逻辑上就必然带有事物发展的应然性。当然，接下来如何进行制度设计成为关键。具体来说，就是规范和细化联盟理事会决策、执行环节的股东权力，按照股东构成投票还是按照市场份额来投票是需要细致考虑的议题。

2. 中国足球协会治理体系

管办分离后，"协会＋联盟"的运行样式，即意味着职业体育市场治理主要面临两个治理主体的作用，其一为协会，其二为联盟。对于前者来说，治理是行业治理，并很少涉及组织结构问题；而对于后者而言，则为内部治理，其不仅涉及治理机制，还包括自身的内部结构架构。当然，两者共同的目标是一致的，即为了保障和维护联盟内各俱乐部有序竞争，保证各利益相关主体的利益。

中国足球协会作为一种会员制的互益性社会团体，其存在的根源即在于提供一种组织追随的便利，可以为会员提供一种组织化私序，从而保障会员共同体利益的达成。于是，借助会员主动授权而来的协会出于保障会员利益，在自身章程框架内，需处理内部各会员之间的关系，同时还要代理内部会员组织处理与政府的关系、与消费者的关系、与相关企业的关系。以中国足球协会为例，如图 6 - 1 所示，可以在三个层次上进行治理体系架构。

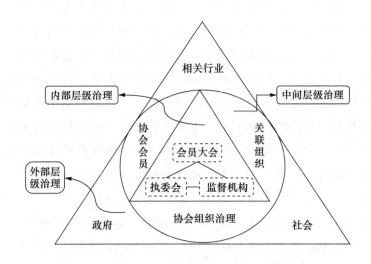

图 6 - 1　管办分离后中国足球协会治理体系

在最内层，即协会组织治理层面，在该层级上，协会处理的组织域内的协会内部关系以及会员与协会之间的关系和利益协调问题，而又主要依靠协会内部的机构设置和运行机制来协同和调和。对于前者而言，按照三权分立架构，以会员大会为最高权力机构，以执委会为执行机构负责具体运营，以法律机构（纪律、道德、仲裁等委员会）行使监督权。值得说明的是，协会治理体系往往包括两个层面的委托—代理授权，一层为会员大会授权执委会及主席、执委等，另一层则是执委会授权秘书长及各专项委员会。如此组织架构可以保障协会权力的相互制衡，以保证会员权益的正常运转。而对于后者而言，维护协会组织治理的机制主要包括决策机制、激励机制、约束和监督机制，以规章制度形式框定出来，并以此将协会与会员集合形成权责分明、管理民主、决策科学和制衡充分的团体。

中间层级，即协会面对的组织域内会员与会员之间的关系，在这个层面，协会需处理不同会员之间的利益协同问题，而其依赖的主要是会员授权所获得行规行约。如中国足球协会对地方足协、行业足协、青少年足球组织的备案、注册登记制度、协会对职业俱乐部准入制度、职业球员登记备案制度等。以制度化方式组织集体行动，严格执行规章制度，争取有利政策和机会，需要创设协调的行业内部运作环境，呈现出内部制衡秩序特征。有研究①显示，"协会越是能严格执行各项章程和规定，越能解决争端和满足会员诉求，治理绩效越高"。而最外层级，则是属于协会外部治理范畴，其目标在于构筑良好的行业市场秩序。从作用对象上看，主要包括政府、行业利益相关者（消费者）。其中，协会与政府关系体现在自身合法性获得以及政府权益的代理与执行上。事实上，作为从政府系统内脱离而来的协会，在与政府关系的处理上需要更换观念，渐次摆脱对政府的依赖以及对行政机制的应用，而不断扩充自治能力和权限，追求行业治理主体地位。至于与行业利益相关者关系的处理，是协会外部治理的核心所在。对于协会而言，首先要解决的是与消费者的关系，以社会大众体育需求为基本运作原则，发挥中介作用，推动赛事资源朝着消费者需求的方向发展显然是适合的。而有了消费群体的偏好选择，那么在与其他利益相关者处理中自然就占据了主动地位。从这个意义上讲，以服务于内部会员为导向，构筑符合消费者诉求的有序市场秩序是协会在该层级的治理关键。而机制选择上，准入授权、监管惩处等制度化建构是必不可少的。

当然，综观中国足球协会的治理体系，其实，存在着外部向内部渐次制约的特征。即基于与政府、其他利益相关者之间关系处理而建构的市场竞争秩序，是中间层级治理结构与机制选择的基础；同样，以追求内部制衡秩序为导向的协会与会员之间关系又是协会内部组织

---

① 石碧涛：《转型时期中国行业协会治理研究——基于组织治理与行业治理的视角》，博士学位论文，暨南大学，2011年，第43页。

架构与治理机制选择的基础。由此，形成了一个面向外部需求的，又可以有效发挥协会效用的治理体系，或者说足协这样的治理体系的运行目标是双向的，对内实现有效权力制衡，对外则满足球迷福利。

3. 职业联赛理事会治理体系

职业联赛理事会作为职业足球联赛的组织运营组织，遵循公司治理的一般范式是其基本要求。在现代公司治理议题下，则意味着其应按照现代公司制进行组织设置，由股东投资人大会、董事会以及监事会组成，形成适应市场经济要求的具有规范企业管理制度体系。而其间，涉及众多利益主体的关系协调，需要进行相关权力、利益的分配与制衡，以维系职业联赛的正常有效运营。事实上，现代《公司法》已然规定了在股东会、董事会、监事会和经理层的法律地位、职权及行使权力的规则。其中，股东投资人大会是由职业联赛全体股东组成的最高权力机关，各股东（俱乐部与协会）通过其行使表决权，行使对职业联赛运营重大事项的决定权。包括选举和罢免职业联盟董事会成员和监事会成员，对职业联赛经营方针和运营计划等事项作出决议，审议批准职业联赛的利润分配方案（以及弥补亏损方案）等。但股东投资人大会只能对上述相关法定事项形成决议，不能对外代表职业联赛，也不能对内（董事会、监事会、总经理等）执行管理事务。董事会为职业联赛的经营决策机构和执行机构，理事会成员由股东投资人大会选举产生，其主要职能是负责召集股东会，执行股东投资人大会决议，负责联赛运营业务的实施和管理，设置联赛内部运行机构、聘任或解聘公司经理等。监事会为联赛经营活动的监督机构，对内不参与联赛的具体经营，对外不代表职业联赛，专司监督职能，核心公司是对联赛运营的财务进行监察，对董事、经理等进行监督。

事实上，公司化的法人治理结构本身就体现出一种制衡力量。股东投资人作为职业联赛的出资者，通过股东投资人大会掌握联赛的最终控制权，选举聘任董事会（董事长）、监事会（监事），但他们不直接参与联盟的具体运作；董事会作为运营机构，对股东投资人大会负责，并受股东投资人大会决策的制约和监事会的监督；监事会作为并行于理事会的机构设置，仅对股东会负责并报告工作，负责对联赛运行实施者进行监督。这种机构设置在一定程度上保障了职业联赛运行中各方权力的平衡，既保证了股东投资人对自身投入的控制，又给予了委托—代理方（理事会、监事会）的相对独立自主权，实现了股东投资人与联赛整体之间的利益均衡，保证了职业联赛正常有效地运营。

（1）股东投资人大会制衡机制。既然股东投资人在职业联盟中的存在是以股东投资人大会来显现的，于是，保证他们平等的权利成为应然诉求。按照国际同行的惯例，"一股一票"是股东行使权利的通用原则[1]，但是，在中国职业足球联赛 20 余年的运作中，中国足球协会所代理的国有资本始终占有较大的市场份额（36% 的市场份额）。于是，如何解决这种"一股独大"及其潜在的对小股东（各俱乐部股东）的挤压问题，成为需要探讨的议题。策略上，在职业联赛理事会章程中增设股东表决权行使的特别规定，或者进行其他制衡制度设置，理论上是可行的。对于前者而言，应该包含以下几个方面的内容：首先是设置累积投票制，并将其用于对职业联赛理事会组织构成的决策权上；其次是设置类别表决权制度，即将股东会决议分为普通决议和特别决议，赋予中国足球协会可以左右特殊决议（如修改理事会章程、增减资等）的权限。此外，还可以增设表决权限制的制度，将大股东决策权限定于某一特定份额上，以降低大股东对股东投资人大会控制的风险。

制衡中国足球协会在职业联赛理事会的话语权过重，从交叉任职的思路出发，可以设置职业联赛理事会在中国足球协会会员大会及其执委会中的对等话语权。即按照现有的中国职业足球联赛股份设置，对等中国足球协会拥有了职业联赛理事会的 36% 话语权，在中国足球协会及其执委会中给予职业联赛理事会过 1/3 的决策话语权。如此，两者在各自重大事项的决策、执行和监督中就会形成权责对等的制衡力量，中国足球协会制约职业联赛理事会的同时，职业联赛理事会也制约中国足球协会，形成良性互动局面。此外，按照现代社会组织要

---

① 张叶：《美国证券法》，高等教育出版社 2004 年版，第 290 页。

求，在中国足球协会和职业联赛理事会之间互派监事也是必要的，当然需要明确的是，互派的监事应遵循不在所监管组织获取酬薪与福利为原则。

（2）董事会组织架构及其制衡机制。在现代企业战略结构体系中，董事会具有极其重要的作用，它是股东投资人的代理人，又是公司的运营主体，享有经营决策权、管理权、人事任免权等，对外代表企业，对内经营管理企业。于是，从维护职业联赛有序运行角度看，如何优化理事会结构，充分发挥其效用，并制衡其可能存在的问题显然极其关键。为此，首先要优化董事会内部结构。以保障股东投资人利益和激发联盟运营活力为原则，由股东投资人、职业经理人、专家学者及联盟内部员工共同构成。现实中，从保护大股东利益角度讲，大股东代表兼任董事长是惯例。从这个意义上讲，中国足协人员兼任董事长也带有理论可行性。当然，从权力制衡角度看，一旦足协人员兼任职业联盟理事会董事长，还需做好以下三件事：一是贯彻执行董事会会议，并在理事会章程中对董事会、董事会会议、董事长、董事职责进行明确框化；二是选聘专业人士，特别是经营管理人才担任总经理，避免董事长兼任总经理；三是按照委托—代理关系，制定董事会内部运行规则制度，保障董事会与经理之间的制衡机制通畅。此外，除总经理外，出于调动理事会员工积极性的目的，可以考虑部分员工进入董事会；同样，也可按法定程序选举党组织负责人进入董事会，以保证职业足球发展顺应中国经济社会发展方向。

（3）监事会设置与制衡。出于对股东投资人利益的保障，在现代公司治理结构中，监事会被赋予更多的权力制衡意味。《公司法》规定，股份有限公司设立监事会，实施监事会议事机制；监事会人员构成包括股东投资人、公司职工以及社会专业人士（如会计师等），而其具体构成比例由公司章程规定，发挥着财务监察、管理运营人员监控等职责。按此思路，监事会成为我国足球职业联盟理事会的重要构件。为了保障监事会职能的有效发挥，在实践中，首先，要搭建有效的监事会构成，中国足球协会作为大股东，必须有相关人员进入监事会，而且更为关键的是监事会成员的任职与薪金获得应跳出职业联盟董事会规约，具有独立性。其次，制定必要的政权行使的保障制度，如监事会工作条例、监事会知情权保障条例、监事会费用保障制度等。此外，为保证监事工作取得预期效果，应制定监事工作的考核、奖罚细则，形成有效的激励和约束机制。

第七章 中国职业体育市场秩序
建构策略解析

职业体育运行实践中，类似市场经济运行方式，跳出体育竞赛范畴，要求市场参与主体在遵守市场规则的基础上按照利益最大化的理性原则构建自身的行为模式，从职业俱乐部上升为职业联盟，以联合运营方式进行实践，其间各俱乐部自身既是企业样式又是联盟的一个分支组织。围绕高专用性的资源（如运动员人力资源）配置，形成联合生产的联盟治理结构，架构职业体育利益共同体，是当前西方职业体育运作的一个显性特征。当然，这种运作样式的形成"无法与国家和社会的主流文化相脱离，要受到来自国家制度和社会道德体系的规范和约束"，是切合西方特定社会背景的，"与西方社会的个人利益至上和市场经济的功利主义是分不开的"。①

经过20余年的职业化改革，职业体育的市场化、商业化取向已然为国人所接受、所遵从，职业体育联赛建设、俱乐部建设、市场规则体系建设等都得到不断强化。然而，作为后发者，与西方职业体育完备市场体系和有序市场秩序相比还有相当长的距离，仍有许多路要走。如此背景下，如何联络与调动多元主体，以改善我国职业体育运行状况，促进其健康发展，不仅涉及职业体育市场主体自身的不断发展壮大和能力的不断提升，还必然需要政府出面，通过自身政府职能的转变，让渡市场或社会组织以权力，以发挥这些社会主体之功效。这种重新框定政府、社会、市场之间关系，并借助政府职能转变而实

---

① 张兵、周学荣、沈克印：《中国特色职业体育的内涵界定及其阶段特征构想》，《天津体育学院学报》2010年第6期。

现的方式，必然涉及管办分离改革，也唯有经过管办分离改革，才能巩固与推进我国体育市场化改革实践之成果。这同样无法背离社会经济、政治体制改革的大背景，或者没有体育运行方式的市场化转变也就无职业体育改革发展可言。从这个意义上讲，推进我国职业体育市场秩序形塑是一个系统工程，需要涉及众多要素，是一个综合作用的结果。

第一节　架构耦合体系：职业体育制度建设思路与策略

制度是经济学、政治学、管理学等多学科研究的核心词汇。对于社会系统而言，不论是宏观层面的制度，还是微观层面的制度，在规制社会主体的价值追求上都具有重要意义与价值。首先，制度能为价值实现提供秩序保障。在资本主义产生之初，受到地主阶层打压的新型资本家，按照斯密的自由放任信条，自由地发展，离开了政府的不干预制度的效用，早期的资本主义无法顺利地实现其价值追求。制度的法定效用，体现了社会成员的客观愿望，其反过来又保障了价值追求的主观愿望的达成，为个体的价值追求提供正规的保障。事实上，微观层面的制度就可以理解为保障价值追求实现的规则体系。其次，制度能为价值追求提供有效的方向指引。在宏观层面上，当制度作为国家基本制度存在时，制度有效地确定价值追求的界限，通过一系列方向性规则限制，指令人们的价值追求。在社会主义转型期，与社会主义基本制度相契合的价值追求是受到提倡与保护的；反之则会受到挤压。此外，制度对价值追求提供可行的实现途径。制度具有宏观的法定的内涵，其规约着什么行为是合适的，什么又是不合适的，在价值实现过程中，其有效制约着社会实践主体的行为偏好，并提供合适的渠道选择，为价值的实现提供行为界定，保障价值的实现。

按照马克思主义的观点，人类社会活动过程中形成的不论是人与人之间的生产关系，还是人与自然之间的物质关系，其实质是利益关系。职业体育活动,其实质是一种体育经济活动。在其活动中,存在着生产、交换、分配等基本行为,它们依托社会关系,在人们相互的交往间进行,表现出不仅有人与自然(身体)之间的关系,而且还蕴含着人与人之间的关系,而链接职业体育内部关系的本质必然是利益关系。在微观层面上讲,制度就是社会运行的规则体系,是社会关系的连接枢纽。当职业体育在利益关系处理过程中存在利益纠纷与价值冲突、阻碍其自身的健康良性发展时,作为社会控制手段的制度应运而生。事实上,职业体育西方运行的历史可以证明其实质为制度体系包裹下的竞技体育表现和运作的经济性组织形式,而该种组织形式的最大特征也即表现为通过制度化手段强化职业体育的经济价值取向,并反过来推进利于自身价值利益的制度体系建设。因此,从维护市场秩序视角来看,这种制度体系就非仅仅局限于经济领域,而应包括政治、伦理道德等非常宽泛的内容体系。事实上,为了保障经济体的良性发展,经济制度、政治制度和道德制度三种力量需相互协调,在制衡中发展,在发展中制衡。

一　耦合逻辑:面向市场秩序架构的职业体育中制度体系建设的原则

(一)职业体育市场制度的多元共生性

人与人之间的关系、人与自然的关系是社会存在的前提。按照唯物论的思维,人与自然的关系就是利用自然、改造自然的过程,在这个过程中产生物质关系,而物质关系的演化即是经济关系;反观人与人之间的关系,首先是伦理道德关系,该关系决定人之所以为人,而道德关系的某些特定部分经过演化,特别是政治权力的出现和介入,以法律或政治形式展现出来,成为政治关系。同时,随着交换的出现,人与人之间关系的显著特征就演变为交换物质的经济关系。也就是说,在任何一个特定的社会里,都存在着一定的经济、政治和道德三种社会力量。而作为评判量标形式出现的制度,从一产生就包含协调社会关系的本源内涵。既然社会关系存在于经济、政治、道德各个领域,制度自然渗透于经济、政治、道德各个领域中,成为人们相互关系之网的纽结。每个纽结都表现着人和人之间特定的关联方式,众多纽结构成制度体系，把相互交往的人们结为共同体，形成国家和社会。

通常意义上的制度恰恰是经济发展、政治民主、道德进步的结合点，因为经济与政治和道德有着共同的实践基础，是同一活动的两个方面，它们也不能不受同一活动规则的制约。职业体育活动，是体育经济活动，也是一种生产活动，在其活动中，也存在生产、交换、分配等基本行为，它们也离不开人们相互间的交往。故而职业体育活动中，不仅有人与自然（身体）之间的关系，而且还蕴含着人与人之间的关系，也必然表现出体育活动中的经济关系、政治法律关系及伦理道德关系；产生经济效应和社会效应（伦理效应和政治效应）。

从以上分析，可以看出经济制度、政治制度和道德制度三种制度力量是共生的，它们共同构筑经济进步和社会发展的基石，孤立地发展其中的任一个都会产生严重的后果。反观我国职业体育运行十余年的历程，常见的是经济管理运行制度，少见的是政治法律制度，而职业体育道德标准要求或教育往往为人们忽视，这种制度构建的不协调，背离了制度生成层面的共生性，必然产生一系列不良后果，制约我国职业体育的快速健康发展。

（二）职业体育市场制度的多元互济性

体育职业化的市场经济运作是一种合理有效的资源配置手段，但市场化也不是万能的。它不仅不可能充分利用和有效配置一切形式的资源，甚至有时还会加剧某些资源的稀缺性。如它会加速运动员身价的飙升，增加市场运作的成本，增加俱乐部经营风险，使职业体育联盟泡沫化；再者如它会把自己的危机转嫁给政治生活和道德生活，用市场的价值尺度去取代政治的或道德的价值尺度，一切问题都是金钱说了算。这样，社会问题即生。职业体育的市场化必须与政治权力同舟共济，政府的宏观调控能克服它的盲目性、自发性和市场失灵，政治制度的法定内容保障职业体育的市场化运作方向和市场有序性。道德是构建于人与人之间关系的一种全人类共享的、可再生性的资源，它能调节人的逐利心态，保持职业体育的有序运行和健康发展，不仅可以避免造成职业体育内部竞争的自我平衡破坏（职业道德偏离），也可以避免造成职业体育与社会发展的互称性平衡（社会道德危机）。总体上看，离开经济谈职业体育是空话；而政治法律为职业发展和职业道德作保障；同样，道德为经济发展创设文化氛围，为政治法律辩护。一旦职业体育制度的经济、政治和道德这三种制度力量中的任何一种出现严重缺失，就会出现职业体育整合失灵和危机，职业体育就会陷入失衡和无序状态之中。

当然，职业体育的经济制度、政治法律和伦理道德三种制度力量各有自己作用的界限和范围。在职业体育中，经济、政治和道德三者各自奉行的功能是不同的：职业体育的市场化主要遵循自由、平等的交换原则，政治法律则奉行公正性、权威性和服从性原则，道德是奉行自尊、自觉、自律和教化约束。职业体育经济制度，保障职业体育经济运行，按照市场化操作，使职业体育俱乐部或联盟具有职业主体自主化、职业体育资源要素化、职业产权清晰化、竞争合理化以及遵守国际通行的规则和惯例等特征。事实上，职业体育如果单纯按照市场的经济机制运作，职业体育内部矛盾和冲突将不断，假球、黑哨、贪污腐败盛行，道德伦理与日俱下。同样，如果把它加以泛化，运用于政治和道德领域，就会造成政治腐败和道德沦丧。政治的权威性和服从性在其自身的范围内是神圣不可侵犯的，我国职业体育的发展方向必须按照我国社会主义制度及法律的规章界定为前提。但又不容许随意使用政治法律权威，以牺牲职业体育市场的自由平等原则、违背经济规律，或借用政治法律权力来破坏与践踏运动员和教练员的道德人格，违背职业情操。当然，在职业体育运行实践中，也不能仅靠道德、凭良心去解决政治法律和职业体育市场经营问题。总之，在职业体育中，经济、政治和道德三种制度力量各自作用的界限，不可逾越。

（三）职业体育市场制度体系的多元互补性

社会系统作为一个整体性概念，显示出社会有机体特征。马克思认为，社会有机体是由社会体系的各个环节、要素构成的同时存在而又互相依存的连续发展的有机整体。在社会有机体中，人类社会生活诸要素之间的全面性联系与有机性互动，需要自我控制、自我平衡、自我协调，而单纯的社会运行经常偏离原本轨道，需要加以调配。该调配机制即是社会运行制度，而其逻辑起点在于社会运行制度中经济、政治和道德三种力量的互补机理。社会运行与发展的本质是人的实践活动，在实践活动中经济制度、政治制度及文化道德制度有效搭配、有机组合，构成社会发展的内部组织方式（生产力），调控社会外部实践结构（生产关系），两者在制度引领和保障下连接，社会得以有机运行。

实践中，经济是社会道德、政治法律的基础，社会道德和政治法律不能脱离现实的经济基础而随心所欲地建构起来，它是建立在一定的经济基础上并受制于这一经济基础。在商品不丰富的前提下，资本主义的制度和道德体系无法构建。反过来，在经济发展到一定阶段时，道德认知和政治法律思想要对经济领域进行理性约束，不断发现经济领域存在的问题，并力图通过自身的调节改善和解决这些问题。从这个意义上讲，社会道德和政治法律又是推动社会经济发展的有效力量，而社会经济关系和经济生活状况又受制于或取决于社会道德和政治法律方面的影响。

因此，在构建职业体育制度体系时，就需要反思该运行体系存在的政治法律制度漏洞和道德缺失问题，并通过自身完善来制约和调节职业体育经济结构，促进其良性发展。反思我国职业体育现阶段存在的问题，大多与该机制的运作不力有关。这也揭示出，在我国职业体育制度建设中，发挥政治法律制度的约束价值、道德制度的调解作用和经济制度的基础作用同等重要，只有建立三者在职业体育制度体系的互补机制才能有效推进我国职业体育健康发展。

二 职业体育经济制度、政治制度、道德制度的耦合体系建构策略

我国体育职业化改革，进展缓慢，并没有走上更为理想的发展道路，其原因在于选择职业体育的同时，由于意识形态和利益集团的冲突，并没能创新出支撑职业体育的制度。诚如市场经济不是一种社会制度，而是一种资源配置和经济运行的方式、方法或手段；竞技体育的职业化，也不是什么固定的制度，只是一种体育资源的经济运行方式，在其运行中，需要加以制度化约束。目前，以职业足球运动为代表的我国职业体育的不良问题出现，也从反面验证了该问题。而解决该问题的途径唯有构建我国职业体育制度体系中经济、政治和道德三者的耦合机制，同步协调构建我国职业体育制度体系。

（一）我国职业体育制度耦合体系的构建理念

经济、政治和道德三种制度建设同步进行，是职业体育良性发展的客观需要，也是适应我国建设社会主义现代化的基本要求。我国在提出建设有中国特色社会主义市场经济体系的相关决议中多次提及：在建设社会主义现代化过程中，必须始终重视物质文明的发展，牢牢把握经济建设这个中心；同时也必须始终重视精神文明的发展，重视思想道德建设和民主法制建设，这是促进经济发展和社会进步的保证。而近四届党的全国代表大会决议中也反复强调：市场经济就是法制经济，加强民主法制建设是社会主义市场经济的内在要求；市场经济是道德经济，诚实守信是市场经济的内在要求。民主法制建设和思想道德建设是推动社会主义市场经济健康有序运行和促进社会全面进步的不可缺少的前提条件。我国职业体育的改革必须与我国特色社会主义市场经济体系建设保持一致，必须始终坚持和把握该理论精髓，构建有中国特色的职业体育制度体系。

职业体育是西方体育运行发展的结果，与市场经济一样，不是一种制度体系，而是一种有效的体育资源配置方式。不过，西方职业体育良性发展，有其根源的制度体系作为支撑，离开西方制度体系的支撑，难免出现问题。而该问题恰恰是在我国职业化改革进程中所要面临的重要问题。作为外来物的职业体育体制，存在中国化的过程。中国化是一个古老的话题，近现代哲学的研究多次提及该问题。外来物的中国化必须放在中国的文化体系中，进行有机合理的"含化"，去除其制度外壳，留其"道"，围绕其"道"，构建本土化的制度外壳，避免食洋不化现象或者仅仅将外来物作为"镜子"进行模仿和参照的现象出现。对于职业体育来说，其本质的"道"，是其体育资源配置和市场化运作方式、手段，我国职业体育需要借鉴的也必须限制在其作为运作方式和资源配置的层面上，不能无限制地吸收和借鉴。因此，从这个意义上讲，我国职业体育制度建设是无参照可循的，是有中国特色的。

拓展开来讲，我国职业体育制度化建设是构建具有中国特色的经济、政治、道德制度耦合机制体系，该体系的构建必须放在我国建设有中国特色社会主义现代化进程中。我国的基本经济制度是社会主义公有制为主体，多种所有制经济共同发展。这就是我国职业体育改革的基础，是社会主义职业体育经济制度、政治制度、道德制度建设之"源"。我国职业体育制度建设要同社会主义基本制度结合在一起；要同社会主义基本经济制度、政治制度结合在一起，也要同社会主义精神文明结合在一起。

代表国家利益和集体利益是我国社会主义制度的特色，我国经济建设的根本出发点即在于满足广大人民群众的物质和精神需要，服务于社会主义的国家利益和集体利益，离开该基本点，社会主义的特色就无从谈起。我国职业体育市场化运作也必须牢记该基本点，服务于社会主义国家利益和集体利益。从这个出发点考虑，我国职业体育经济制度在保障职业体育运行的基础上，必须始终牢记其服务于我国社会主义市场经济建设，建构社会主义经济新的增长点，满足广大人民群众的竞赛欣赏需求，服务于我国竞技体育的国家利益，为体育强国建设提供应有的帮助和支持。当然，我国要建设的是社会主义市场经济，市场经济是法制经济，政治法律制度是市场经济秩序的有力守护者，离开法制建设，市场竞争秩序就会混乱，不法经营活动就将产生，市场道德危机丛生。对于职业体育也是一样，而且现有的职业足球问题已经证明了该问题。因此，加强规范职业体育市场行为的法制法规建设尤为重要，通过立法，使职业体育在功能和结构上与社会主义市场经济、法制建设契合，发挥职业体育在我国体育事业发展中的规范引领效应。此外，与社会主义精神文明相协调的职业体育道德建设，关键在于规范和引导合理的职业道德体系建设。根据我国职业体育发展的特殊性，需要加强职业体育队伍的作风建设，坚决与体育领域各种不正之风和腐败行为做斗争，切实维护体育竞赛的公正性和纯洁性；加强职业体育舆论导向作用，发挥社会舆论的监督作用；加强对职业体育队伍的思想道德教育和监督管理，坚决反对竞赛中的一切不轨举动。

（二）我国职业体育制度耦合体系构建的价值导向

价值，这个术语来源于经济学领域，表示一定量商品的量度标准；从词根上看它表示"有多重"、"值多少"；而且在经济学领域价值需要有一个客观的内容即必须是真正"有分量"和能与别的东西相区分。① 由此引申到文化层面的价值，构成了真善美的最初范式和层次，成为个人和社会情感生活的基本定位因素。价值鼓励和推动某一（类）行为，这种行为反过来又增强既定的价值观，形成价值导向链条。

任何特定时代，都有一个社会环境，这个社会环境，也是精神环境，或者说是复杂的思想组织，它起到中介作用，调节社会价值导向。因此，有必要首先探讨职业体育推广之前的举国体制阶段我国竞技体育的价值导向。举国体制，简单地理解，就是在特定的历史条件下，国家承担体育的一切权利和义务，一切体育经济问题全部是由国家统筹解决的。在此情形下，运动员、教练员及相关从业人员强调努力拼搏，力争好成绩，为国争光，为社会主义事业添砖加瓦，具有社会主义道德，避免思想自由化。也就是说，此时的体育制度价值导向在于其政治价值和道德价值，淡化或者根本不谈经济价值。随着我国体制改革的推进，竞技体育职业化，职业体育制度的价值导向随之转变。因为，职业体育的本源内涵包含竞技体育的市场（经济）化运作，借助制度性的价值而合法化。也就是说，职业体育的最大特征在于其经济性。具有经济性特征的职业体育首先要求经济制度的价值导向，保障其合法的经营、运作。在经济制度价值导向性下，职业体育通过自治性，解决竞技体育自身生存和扩张问题。不过，单纯经济制度导向不仅无法与我国职业体育发展原则相切合，也无法解决自身暴露的各种问题，迫切需要强化规范职业体育市场行为的法律法规建设和道德建设。经济制度、政治制度和道德制度的协调体系，在推进我

---

① ［美］乔治·麦可林：《传统与超越》，干春松等译，华夏出版社2000年版，第1—7页。

国职业体育发展的同时，不断强化自身耦合机制，在协调中发展，在发展中制衡。

（三）我国职业体育制度耦合体系的构建举措

职业体育是一个综合运行系统，其健康有序发展，离不开完备的市场运行体系，离不开健全的市场法规体系，同时也离不开合乎规范的伦理道德体系。其中，符合国家宏观政治经济发展脉络的市场运行体系支撑起职业体育运行的基本脊梁；完备的市场法规体系赋予该脊梁以神经系统，使它可以自由运转；而符合社会规范要求的伦理道德体系则使得该系统变得更有肉感、更加灵活自如。因此，则意味着职业体育多元耦合制度体系构建，也需遵循该思路，并在具体建构举措上体现出来。

其一，以体制改革为抓手博弈推进策略。在我国，体制是一个多意的议题。从举国体制而来的职业体育，面临问题时，多与体育体制牵扯上关系。事实上，体育体制应包含两个层面：一为结构要素与组织方式体系，二为运行规则和运行机制。站在结构功能主义视角下，是"结构＋组织"的样式。站在制度建设视角下，体育体制更多地应该属于组织存在状态与运行方式的概念，在政府主导机制下，应归属于行政体系范畴中。而出于维系职业体育市场秩序推进制度体系建设的目的，体育体制又带有隶属于制度上位概念的规定性。如此，则意味着架构多元耦合的制度体系，离不开体育体制改革的实践。通过体育体制改革，优化制度建设理念，重塑制度建设方略，从政府主导式"拍脑门"建制度变为基于社会诉求建制度，在社会需求，特别是职业体育市场秩序演化的博弈实践中形成多元化的制度体系。

其二，软硬皆施合力架构策略。从资源禀赋来源看，举国体制下的国家所有逐级授权和资源释放，长期存在于我国职业体育发展过程中，这往往伴生资源锁定效应并导致市场主体自序完善乏力。当前以姚明为首的民间职业篮球联盟建设举步维艰即是明证。如此状况下，依赖制度变迁，进行职业体育市场主体和运行规则体系建设，就不仅需要依赖市场主体博弈生成规则制度实践，更需要借助政府强制之手，大力加快职业体育市场规则体系建设。而且，在相关法律制度建设中，不仅需要强调建立健全职业体育市场运行法规制度，禁止相关主体权限的超范围行使；还需要通过完善法规制度的执法、执行力度，对相关违反者予以严惩，以更有效地扶正祛邪，保证职业体育市场的良性运行。

其三，积极落实德育教化贯穿始终策略。从作用机理上看，法规制度体系为职业体育市场运作提供了一个基本框架，即哪些市场行为是可以干的，哪些又是不可以干的，对于不可以干的如果干了则该受到何种惩处。换句话说，职业体育法规制度系统的作用更多是显性的。当然，它的效用显现，又是需要市场相关行为主体去实践、去操作；保障市场相关行为主体合理合法行事，只能依赖道德伦理的教化作用，通过市场主体道德修养的自序提升来达成。如此，一以贯之地推进职业体育从业者的道德修养教育就显得异常重要。在具体实践中，一方面要强化职业体育市场主体的道德修养建设，使其树立合理的荣辱观，做有理性的道德人；另一方面则要对职业体育市场主体进行道德的扬弃教育，做到对原有传统道德规范的继承和新型职业体育商业化市场道德规范的把握相结合，使其适应竞技体育的市场运作要求，选择道德善行，规避恶行。

总体而言，职业体育多元耦合制度体系建构需合理把握相关制度之间关系，明晰各自作用机理和交互作用机制，以体育体制改革为抓手，刚柔并进、教惩并举合力架构，以形成维系职业体育的秩序化运作的制度体系。

（四）我国职业体育制度耦合体系的构建保障

任何体系的构建都是基于一定的传统，传统透视着价值，又在特定的历史环境中传承。展望事物发展历程，回顾传统是必需的。我国是具有五千年和谐发展历程的国家，和谐内涵不仅涵盖在古人的"中庸"之道中，也刻印于新时期"和谐社会"构建中，而在此演承中，"和"自然成为关系我国各项事业发展的核心指导理念。在我国建设职业体育制度体系过程中，如何合理利用传统的"和"，把握"常"与"变""经"与"传""体"与"用"的协调应用机制，成为关系三种制度力量耦合体系建设成败的关键。

当然，社会充满着非一致性，表达着各种价值利益之间的冲突，并上升和反馈为制度层面的不对称性，制约着三种制度力量的耦合。在职业体育发展初期阶段，过多强调经济制度的价值实现，难免伤及政治制度和道德制度的建设，而且它们往往表现在微观层面的集聚，只有到达一定的程度，才在宏观世界中显现出来，表现为社会问题。这也提示，单纯的立法机制和宏观调控等政府机制无法彻底彻查和评估职业体育中经济制度、政治制度、道德制度的不和谐、不协调发展状况，需要专门的监控机制。

在政治经济学领域，针对微观经济调节的无序及政府宏观调控微观层面的乏力，政府规制机制被广泛采用。不过，该政府规制机制，是在市场经济发展和政府职能重组的背景下，为满足公众对特定产业公共产品的需求、产业监管的专业化要求和提升政府产业规制的绩效的需要，通过公共选择形成的独立于行政机构且享有对特定产业进行行政管理、规章制定和争端裁决的公共权力部门。准确地讲，政府规制属于政府调控和监管机制，目标导向于产业和经济问题，不涉及或极少涉及制度层面的协调问题。不过，该机制的启示意义重大。针对我国职业体育制度创新和建设的特殊时期，可以设立类似的特殊监管机构，负责职业体育的制度协调问题，并在职业体育运行监管机构的框架内存在。该机构的指导目标在于发现和纠正职业体育制度运行中不和谐问题，为制度建设和运行保驾护航。

当然，职业体育制度体系建设，相对来说，是个新兴的研究领域，对其体系中经济、政治和道德制度力量的协调机制构建，需要加强研究，从监管层面看更是如此。从实践需要层面讲，制度建设是一个长期的过程，不过正如职业体育运行需要监管体系一样，制度建设也需要一个监管机制。只有这样，才能保证制度的三种力量耦合，合力推进我国职业体育的健康可持续发展。

第二节　走向利益共同体：职业体育组织再造理念与策略

我国职业体育缘起与发展实践，带有社会关系从举国体制下行政主导关系中脱域的意蕴，并导致社会问题多发的窘境，而利益共同体恰恰是解决这一脱域问题之关键所在。当然，结合我国职业体育现状，利益共同体也是搭建职业体育联盟的内核所在。因为，利益共同体之所以生成，在于共同体内部成员在利益取向上的一致性，但这并不意味着利益共同体就是以共同利益为最终取向而漠视个体利益的存在；相反，承认个体利益追逐恰恰是利益共同体存在的核心所在。正是在这个意义上，利益共同体才能成为集体行动的组织结构样式，广泛存在于经济活动中；以联盟为运作形态的西方职业体育，即具有利益共同体组织特征。事实上，我国职业体育利益共同体架构还有许多路要走；而且如何更有效地强化政府作用方式转型和制度体制变迁，更节约化地解决职业体育联盟共同体建构中的产权结构改革、联盟内俱乐部之间关系（相互依存、相互制约）、联盟与管理协会之间关系等问题，仍值得进一步思考与探索。

诚如前文所述，我国职业体育由来上的脱域问题及其解决，将目标指向了利益共同体建设。而且职业体育复杂社会关系体系以及联合生产的特性，决定联盟内各俱乐部作为利益相关者存在的属性，以及以此为基础的内外部市场叠加社会网络关系结构，利益共同体应然成为西方职业体育运行的组织结构特征，被广泛采用。但是，这并不是说，利益共同体就是职业体育与生俱来的组织结构。以美国职业篮球形成为例，北美职业篮球联盟最早可以追溯到 19 世纪末的 NBL（National Basketball League），该联盟成立后由于篮球竞赛规则和组织体系上的不完善，陷入名存实亡状态；1946 年成立的 BAA（Basketball Association of America）（后改名为 NBA）实质上是场馆资本运营者的自主经营尝试行为，虽然采取了高薪制和合同制等资本和法制运作规范，也提出了旨在培养球迷群体的全国范围篮球组织的概念，但是如何生存的问题，乃至解散与合并始终贯穿其前期发展阶段，特别是1967年ABA（American Basketball Association）的成立，给予其极大的打击，究其原因在于，后者推行了由经营者代理所有者经营的策略，实现了资本与经营的分离；但是多联盟共存的局面，带来的依然是难以为继的灾难，问题的解决直至1976年NBA与ABA合并，一个新的具有利益共同体特质的联盟产生，随后推进了相关组织、运行机制、规章制度的架构，并陆续将媒体组织、赞助商组织和中介组织融入联盟运行体系中，成就了当前NBA代理世界职业篮球联赛最高水平的局面。由此可以看出，职业体育利益共同体，是顺应经济社会环境发展和谋求自身生存需要而进行的理性选择产物，是一系列相关制度机制变迁与组织化创新的最终结果。

当然，需要指出的是，如果说组织是"一个由相互协调的活动构成的、与环境相适应的系统"[1]；那么，任何组织的发展演化，都离不开其赖以存在的社会背景和社会运行环境。西方职业体育利益共同体的形成，自然无法脱离鲜活的社会背景，是在西方完备的市场经济氛围与公民社会文化背景下逐渐演化而来的，是特定政治（特别是体制）和社会文化氛围下的多元理性选择的结果。同样，我国职业体育利益共同的建构亦应如此。细察我国职业体育的运行背景，政府行政体制的存在、市场经济的不完善、相关法规制度的不完备是一个基本状态。这也意味着，我国职业体育利益共同体建设涉及的面将更为宽广，不仅需要探究职业体育利益共同体的建设策略，还需要结合我国职业体育发展现状，明晰其建构性质与建构时机，以少走弯路。

一 职业体育利益共同体建构性质判断

诚然，利润、供需、产权是市场经济的基本特征，围绕利益的竞争与合作是达成市场交易行为、构筑市场经济活动的基本要素。而且，任何市场改革与发展，本质上都反映为利益结构的调整，并集中

---

[1] ［美］查尔斯·霍顿·库利：《社会过程》，洪小良等译，华夏出版社2000年版，第15页。

体现在经济利益关系的重塑上，且内在显现为利益关系的调整优化。利益共同体的出现，可以有效解决市场化运作中的不确定性和风险成本，发挥超越市场规律的成本节约化功用。正是在这个意义上，经典经济学往往将以利益关系重塑为核心的利益共同体建设归属于经济领域改革的范畴，并强调应遵循市场运作的规律进行建构。因为，他们的视阈往往集中于经济组织（利益共同体）的实存性。基于这种实存去谈论利益，则个体本着对自身利益的追逐，在经济社会发展中，特别是现代经济体系中，组织化的实践会逐渐形成（企业）内部群体利益，并有助于经济利润的最大化。相反，他们很少会去关注（企业）组织间的社会关系。事实上，诚如格拉诺维特（1985）指出的，任何经济活动都具有社会嵌入性，"社会关系和网络结构在经济活动中发挥着极其重要的作用"。市场经济本质上就是运行于鲜活的社会环境和关系结构中的，与公民社会、资本主义价值观相契合。而利益共同体作为立足社会关系网络的社会交往行为衍生物，其产生与运作的核心是利益关系，背离利益关系去谈成本与收益、个人利益与共同利益显然是不适合的。进一步讲，利益共同体建构，内涵取向是建立合理公平配置的社会利益关系和共建共享的工作机制，实质上带有明显的社会性。换一种思路看，如果说市场的特质是资源有效配置，在资源有效配置的前提下，实现利润最大化；那么组织的特质则是追求效用最大化，其目标是便于管理，方便运行，形成组织合力。由此，搭建利益共同体组织架构，还需要遵循社会建设原则，而非单纯的经济建设原则。

　　我国职业体育已有发展历程，与宏观经济改革一样，遵循经济改革的路径，以效率为准则推进市场组织体系建设，其间调整经济利益关系原则上需遵循市场优化原则，即赋予市场更大自主权，依赖市场自由竞争和优胜劣汰来达成。于是，市场组织体系建设成就斐然，运行模式、组织架构等方面取得巨大的成就，市场规模不断扩大，球迷组织、中介组织、媒体组织不断形成，基本实现类西方职业体育样式形塑。然而，对旧有体制的改造实践，由于体制惯性等原因，进展缓慢；同样，对顺应新体制的社会建设步伐更为缓慢。其结果是，将从强体制中的"弱市场"演化而来职业体育，引向了强体制和强市场中的"弱社会"局面。由此，社会建设的滞后成为当前困扰我国职业体育发展的关键性因素。在社会学语境中，所谓社会建设，就是"按照社会发展规律，通过有目的、有规划、有组织的行为，构成公平合理的社会利益关系，增进社会全体成员福祉，优化社会结构，促进社会和谐，实现社会现代化的过程"。[①] 从该定义可以发现，社会建设的根本目标在于理顺社会利益关系，促进社会成员的共同利益发展，搭建合理资源配备结构体系，以促进社会运行的有序发展。简言之，社会建设的核心就是通过社会关系优化实践来促进社会和谐有序发展的实践。由此也可以看出，利益共同体建设和社会建设在逻辑上具有一致性，并提示借助社会建设路径来推进我国职业体育利益共同体建设无疑是适合的。

总体而言，经历脱域洗礼的我国职业体育不仅需要遵循经济建设原则，强化市场机制和市场主体的作用，还要重视和遵循社会建设理念。遵循社会建设理念，则意味着激发职业体育相关市场组织效用成为关键，因为唯有借此方能有效整合内外部关系，激发各利益主体迈向共同目标；而机制上则需借助改革职业体育管理体制，优化社会管理，重塑社会规范，调整社会结构来达成。

二 职业体育利益共同体建构时机判识

在经济领域中，共赢与共识是利益共同体依存的基本条件，其中"共赢实现的是帕累托改进"，"共识是利益共同体在相互博弈中达到的纳什均衡"。[②] 当然，这还有一个前提，即市场运行主体必须在完备的现代企业制度约束下，是服从与市场机制约束的。遵循现代企业制度，则意味着市场主体必须在所有权和经营权相分离基础上，建立稳定、规范的经济结构，具有明晰的财产关系，所有者、经营者、生产者以及其他相关者之间具有相互依存、相互制约的利益关系，以实现价值追求的增殖和利润最大化。反映到职业体育中，意味着职业体育

---

① 陆学艺：《当代中国社会建设》，社会科学文献出版社 2013 年版，第 18 页。
② 易鸣：《经济利益共同体的形成条件和制度安排》，《商场现代化》2009 年第 5 期。

俱乐部、联赛必须是产权清晰的，联盟结构必须是完善的，同时围绕各相互行为主体的权利达成与保障的规则制度体系是完备的。只有这样，职业体育运行中，各相关利益主体才能基于自身的利益追逐，在竞争与合作博弈中达到均衡，才能建立牢固的利益共同体关系结构。而反观我国职业体育，其产权制度的不明晰是现实的，职业体育联盟的建设由于政府与市场、社会关系的不明确而尚待发展与完善，此外，职业体育相关制度与多元治理体系也仍处于建设之中。从这个意义上说，利益共同体所需的基本条件更多是我国职业体育所不具备或者说尚待完善的，这也提示我国职业体育利益共同体建设的艰巨性。

当然，从社会发展历时性上看，利益共同体亦非一蹴而就的，而是逐渐演化的。我国职业体育利益共同体依存的基本条件不成熟，并不代表相关建设就需停滞。如图7-1所示，从形态上看，利益共同体是利益主体完整且全部的利益重合态势，是一种现实中并不存在的理论构型，而常态化的是局部的、有限的利益重合，即利益共同体；从脱域阶段起步到利益相关，再到部分利益重合，最后到近似利益重合，这是利益共同体动态演化形成的一般过程。从这个意义上讲，我国职业体育利益共同体建设时机是开口的，而非具有闭合的条件约束性。而且，在职业体育组织演化实践中，不论是带有政府色彩的单项协会，还是俱乐部、赞助企业、转播商，也不论是球迷组织，还是球员、教练员群体，这些利益相关主体之间都不是分散、孤立、单独存在的，而往往是以"团块"组合形式存在的。利益共同体建设，所要做的也仅仅是让它们遵循职业体育运行规律和市场秩序要求，缔结成为更大的合规范的利益"团块"。此外，我国职业体育发展过程中，不同项目之间存在一定的差异性。如足球项目随着《中国足球改革发展总体方案》出台与实质性推进，职业足球俱乐部建设、运营模式、职业联赛体制不断完善，产权、联盟、治（管）理体系等方面将进一步优化，职业足球利益相关者（俱乐部、联盟、媒体组织、消费群体等）就具有了市场权益博弈的空间与机会，也即具备了达成利益共同体的基本条件。而诸如篮球、排球、乒乓球、羽毛球、围棋等项目，由于其在财产归属、运动员产权、管理体制方面的改革滞后性，虽然暂时并不具备利益共同体存在的基本条件，但是，这似乎不会影响其向着更大利益相关"团块"迈进，从而等待时机成熟达成利益共同体的可行性。

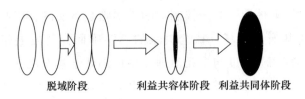

脱域阶段　　　　利益共容体阶段　利益共同体阶段

图 7 - 1　　利益共同体演化形成过程及阶段示意

综合来说，利益共同体作为一种理论架构，是一个理想化的组织架构，伴有严格的条件约束，然而其建构之路却呈现开放性，是一个动态的演化实践。而且我国职业体育利益共同体建设不应采取"一刀切"式的推进方式；相反，应遵循区别对待、逐个推进策略。

三　职业体育利益共同体建构的实践点选择

诚如前文所述，我国职业体育利益共同体建设是有条件的，那么一旦条件许可，接下来该如何做就成为需要讨论的核心议题，即我国职业体育利益共同体建构需要以什么为核心展开，又需要依赖什么样的机制并且如何实践？理论上说，具有复杂网络关系的社会（市场）运行体系而言，建立组织间网络的最终目的是为了网络资源，即通过利益共同体架构培育利益关系网络，连带获取、整合和撬动利益相关者的资源。而在这种介于市场与企业的组织样式中，组织间关系节点是维系其网络关系和运行体系的关键所在。企业与相关利益者通过该节点进行联结，各种形式的资源也通过该节点在网络体系的不同企业组织（或个体）之间流动和分配，并产生网络资源溢出效益。换句话说，这种组织间关系的关键节点，就是复杂网络运行体利益共同体建构的实践点。当然，需要指出的是，遵循系统演化的规律，复杂网络关系体系中，涌现总是依层级而生的，通过不断产生"新质"，推动系统从低层级到高层级演化。因此，考察职业体育这样一个复杂社会运行体的利益共同体建构，也须遵循系统涌现的层级特征，把握其网络资源溢出效益产生的关键节点。这也意味着上述问题的解答还需要回归职业体育组织关系网络中。

当然，仅仅明晰我国职业体育利益共同体建构，需"打开"哪些"触发器"尚显不够，因为如何"打开"以及"打开"顺序同样重要。关于"打开"顺序问题，实质上是指我国职业体育利益共同体建构的次序，即上述"触发器"的启动顺序。单从经济视角看，"推动联盟自组织演化的动力源头在于以人为本的联盟企业价值的创造"①，只有企业具有自身生产决策权和收益追索权后，围绕人力资本和企业合理价值的追寻才有可能催生利益共同体。如此，首先解决竞赛产品及其连带的竞赛主体（运动员、教练员等）的产权问题是合逻辑的，竞赛产品生产的决策权、收益权的市场主体归属性解决后，市场主体自序参与市场角力前提已然具备，此时就需着力解决市场规则体系问题，架构联盟组织样式达成利益共同体，以维系市场有序运作。现实中，我国职业体育市场化程度最高的中国足球职业联赛，大体上就是遵循这一路径进行组织化实践的，并开启了利益共同体建构的序幕。当然，需要指出的是，转轨而来的我国职业体育，其利益共同体建构始终无法脱离体制机制改革的实践，甚至可以说，职业体育的每一步市场化、秩序化前行，都无法脱离体制机制改革的有效作用。也即体制机制改革是一个贯穿利益共同体建构全程的核心机制，占据先导角色。而如何"打开"问题，实质上是指利益共同体建构中需依赖什么样的机制，将在下一段内容中予以分析。

四　职业体育利益共同体建构的机制依赖

在市场经济中，面对复杂的市场环境，降低风险、减少成本、扩大收益，是市场主体力图实现的目标，达成这一目标，则意味着市场主体在市场运行中需要进行权衡，不断选择有效方案。市场主体这种基于自身自利的选择，往往带动市场结构和组织形态的变革，并集中

① 孟琦、韩斌：《企业战略联盟自组织演化的协同动力模型构建》，《科技进步与对策》2010 年第 8 期。

表现在制度变迁上。关于制定变迁，往往被定义为"实施制度的各组织在相对价格或偏好变化的情况下，为谋取自身利益最大化而重新谈判，达成更高层合约、改变旧规则、最终建立新的规则的过程"[1]，顺此概念，可以发现：制度变迁往往是沿着比较制度优势路径演化的。20年前，我国竞技体育选择职业化发展方式，就带有实现比较制度优势的效应，随后进行的俱乐部建设、联赛经营体系建设，乃至当下大力推进的职业体育管办分离改革、职业体育联盟建设等一系列举措也带有相似的目的和效用。试想，一个职业体育联赛，一旦联盟（俱乐部）与管理部门之间是博弈的，俱乐部之间也是博弈的，赞助商与投资者之间还是博弈的，那么其运行中摩擦成本无疑是巨大的，市场主体运行风险更是难以评估的。如何化解之，沿着比较制度优势路径，可以有效地减少市场交易成本、降低市场运行风险和不确定性的组织制度设计必然成为市场主体理性选择的结果。事实上，利益共同体作为市场运行中的有效组织形态，就是一种有效方案。

而且还提示，驱动制度变迁在利益共同体形成中具有极其重要意义。之所以如此，因为制度就是"人与人之间的关系"，与利益共同体搭建具有本质上的相通性，诚如诺斯所强调的："制度框架的改变使得激励结构的变化成为必然，并且是随着时间的推移减少环境不确定性的关键条件。"当然，以制度变迁推动利益共同体建设，需要有的放矢，抓住要害。诚如前文所述，对于我国职业体育而言，首先应解决管理体制问题，即处理好政府与市场、社会的关系，放权给社会、市场，由它们发挥主导作用，从而形成三方合力的治理体系，而不是政府独大的管理体系。另外，需要解决职业体育市场主体间的关系，其核心即是产权制度改革，要让职业体育遵循市场化的内在需求，让交易费用低的产权制度承担激励相关主体自觉主动行动的责任。

明晰了制度变迁路径在职业体育利益共同体形成的作用，接下来

---

① 汪波：《利益共容体、比较制度优势与制度变迁——区域兴衰中地方政府功能透视》，黑龙江人民出版社2008年版，第14页。

的问题就需要探讨如何来驱动我国职业体育制度变迁实践。现代经济社会学研究即已明确，制度变迁与机制创新路径选择是在复杂社会背景中产生的，其无法背离鲜活的社会运行生态，而且演进方向上受制于制度环境变化引起的权力和资源交织作用。这意味着，市场主体选择什么样的组织运行形态，进行什么样的制度变迁，还要取决于市场外周环境变化引起的权力和资源状况，而非单纯由自己决定的，如我国在近代为何没有跟随世界主流选择资本主义发展道路即是明证。回到我国职业体育发展实践，我国职业体育从缘起到当下的发展，始终都是依赖政府"有形之手"的作用实现的，更为关键的是，解决职业体育管理体制，解决职业体育产权等问题无一不需要政府的有力介入。这也意味着，我国职业体育利益共同体的建设需要依赖政府力量的有力介入。问题是拥有权力和资源的政府为何又会主动放弃既得利益，而支持对自身的"革命"呢？

通常来说，政府改革的动力来源主要有两个方面：一是源于外周环境的压力；二是源于政府自身发展的内在压力。通俗地讲，政府自身合法性危机、上级政府改革决心、政府自身对国家利益或整体利益追求实现以及政府对未来发展预期判断，这些都会诱使政府启动改革实践。当然，对中国职业体育管理部门这一层级的政府而言，上级政府改革驱使因素无疑是巨大的，其次才是项目管理中心（单项协会）对于联赛发展研判，以及市场主体威迫效应的显现。回溯我国职业体育改革历程，我国职业体育改革的重大举措都带有明显的上级政府强制型制度变迁痕迹，从职业体育改革起步到管办分离；诸如推进职业体育俱乐部建设、进行联赛体系建设等改革大多又具有中间扩散型制度变迁的特质；而诸如中国职业足球联赛的中超公司成立等实践还带有与市场主体（俱乐部等）内在要求趋同的诱导型制度变迁特征。从这个意义上讲，引致我国职业体育利益共同体建设仍然需要首先依赖上级政府的强制型制度变迁实践，并以此为起步逐渐向中间扩散型制度变迁转变，最终过渡到与市场主体并进的诱导型制度变迁实践，从而实现市场主体（俱乐部、投资人、赞助商等）在职业体育运营中发挥主体作用，拥有微观主体地位，使它们可以自由博弈、公平交往互动。事实上，一旦相关政府部门放下了"身段"，那么，职业体育政府机制与市场机制、社会需求机制相博弈、达成契合即成为可能。因为，对于市场主体而言，理性的逐利性往往会自发诱使它们积极进行组织创新、参与市场制度变迁实践，以保持竞争优势。它们所缺的不是积极的"进取心"，而是给予自我展示与发挥作用的平台。特别是在我国职业化改革不断推进的当下，谋求更大的市场激励已经悄然成为职业体育市场主体的理性选择，或者说，我国职业体育市场主体觉察到的社会资本，已然从项目管理中心这一政府组织向社会诉求领域下移。此时，政策环境的变迁引起的连锁反应，必将诱使市场主体不自觉地"骚动"，在理性博弈选择中走向利益共同体。现实中，《中国足球改革发展总体方案》的出台，即为我国职业足球联赛构建利益共同体开启了强制型制度变迁的阀门，后续的围绕中国职业足球联赛的利益共同体架构将会悄然浮现。

第三节　迈向治理：推进职业体育管办 分离改革的实践策略

关于我国职业化改革路径选择，往往被冠以渐进式称谓，而实现这种改革的核心机制依赖便是政府主导机制。因为，在我国一方面社会组织的自我生存和控制能力差，需要借助政府之手加以扶持；另一方面"职业化改革本身就是对原有政府主导一切模式之改革"，在此背景下"脱离政府主导作用，则一切都是无法实现的"。[①] 按此逻辑，我国职业体育管办分离改革也必须依赖政府主导机制，因为管办分离改革本身就是政府对自身"开刀"的过程，离开政府主动让渡权力，显然是无法达成的。而现实中，有关我国职业体育管办分离的质疑焦点又大多集中于此，认为依赖政府自身逻辑的改革，"在社会制度体

---

① 张兵：《内源性结构转型：关于我国职业体育缘起与发展实质的判断》，《天津体育学院学报》2013 年第 1 期。

系发育不力、治理结构没有实质变化的情况下，管办分离的孤军奋进是无法取得成功的"。①

上述疑虑主要源于两个方面：

其一，由于长期以来，我国政府借助奥运争光计划，或者是全民健身计划，始终在体育领域中扮演供给者的角色；而且正是由于我国政府作用使得我国体育得以迅猛发展，甚至可以说没有我国体育行政部门之功效显现就没有我国体育发展的今天。管办分离改革要求体育行政部门转变立场，要打破的就是旧有举国体制之某些运行机制，政府不再直接办体育；如此一来，这种管办分离实践是否会影响我国体育，特别是竞技体育目标的实现呢？当然，这种担心是无理由的。因为我国职业体育管办分离改革，不会改变也无法改变包括竞技体育在内的体育事业公共性及其对政府的依赖关系，更不会改变我国体育国家战略；而其力图改变的是体育行政部门管理体育的结构和供给方式，谋求更有效率地实现政府职能目标，或者说是为了更好地实现我国体育发展目标。由此可以看出，我国职业体育管办分离改革是不会影响我国体育，特别是竞技体育目标实现的。同时，值得注意的是，伴随我国经济社会发展，面对民生体育压力，我国体育行政部门的核心利益正悄然发生变化，诱发政府应对性管办分离职能改革的践行可能。

其二，我国职业体育管办分离是体育行政部门转变自身职能运作的结果，是政府遵从自身逻辑而进行的自身职责重新界定选择，于是体育行政部门自己改自己的可行性就值得怀疑。该议题经济学给出了相对明确的研究解答，认为：面向社会的政府职能模式选择，取决于"政府行政成本与交易成本之间的比较"②，当前者效率高于后者时，显然，管办合一模式是经济的；反之则需要管办分离。另外，当政府所代表的社会利益发生偏颇时，政府自身合法性往往受到挑战，而迫

---

① 郭剑：《中国足球"管办"不易"分离"更难》，《中国青年报》2012年1月31日。

② Savas, E. S., *Privatization and Public - Private Partnerships*, New York：Chatham House Publishers, 2000, pp. 64 - 65.

于压力的谋求自身生存的冲动也会在政府身上显现，并以"改变法律本身和现行成套法律规定的活动"① 形式出现，成为政府基本职能行动的一个重要层次。现实中，我国政府职能改革，是"当前形势下的迫切需要"，是"我国经济社会发展阶段的客观要求"，运行实质就是"要把政府工作重点转到创造良好发展环境、提供优质公共服务、维护社会公平正义上来"。② 对于我国职业体育发展而言，如果将职业体育发展目标宏观化为满足社会大众体育需求，那么管办合一模式，由于排斥市场交易行为其行政成本无疑是极高的，当这种行政成本效用边际与当前服务型政府、节约型政府建设相冲突时，则管办分离模式必然被提上日程。于是，借助管办分离改革，减少其行政成本，同时腾出手来推进民生体育发展，以适应社会发展之需要成为我国体育行政部门的应然选择。当然，该过程还有一个基本前提，即破解职业体育市场主体发展空间与发展活力的政府责任彰显，以及职业体育市场化发展要求已呈箭在弦上之势。

从转型经济发展角度看，先建立自由竞争的市场主体无疑是合适的，在市场主体形成以后，跟进的措施必然是以政府职能转变为抓手的运行体系建设。回到我国职业体育发展层面，当前我国职业体育在俱乐部层面私有化或类私有化的产权竞争体系已基本形成，职业体育俱乐部间竞争不断提升，而上层结构的不合理性被无形放大。因此，通过体育行政部门职能转变，借助管办分离改革破解我国职业体育公有产权所代表的非生产性和政策不确定性成为关键，即解决体育行政部门为经济利益牵引的弊端，将其部分原本不合理的职能外化为社会行为或市场行为。当然，这不仅需要政府职能自身的转变，还需要借助市场主体地位的彰显。在政府与市场关系逐渐清晰的状况下，借助市场主体博弈的利益相关者治理体系就应成为维系职业体育有序高效运行的保障。

---

① ［美］詹姆斯·布坎南：《自由、市场与国家》，平新乔等译，上海三联书店1989年版，第244页。

② 李克强：《在国务院机构职能转变动员电视电话会议上的讲话》，《光明日报》2013年5月15日。

一　推进职业体育管办分离的实践举措

（一）推行我国职业体育管办分离的实践基点判断

诚如前文所述，市场不完善是政府介入的关键因素。当市场内部由于信息不对称、垄断，以及产权不清晰等市场缺失问题存在时，市场出现外部性问题；而借助政府之手参与市场行为外部性的矫正，却由于政府主体的自利性及其连带的非生产性，往往使得这种"试图弥补现存市场缺陷的公共政策"①成为政府行为外部性产生的根源。在转轨发展实践中，依赖政府力量进行制度变迁是通用范式。然而，由于政府的非生产性，政府运作的实质是对现行社会利益进行再分配操作。在政府操控的成本和收益转移实践中，必然带来部分群体的利益损失，而其他群体的利益获得。而且如果政府本身就是自利的，或者说政府运行目标上存在与社会目标的不一致性，政府参与市场运作过程，自然就无法逃脱政府利用自身权力的自我牟利性，这就产生了政府挤压市场或社会需求的情况出现。而这种状况实质也就是政府行为外部性的体现。区别于西方职业体育依靠市场力量自发博弈演进的特征，我国职业体育是在政府主导下，依靠政府行政权力完成的发展过程，在缘起上是政府用强制性的方式推行的市场化实践。该演化过程不可避免地伴随着市场与政府边界的重新界定，而且显现出"官退民进"的特征。或者说，当市场主体不断完善时，政府作为市场主体的参与者角色应该顺应地变化，通过适当举措来消除政府不当行为的影响成为现实。在相当长一段时间内体育发展目标异化问题相当严重是一个不争事实，加之政府运行中的预设软约束问题，使体育行政主管部门发展职业体育的目的仍然跟随在竞技体育等外显目标的达成上，而忽略社会大众健康需求满足以及体育经济性的彰显，如此，形成类似"诺斯悖论"的局面，导致政府行为的结果与职业体育市场主体利益的偏差。加之，在职业体育形成与演进过程中，职业体育形成依赖的政府主体自身改革滞后，以及内部人的"经济人"本性，使得职业

---

① ［美］查尔斯·沃尔夫：《市场，还是政府：市场、政府失灵真相》，陆俊等译，重庆出版社2009年版，第69页。

体育管理层面的机构设置模糊化，以谋求更大的外生利益，而在做法上，则往往故意将决策的程序复杂化，寻求机会主义庇护。从这个意义上讲，我国职业体育中政府行为外部性是源自职业体育运行中的政府行为内在性的，实质上是由于我国职业体育发展中，市场主体发展目标和需求在政府主导机制作用下，无法得到满足的运行结果。或者说，我国职业体育运行政府行为外部性，是由于政府主管机构以其内在的诸如促进我国竞技体育发展与国家队成绩优化为目标，而无视市场主体正当权益保障，并依此进行制度性选择的结果。这也意味着，我国职业体育现存的政府行为外部性，来源于政府行为干预规制职业体育发展中，所产生的对职业体育市场主体的直接侵害；以及源自职业体育市场运行中由于决策监管层面的因素引起的，从而使得职业体育市场主体受到外在于自身的决策因素的牵引，产生背离市场活动的外部性。

如果说"市场经济的形成，就是外部性不断被内部化的过程"[1]，那么，消解我国职业体育存在的政府行为外部性问题，首先要做的便是完善职业体育市场，使自由交易方式成为我国职业体育运行资源系统调拨依赖机制，并依此减少政府介入职业体育运行的机会。当然，仅仅是还市场主导地位，并不能从源头上解决政府行为外部性问题，因为市场本身也会产生外部性，而且正是这种外部性给了政府介入的平台，进而衍生出政府行为外部性问题。西方社会广泛存在的政府行为外部性即证明仅仅从这方面努力是不够的。于是，重要的是，我们应该找寻一种"建构在有价值的原则基础上的复杂法律制度"[2]，而且这种制度不是靠某些官员的动机和意愿活动，而是指向明晰的职业体育市场秩序范式，不仅约束职业体育市场行为主体，更是规定政府的行为。由此可见，我国职业体育管办分离需要重点解决的问题，还必然包括压制职业体育相关政府组织的自利性以及其对职业体育运行

---

① 向昀、任健：《西方经济学界外部性理论研究评价》，《经济评论》2002 年第 3 期。

② ［美］詹姆斯·L. 多蒂、德维特·R. 李：《市场经济——大师们的思考》，林季红等译，江苏人民出版社 2000 年版，第 274 页。

目标的干扰。事实上，"现代国家制度注重在国家制度内部找到制衡，其基本手段是法治、民主和分权"。① 其中法治指向的是规则体系建设，即给予市场秩序以法制依存性，保证其正常运行；当然，法治还有一个自身无法化解的难题，即如何对规则制定者进行监督问题。因为，仅仅在制度自身框架内是无法找寻干预制度制定者的现实主体的，制度制定者（多为政府）可以跳出制度约束，独立于制度权威之外，它想守法就守法，不想守，别人又无法强制迫使他守法。管住执法者不守法的状况，这就需要民主。所谓民主，就是勾连普通人之间的一种组织制度，它的存在使得互不熟识的陌生人之间有了信任基础，可以无顾虑地行事，实质是它背后隐藏着互相制约和互相监督。这样就意味着不论你是什么人，只要你在现行社会制度框架内活动，你背后就存在着监督者，即使政府也不例外。也就是说，法治可以保障市场秩序，而民主则保证法治的可行性。当然，从理论上讲，民主也不是与生俱来的，民主如何来保证呢？这就涉及分权。分权说白了就是权力由不同的人掌管。而分权的关键点又与法治相关联，是依法的分权，而不是无序的胡乱分权。如此形成约束社会运行体良性运行机制。从这种意义上讲，如果我们仅仅将管办分离认同为职业体育运行中的分权行为无疑是带有明显偏颇性的。由是观之，推行我国职业体育管办分离，实质上是推行围绕我国职业体育运行的法治、民主和分权的三位一体制度体系建设过程，片面强调其中任一环节或者忽略其中任一环节，都无法取得破解职业体育运行中的政府行为干扰问题，无法消解政府行为外部性。

总体来说，我国职业体育政府行为外部性源于职业体育市场的不成熟、不完善（存在不完全竞争问题），以及政府介入过程的内在性，是市场运行不完善状况下政府介入过程中政府自利性与非生产性的运转结果。如此一来，则意味着完善职业体育市场体系、重塑政府作用边界和职能划分、压制职业体育参与政府组织的自利性以及优化政府

---

① 王一江：《国家与经济：关于转型中的中国市场经济改革》，张旱平等译，北京大学出版社 2007 年版，第 11 页。

职业体育运行目标，成为政府行为外部性的化解切入点，也即是我国职业体育管办分离推行基点。

（二）我国职业体育管办分离改革的推进主体辨识

当市场存在外部性行为时，借助市场内利益转移的方式进行调和或者借助政府规制方式进行干预，使得市场外的交易成本收益实现内部化转移，而界定产权或谋求更好的权益配备成为解决问题的现实诉求；而对于政府行为外部性而言，市场内的手段往往无法发挥直接效用。因为，如果一个组织作为主导组织，可以参与乃至制定制度规则，则意味着该组织的行为可以跳出市场规则约束的范畴。现实中具备这种特征的组织往往就是政府，于是那种借助组织内权力界定以控制外部性影响方向的过程，总体效果上是无法达成消除政府行为外部性的。同样的道理也适用于我国职业体育相关改革，我国职业体育存在的问题在于政府行政部门管办不分，侵害了职业体育市场主体的利益，而政府进行管办分离改革后，则意味着政府拥有的办的职能被剥离，而市场主体拥有了决定市场运行的权益，从而维护了市场主体的权利。当然，总体上讲，这也是一种外部性转移的运作实践，即从政府主体拥有外部性收益变为市场主体拥有外部性收益。进一步讲，这种外部性消解方式显现为一种产业内效应，实质上就是利益分配问题。诚如沃尔夫所言，"外部性产生主体是政府"，而重新界定政府的作用时，"主要责任还落在该政府自身身上"，是"具有讽刺意味的"。如果一旦承认该命题的合理性，则意味着我国职业足球管办分离改革的推进主体选择中国足球协会具有某种不正当性。[①] 究其原因，在于具有利益相关者的政府行为主体，其产生外部性的根源在于自身的内在性，而他们参与外部性化解过程实质上是无法更改利益博弈格局的，因为他们同属于现有博弈共同体中的一个，而且博弈均衡取决于该共同体中博弈双方的权力构成。就中国足球协会（足球运动管

---

① 当然，还有一个显著的不合适性在于管办分离改革是关于政府职能实践方式的优化方式，其改革实践的主体必然是政府，而一旦让中国足球协会充当该改革的推动者，则意味着承认中国足球协会的政府性，这显然是与中国足球协会民间社会组织的属性相背的。

中心）而言，只要它没有改变追求我国足球水平提升以及国家队利益最大化的目标追求，作为理性的主体是纵然不可能放弃对我国职业足球联赛的规制作用，因为一旦放弃则意味着自身利益受损。如此看来，依赖产生外部性的政府自我进行这种外部性的改造是不现实的。

事实上，区别于理想社会的是，现实社会机会的分配往往受到权力结构的影响；而组织边界不是社会个体简单互动达成的，而是在复杂的权力斗争中学习与确认个人和集体特征的过程。某一现存的组织结构，从系统来讲，是一更大系统的子系统。而从职业体育政府行为外部性来说，由于其产生于政府，在我国现存的社会背景下，偏离政府作用去改造自然是不现实的。这也揭示出，寻求化解职业体育政府行为外部性的推进主体需要上移。如果我们将上述唯有政府与职业体育市场主体两方的博弈过程添加第三方力量，则问题显然有助于解决。因为，在新的博弈格局中，由于第三方利益的加入，则往往会形成两两联合以限制或化解孤立一方的状况，新的博弈均衡是以联合双方的现实诉求为目标达成的。当然，这种第三方力量应该是布坎南语境中的"受益者又是受害者"角色。现实中，我国职业体育管办分离的提出，是在我国政府职能转变的时代背景下展开的，是与我国服务型政府建设思想的体育领域践行分不开的。即我国职业体育管办分离是由更高一层次的政治改革意志引领下的产物。由此，可以判定，参与我国职业体育政府行为外部性的第三方利益集团可以选择为高于职业体育直接管办主体的政府机构组织。以中国职业足球为例，即高于中国足球管理中心（中国足球协会）的诸如国家体育总局等机构；而且现实中，国家体育总局恰恰是与我国职业体育利益分配各方都相关的政府机构，在我国职业体育市场发展不佳时，它要受到市场经济利益侵害；相反，当我国体育竞赛不好时，它往往不可避免地要负连带责任。基于上述分析可以发现：推行我国职业体育管办分离的主体宜选择国家体育总局等高于职业体育管办机构的政府组织机构，唯有如此，才能产生理性约束力，才能实现管办分离真实意志的表达。现实中，我国管办分离实践中，不论是无锡模式，还是海淀模式都是由高于被整合的政府机构行政力量推动。

（三）推行我国职业体育管办分离改革的路径选择

在改革演进研究中，帕累托改进是一个基本参照理论，因为它成本低、阻力小，是改革实现概率最大的改革方式。然现实中，一般的改革多是非帕累托改进的，即改革过程中往往会造成一部分人的利益损失，或者至少是暂时损失。而改革的困难大多也来源于此，因为利益受损方往往出于自身的理性对改革进行阻挠，特别是当该利益受损方为政府行政机构时。在我国市场经济体制建设过程中，相似的问题反复出现，如价格改革时，放开农产品价格，则意味着包括政府官员在内的城镇居民生活成本提升，改革阻力出现，而实践中化解该阻碍的方式即是进行补偿或者转移支付，给城镇人员调工资或者发放生活补贴等，由此实现改革的推进。当然，该改革实践过程还涉及一个极为重要的因素，即以强大行政力量为后盾，进行强制性的制度变迁，为市场机制形成扫清障碍，克服旧有惯性的侵扰。回归我国职业体育管办分离改革实践，化解政府行为外部性阻力本身就来自政府，该阻力实质即是由于传统行政力量不轻易让渡自身手中权力。于是，化解这种外部性推进管办分离的实践也自然无法脱离行政强制力的加入，而前述分析提及的第三方利益群体的加入也带有解决该问题的意蕴。因为行政层级更高的政府机构具有提供这种强制性制度变迁的能力。当然，依赖政府强制性制度变迁的实践在经济学范式下往往伴随高成本，或者说可能会产生社会总福利的下降问题。而与此不同的是，诱导性制度变迁则相对温和得很。不过，诱导性制度变迁还是涉及一个前提，即市场力量逐渐成熟，并可以作为一个利益表达集团存在，而且其利益表达已达到足够引起相关政府行政机构的重视。事实上，伴随我国职业体育的发展，市场主体已不断完善，并且参与职业体育事务的愿望不断提升。这也就为我国职业体育管办分离的诱导性制度变迁提供了可能。

由此可见，旨在化解政府行为外部性的我国职业体育管办分离，其改革推进上需要强制性制度变迁与诱导性制度变迁的复合作用。当然，笼统给出其融合推进的判断价值还是甚微的，因为不论何种变迁都涉及一个作用点的问题，唯有把握了该作用点，改革实践中才能有的放矢。基于政府行为外部性的存在态势，该作用点在强制性制度变迁方面可以选择以政府职能关系优化为立足点，力图解决政府自身约束，而依赖分权之力无疑是合适的；而在诱导性制度变迁方面则宜选择产权结构改进内容，利用价值诱导和利益补偿机制实现职业体育产权体系的优化，使其符合和遵从市场机制作用。而在实践方略选择上，我国职业体育管办分离可以实行两步走战略，即先进行政府管，行业办的改革；然后再进行行业协会改革，使得其与政府职能逐渐分离，成为社会化组织，最终形成政府管、社会办（市场办）的格局。

二　管办分离改革后续实践机制分析：以中国足球协会改革为例的思考

管办分离改革，为中国职业足球的发展设计了良好的运行机制和治理体系，接下来，就是如何实践的问题。面对现实，我们会发现，依靠政府主动转型改革产生的中国职业足球联赛乃至中国足球协会都存在这样和那样根深蒂固的习惯，需要在实践中进行系统解决，如资产的重新认证、组织协调与保障机制重建、制度体系优化等。

（一）中国足球协会的授权获得机制辨析

《足改方案》已然明确，"中国足球协会是……全国性的非营利性社会团体法人"。这也意味着，中国足球协会自身非营利性组织的定性也就排除了其作为市场主体直接参与职业联赛运作的可能性，而相关市场运作活动也顺应地由职业联赛理事会及职业俱乐部来承担。问题是为何一个行业经营性组织会自觉接受一个第三方的社会组织约束呢？而且这个第三方组织还带有明显的历史"劣根性"，是原有改革的直接对象。

从理论上说，行业协会权力来源"主要包括私权利让渡的社会化，公权力授权的社会化，法律的认可等"。① 而从行业协会形成角度讲，一般认为，存在三种路径：一为企业自主形成路径。即是市场主

① 徐家良：《双重赋权：中国行业协会的基本特征》，《天津行政学院学报》2003 年第1 期。

体面临复杂的市场环境，自序地将部分权力让渡于代理机构，其逻辑上带有明显的"经济人"假设规定性，是成本节约化运作的结果。二为政府主导推进路径。这是政府基于对行业管理便利而设置的，是行政主导机制下的社会节约化产物。三为政府与市场合力推进路径。即在政府与市场博弈出现的"第三条道路"，其走向是综合治理。以此为对照，举国体制下的原中国足球协会显然属于政府主导推进的路径范畴，协会的权力源自政府授权实践，而且更多承担代理政府管理行业的职责。所谓管办不分、政企合一也就是在这种背景下产生的。管办分离改革实践的本质，就是消除源自政府行政授权的管办合一体制，打破原有关系结构中的领导与被领导式上下级关系，重塑新型合作伙伴关系或者说授权—合作伙伴关系。当然，这还涉及一个前提，即政府自身的职能转换，从管制到服务，由此才会有对协会管理方式实践的改革。政府职能的转换，必然带动行业协会职能的转换，从原有的执行机构设置转变为行业专管机构，进而，就出现了原有依靠政府授权的中国足球协会如何实现自身的合法性问题。如此来看，中国足球协会显然无法像改革前那样依赖政府授权获得，而需要走"第三条道路"，即依赖政府和市场的合理推进获得授权。进一步讲，在体制改革背景下，首要明确的是，中国足球协会何以能够获得市场主体"信任"的问题。事实上，在经济学范式下，市场主体基于理性判断以利润最大化为目标进行市场行为选择，自由市场的出现就是基于这种选择的结果。同样企业组织的出现也是节约成本从而实现自身利润最大化的选择，这是科斯的经典研究《企业的性质》所证实的观点。按照科斯的观点，市场与企业组织都是一种追求效率的市场机制要素，不同的是，前者依赖市场价格和竞争博弈配置资源，而后者则依赖行政机制来实现，之所以后者有存在的价值是因为市场机制的资源配置实践中存在交易成本，当市场机制的交易成本大于成立企业组织的行政成本时，成立一个企业组织显然是高效的，理性的经济人自然会选择这样的组织架构。顺此思路，在职业足球联赛运行中，只要探讨成立一个中间组织的费用是否高于联盟自身运作的交易成本即可。

职业体育作为一种特殊的竞技体育市场化运作样式，具有较高的资产专用性，从运动员的培养、到球场和俱乐部建设都存在大量的埋没成本。制度经济学的研究业已证实了"资产的专用化程度越高"，则意味着"市场的交易费用越高"，此时组织化运作往往是有效率的。事实上，孕育于西方个体主义盛行的社会背景下，职业体育选择职业体育联盟的运营样式已然证明了这一点。再回到我国现实，当前我国职业足球联赛尚待完善是一个基本事实，其中不仅仅包括职业俱乐部、职业联盟建设问题，还包括政府与市场关系尚待明确等议题。如此状况下，职业足球市场运行主体在市场运营中不仅需要面对职业体育特质中的资产高专用性带来的高交易成本，还要应对与政府沟通、与赞助商协作等高市场风险（往往也伴生高交易费用），如此通过将部分权益移交转而借助行业协会，以减少交易费用，显然是节约成本的。而且，在管办分离背景下，中国足球协会已经被定位于作为联系政府与市场之间的中介组织存在的规定性，也有利于这一选择机制的实质性落实。由此，在社会主义法治社会和国家推进治理现代化背景下，只要中国足球协会能够牢固把握其自身定位，有效发挥其联系政府与市场的中介作用和保障市场有序运行的治理协调作用，必然会获得市场主体的广泛授权。

（二）职业足球联赛的资产调配与转换机制解析

管办分离改革，从逻辑上讲，就是一种授权实践。明确了社会市场主体的赋权机制后，接下来，作为社会中间组织的中国足球协会又该如何获得政府的授权呢？事实上，管办分离后，政府向协会授权不能重蹈以往简单的委托—代理模式，而是在新型治理模式下，政府权力和协会权力的重新调整和优化。而且这种授权还不仅仅涉及政府与协会之间的权力关系，还涉及协会与其代表的社会之间的权力分配。其中，很重要的是资产所有权和财务权问题，即管办分离后的资产和财务如何分离问题。新组建的中国足球协会应执行民间非营利组织会计制度，单独建账、独立核算，实行独立财务管理，并定时向社会公开。至于原有国有资产处置问题，由于中国足球协会的非营利性特质及其作为政府购买公共服务的供给对象角色，提示可以按照《国务院办公厅关于政府向社会力量购买服务的指导意见》要求，以费随事转的原则由政府购买公共服务的方式，将原有国有资产的所有权以委托方式划归给中国足球协会，以服务中国足球发展、培育后备人才、满足社会大众需求。而原有资产的使用权则应与所有权相分离，按照改革方案要求由职业联赛理事会代为经营，从而实现所有权与经营权的分离。

需要说明的是，中国足球协会定位上的非营利性社会组织定位，并不是说中国足球协会就不能盈利，实质上这是强调中国足球协会的运营目标不是以盈利为目的，而是专注于中国足球运动的发展，提供相关社会服务，满足社会大众足球需求。因为，非营利性所强调的是营利性收益如何使用问题而非盈利本身。事实上，从职业联赛发展来看，投资主体的多元化必然是现实的问题，作为商业资本，其投资职业足球的目的必然是以营利为目标，背离营利性去谈让社会资本投资职业足球，那是极其不负责任也不现实的议题。而另一部分，即原有国有资产，其代理人的非营利性，强调的是这些资本的盈利分红是以公益性事业发展为目标，而不是像社会资本那样进入个人或公司的"腰包"，如用于足球运动的推广、用于教练员、裁判员、青少年球员的培养等，这些显然是合理的。而且从这个意义上讲，有关职业足球联赛中国有资产和社会资本（俱乐部）所持股份比例问题，还涉及中国足球发展的公益性问题，这不是简简单单的比例问题，实质是中国足球公益性的一个重要尺度，36%也好，50%也罢，其实所能代表的是职业足球联赛股东收益资产的用途比例，36%则意味着职业联赛收益的36%用于公益性的足球发展事业，而其余64%则进入各俱乐部投资人"口袋"。如果是这样，在我国足球发展水平不高却又怀着崇高理想追求的背景下，36%的比例似乎不高。

此外，需要重视的问题是如何对中国足球协会所代理的国有资产进行监管，策略上进行两次委托管理是必要的。一是在中国足球协会内部设立专门的管理机构，明确代理人职责，由代理人进行监管；二是在中国足球协会业务主管部门，如国家体育总局或民政部委托专门的机构（甚至是第三方机构，如会计事务所）进行资产监管。同时，在资产监管上要健全规范的制度化体系，如财务管理制度、资产责任追究制度等，依法依规进行监管。

（三）管办分离后职业足球联赛管办双方协调与保障机制建构思路辨析

从理论上讲，任何治理体系的形成都离不开一系列相应的规则设置。中国足球协会内部治理结构的形成也需要"制定（设计）该行业规则并且通过自我设计的惩罚规则来强制实施这些规则"①，并以此来保障和维护中国足球协会信息调查权、监督指导权、许可批准权、认证权，以及标准制定权等相关权力，同时遵守法律法规要求，履行其自身信息公开、社会责任及维护市场秩序义务。同样，在职业联赛理事会层面也应如此。从职业足球有序运行角度看，中国足球协会和职业联赛理事会作为管办双方，需要有效协调。唯有如此，才能实现我国职业足球联赛的良性发展。于是，这两个部门如何联系协作，又需要什么样的机制联系协作，就成为需要研究的议题。

事实上，上述问题在《足改方案》和《管办分离方案》中都有所体现，交叉任职和联席会议制度是两方案给出的举措。当然，需要指出的是，不论是交叉任职，还是联席会议制度都带有明显的组织约束痕迹，并在行政主导体制下效用突出。现在的问题是，管办分离后，中国足球协会和职业联赛理事会都褪去了行政色彩，转而变成了社团组织，在这样的情形下，如何形成组织约束力就成为需要考虑的议题。同时，双方交叉任职在实践中又各自具有多大的决策权也是值得思考的问题。西方采用足协与职业联盟合作运营的联赛（如英超）中，往往采取足协控制"金股"（优先股）的方式实现两者协同，即足协不过问联盟具体经营活动，但是它有一票否决权。也有学者提议中国职业足球联赛可以借鉴西方的模式，采用股权置换的方式来实现二者的协调。从逻辑上看，该思路带有可行性；但中国相关法律（《公司法》）中缺乏"金股"明确规定条款的现实，又决定其可行性不足。回到中国职业足球联赛，当前中国足协代理的国有资产是联赛最大的股东（占 36%），大股东具有较大的投票权和决策权，这是

---

① 鲁篱：《行业协会经济自治权研究》，法律出版社 2003 年版，第 105 页。

《公司法》的基本规定，而且也正因为如此，中国足球协会一家独大的局面影响其他投资人（主要是俱乐部投资人）的利益而广受诟病。如何解决这一问题，约束大股东的决策权，或者进行其他制衡制度设置应当成为理论上的选择路径。但是，前者显然与《公司法》相违背，是行不通的。于是，制定制衡制度设置也就成了解决问题的关键所在。

制衡中国足球协会在职业联赛理事会的话语权过重，从交叉任职的思路出发，可以设置职业联赛理事会在中国足球协会会员大会及其执委会中的对等话语权。即按照现有的中国职业足球联赛股份设置，中国足球协会拥有了职业联赛理事会36%的话语权，在中国足球协会及其执委会中给予职业联赛理事会过1/3的决策话语权。如此，两者在各自重大事项的决策、执行和监督中就会形成权责对等的制衡力量，中国足球协会制约职业联赛理事会的同时，职业联赛理事会也制约中国足球协会，形成良性互动局面。此外，按照现代社会组织要求，在中国足球协会和职业联赛理事会之间互派监事也是必要的。当然，需要明确的是，互派的监事应遵循不在所监管组织获取酬薪与福利为原则。

（四）管办分离后职业足球联赛改革实践中的机制依赖辨析

任何改革都伴随着阵痛，都面临着一个协调与磨合的时期。中国职业足球联赛管办分离改革也是如此。问题是，在这样一个从权力回收再到权力重新授予的转型阶段，如何保障各方利益不受侵犯，又如何协调各方力量，流畅平和地推进管办分离改革的实施，从而使中国足球改革的愿景收到事半功倍的效果，就成为又一个需要讨论的问题，这一问题实际上也就是管办分离改革实践中的机制依赖问题。

事实上，我国职业体育管办分离改革，不仅仅是中国足球的政府管理机制以及中国足球协会治理方式的改革，也不仅仅是相关运行制度的变革重构，更重要的是中国职业体育文化的发展重塑。中国足球从举国体制而来，其后又经历了长时间依赖政府的发展历程，旧有的社会习惯、社会契约早已根深蒂固于职业体育运行实践中，规范也好，信任关系也罢，如何从政府依赖的组织体系和文化传统中剥茧显现，显然是问题的关键。解决这一问题，需要打破传统，破除习惯，形成新的与市场机制主体地位相契合的足球文化。事实上，对于这种隐性的"社会黏附"的去旧创新，需要的不仅仅是政府管理体制机制上的优化或市场机制的重塑这么简单，因为它要改变的是人们的习惯，人们司空见惯的做法，人们已经普遍接受的东西。这就需要从人这一最基本的环节入手。

对于一个转型国家而言，职业体育的发展，在市场秩序尚未完全形成或者市场机制没有真正发挥功效时，政府就完全退出，会形成政府与市场两者都不在场的状态，这样一种状态必然是一种混乱状态。填充这一缺失状态，扭转混沌局面，作为描述"政府与公民、民主与信任等之间关系的新范式"①，社会资本无疑是值得重视的议题。因为，社会资本可以"增进社会信任、团结与合作"②，是"经济发展以及有效的政府的前提条件"。③事实上，当前中国职业足球联赛管办分离改革，抑或中国职业足球治理体系改革，都是在政府体制创新的背景下展开的，实质上是一种政府与社会、市场之间互动方式调整的过程，这种互动与调整蕴含于社会关系变迁实践中，自然无法脱离社会资本力量的显现。而且，从宏观上看，在管办不分背景下的中国职业足球联赛中，对于职业足球俱乐部而言，中国足球协会及其背后的管理中心，恰恰具有企业社会资本的性质，而当前的改革是打破这种格局，使职业足球俱乐部从政府依赖文化向社会依赖文化和文化自觉方向转向。由此，培育社会资本，不仅是撬动中国职业足球联赛管办分离改革的有效砝码，也是中国职业足球联赛后续发展需重点培育的内容所在，值得进一步研究与关注。

---

① 庄德水：《政府创新：社会资本视角》，《公共管理学报》2006 年第 2 期。
② ［美］弗朗西斯·福山：《大分裂——人类本性与社会秩序的重建》，刘榜离等译，中国社会科学出版社 2002 年版，第 322 页。
③ ［美］罗伯特·帕特南：《繁荣的社群——社会资本与公共生活》，载李惠斌、杨雪冬《社会资本与社会发展》，社会科学文献出版社 2000 年版，第 156 页。

第四节 监管与维护：职业体育市场
形塑中的政府实践策略

一 中国职业体育发展中政府主导改革的实现理念与策略

在职业体育市场化趋向明确的背景下，体育职业化则意味着体育行政部门自身定位发生调整，通过社会力量借助市场机制来实现体育领域发展，与之对应的是体育公共品供给模式中，政府开始尝试分离出部分职能并进而转交于社会。这也意味着，职业化改革实践中隐藏的是围绕竞技体育发展的体育公共服务供给方式的转变，也即政府可以从我国体育发展的直接推动者或者体育服务的直接供给者角色上退下来，而借助职业体育这种社会化、市场化组织形式实现我国体育发展。实质上，该过程即是实现体育服务的供给者和生产者分离。现实中，伴随我国职业体育的展开，有关我国体育行政管理部门与职业体育俱乐部之间的争议一直没有间断，认为由于以管理中心的角色多样化，使一旦职业联赛出现一些问题时，管理中心往往左盼右顾，而且更多是从联赛发展或者国家队利益层面处理问题，其结果经常为媒体与社会大众所诟病。究其缘由在于，运动管理中心，是政府中心逻辑的产物，其运行目标自然带有服务于政府的本性；于是怀揣着维护联赛有序运行的梦想，而由于其站错了队，问题解决不善就难以避免了。事实上，上述问题恰恰是管办分离力图解决的核心问题，而实践中，该问题又必须通过职业体育相关组织性质界定及体育行政主管部门职能细化来实现。

为了分析方便，本书以我国职业足球联赛为例，探讨中国足球改革议题中涉及的体育行政部门职能界定及其职能性质辨别问题。围绕中国职业足球联赛，涉及以下一些主要职能团体：中国足球协会、中国足球管理中心、中超公司与中超董事会（先为职业联赛理事会），当前改革核心即是顺应我国职业足球发展需要，对这些机构组织的性质界定与职能框定过程。

首先，中国足协的性质是明确的，是民间社会团体，保持或回归这一性质是管办分离所必须解决的问题，于是剥离贴附在中国足协身上的"二政性"是必需的，使其单纯化是管办分离改革的内在要求。

其次，职业联赛理事会，其性质则更为明确，它们是俱乐部利益的代表，具有职业联盟的企业性质，是具有利润最大化取向的企业机构，其面向的对象是各俱乐部投资人，而不是中国足球协会，它与后者几乎不相干，而与中国足球协会发生联系的是职业联赛及其运行组织群体（含职业联赛理事会），这种关系也仅仅停留在业务上。

最后，对于中国足球管理中心（现已撤销）而言，其目前的性质是多变的，不仅是官方层面的司局级机关，还是社会层面的中国足球联赛组织运行机构，甚至是市场层面的联赛运营机构（如中超董事会及中超公司）背后操控者。实际上，这种性质的多变性，是有其深层根源的。

我国体育职业化由来就是由管办合一性质的中国足球管理中心（及其前身）通过自身改革的结果，这意味着其出娘胎就带有明显政府作用的痕迹，而后的改革实践要求足球俱乐部进行实体化、公司化改造，而与之对应的管理层改革却相对滞后，致使我国职业足球上下对接错位、问题丛生。从这个意义上讲，深化管理中心改革将是管办分离力图解决的关键问题。按照政府职能显现要求，中国足球管理中心，其核心定位是中国足球发展的管理者角色，是代表国家体育总局，乃至中国政府在足球领域的政府职能部门。按照《足改方案》要求，现中国足球管理中心已经撤销，中国足球协会与国家体育总局（行政部门）脱钩，足协现主要职能是我国足球发展的规划、引领和管理者，是足球行业公共服务的供给者；其参与职业联赛，更多是服务职能，并期望借助举办职业足球联赛发挥直接生产我国职业足球竞赛产品，满足人们社会观赏需求，并承担为国家队培养人才等职责。如此，它与职业联赛运营主体（市场主体）之间关系就成为行业内部关系，而非行政隶属上的关系。

由此可见，中国足球改革本质上是一个框定职业体育维持发展链条上各相关主体职责，使其利益关系明晰化的实践，改革后政府、社会、市场各司其职。即"裁判员"与"运动员"分开、"教练员"向"运动员"靠拢。具体来讲，就是要改变过去我国体育发展中，体育行政部门既当"裁判员"，又当"教练员"，还当"运动员"的格局，而要建立围绕我国职业体育发展的新型管理体制及组织关系。体育行政部门将剥离与职业体育联赛的不当关系，从而占据职业体育管理者和监控者角色，而充分赋予职业体育市场主体自由竞争空间，还市场主体地位。问题是，我国职业体育相关改革在实现机制上依赖政府主导，这种政府自己改自己的行动该如何予以实践，显然是一个问题。

事实上，现代制度经济学研究已然揭示，相关改革是可行的，策略上需借助补偿机制，遵循卡尔多—希克斯改进路径。在经济学有关改革的理论体系中，以帕累托改进（以下简称帕氏改进）最为知名。而且这种旨在增加社会总价值而又不影响任何个人利益的改进，更是改革实践力求达到的最高境界，然而无奈其约束条件太高，成为一种脱离现实的理想化模型规划。不过，其现实意义在于揭示改革的最终优化方向和路径，即创设帕累托最优，最大限度地降低改革阻力。现实中，任何改革都是有成本的；改革得以为续的条件必然是改革可以产生正收益，即改革收益必须是大于其成本的。经济学界，将这种总体上是有利于社会价值的提升，但会对部分人产生不利影响的改进称之为卡尔多—希克斯改进（以下简称卡氏改进）。从理论上说，优化改革的有效途径即是实现卡氏改进向帕氏改进转化，其核心是补偿机制的应用，因为，只要在社会谈判成本不高的前提下，通过调整补偿方案，足以找到一种适合各方利益的标准。一般来说，优化卡氏改进的补偿方案有两类：一类是通过政府调控机制或转移支付机制实现受益方对受损方的直接补偿，使后者不再承受损失；另一类则是间接补偿，即通过机制或制度优化，给受损方提供政策扶持、给予优先方权力创设潜在的补偿空间，借助后者的努力参与实现。综观我国职业化改革实践，从运动队俱乐部化到运动员转会制度的放开及其后俱乐部公司化，几乎处处都可以看到卡氏改进的身影，而每一次改革得以进行的关键都在于通过政府调节机制实现了卡氏改进的优化。从这个意义上讲，落实我国职业体育相关改革的核心就演变为解决职业体育改革出现的利益受损者的补偿问题。

　　需要注意的是，我国职业体育管办分离改革的特殊性还在于受损者的身份及其受损利益点不同，改革是对政府的改革，利益受损方是政府或者政府机构执行者（官员），而其利益点在于损失了可以继续谋利的工具。具体来讲，就是分离体育行政部门既管钱、花钱，还要生钱、赚钱的职能，将体育行政部门办职业体育的职能（生钱、赚钱的职能）转交给社会与市场。如果将职业体育的基本问题定位于对人、财、物、信息等资源的控制权配置问题，那么管办分离实质上即是取消政府经营活动的正当性，通过政府主导的强制性制度优化，剥离原有不合理的政府职能或效用的实现方式，使得政府握有资源控制权成为不合法行为，或者说政府依靠自身职位和职权谋求经济利益增殖具有违法性。当然，在制度经济学的研究框架中，诱导性改革实践是更接地气的，是更利于改革目标实现的。如此看来，管办分离改革实践中，鉴于其自身风险性高和政府机构阻抗力大的状况，仅仅是限制还是远远不够的，还要增加相关的引导性机制或者说补偿机制。在我国职业体育市场化明确的背景下，用市场财富权力机制代替职位权力机制无疑是合适的。即通过市场化、商业化运行，使得职业体育运行利益追逐实现方式由职位转换为财富。策略应对上，一方面禁止行政职位谋利的可行性；另一方面优化市场化要素和竞争激励机制的功用，发挥市场财富竞争机制自序演化的替代功能。于是，推进我国职业体育管办分离还必须依赖我国职业体育市场性的增加，促进竞争激励机制的作用，一方面增加我国职业体育社会总价值的生产创造，另一方面向社会传递一种取向，即"基于职位的权利逐渐被基于财产的权利所取代"[①]，从而逐渐缩小基于职位的权利领域，形成相对清晰的产权制度体系，迎合职业体育市场化发展的要求。由是观之，落实管办分离改革必须强化职业体育的市场性，增加其竞争性，通过职业体育市场效用显现，实现职业体育相关主体逐利模式之转变。

---

　　① 张维迎：《市场的逻辑》，上海人民出版社 2010 年版，第 145—146 页。

二　中国职业体育改革中的政府角色重塑理念与实践策略——以职业足球改革为例

当今世界的足球运动，业已跳出单纯的体育竞赛活动的范畴，成为与人们生活联系密切的文化活动。而其生成发展的每一步，都和政府与市场密切联系。当然，政府与市场的关系，应隶属历史和社会的范畴，在不同的社会阶段和社会体制下，其相互关系和内在勾连机制是不同的。因此，世界足球强国的发展样式也自然无法完整反映我国足球发展现实中的政府与市场关系范式。立足当前我国社会背景，摆脱足球发展的落后窘况，迫切需要政府的强势介入，而如何使政府与市场在动态发展的过程中保持强劲鲜活的叠加应力，则是我国足球发展需要重点解决的技术型问题。

（一）我国职业足球发展中的政府与市场关系重塑理念

政府作为一种社会构建物，从其缘起开始就具有区别于其他社会事物的特质，被赋予更多职能与期望。正是在该意义下，政府与经济、社会，乃至体育发展关系的议题才会成为理论界无法逃避的课题。就当前流行的政府缘起方式来看，如果我们承认了暴力论的合理性，则体育作为带有"强武"特征的社会活动，可能从其产生就必然结缘于政府，是"流寇"或"坐寇"手中的关键"武器"；而即便我们认同政府缘起卢梭、洛克抑或诺齐克、诺斯等的契约论，现存的理论倾向中也往往认为，正是由于政府力量的介入才使得体育从缘起的游戏，变为当下政治工具。如此看来，政府与体育原本就具有紧密的关系。诚如郝勤教授（2004）所言，"政府的介入改变了体育的历史，对近现代体育的形成和发展具有重大意义"。回到足球领域，19世纪中后期足球运动项目在西方出现显然是与当时西欧国家制度的先发性有关，背离工业革命及其后城镇化推进政策的实践，无集聚的人群和温饱等问题的解决，足球这种运动形式能否出现都成问题。而后在西方经济文化政策氛围中，足球运动顺应性地向市场化靠拢，成为联系厂商与社会大众的重要纽带，并在20世纪80年代成就其经济帝国与第一运动的神话。当然，一旦与经济"沾上边"，足球与政府之间的关系就迅速复杂化了。即关于政府与足球发展的议题中间被经济

（市场）所"割裂"，足球发展的问题不再是单向度政府的问题，而变为如何在政府与市场之间进行理性选择的问题。

当然，在当前世界足球职业化如日中天的背景下，背离经济（市场）去谈论足球发展是不合时宜的。如果将我国职业化改革定位于关于足球发展方式的转变历程，其主旋律就是"官进民退"，认同社会化、市场化机制，让市场发挥更大作用，是该改革的本质指向。因此，在职业化方向明确的背景下，国内学界有代表性的观点大多在我国足球发展方式选项上明显偏向于市场，而主张限制政府行为。综合来讲，这种摒弃政府的趋向，往往源于以下几点：

其一，这种问题的细致探讨来自政府相关研究领域。在行政学理论体系中，政府天生就是为解决公共问题而来的，政府的基本职责即提供公共品或公共服务。在进入近代社会以前，政府以其独有的合法性的垄断暴力为后盾，主导着社会其他相关组织的发展，代理着权力的存在。但是，当西方社会进入市民社会并以市场经济为助推方式运行时，政府这种人类最得意的设计也出现了问题，甚至到了 20 世纪80 年代公共选择理论那里，原有政府立根之本都变成值得怀疑之处。究其缘由在于，政府传统主导模式下存在的官僚作风及其事后内部监督的低效性，在市场的高效、充满竞争活力映衬下被无限放大，于是，对政府机制的重新反省成为现实诉求。而在此背景下，减少政府干预，充分发挥市场在基础性资源配置中的效用成为应然选择。反映到足球领域，当外周环境中，足球职业化、商业化红火运行，这种既赚钱又得面子的买卖确实诱惑力巨大。现实中，我国旧有举国体制的弊端逐渐为社会所认识，改变众多不适应即意味着改革。然而，当我们自己也搞起了职业足球，却发现结果并不是那么回事，察其现状极易发现，我们的职业足球中始终有政府的影子，"政府权力的广泛介入成为职业足球发展的桎梏"；而"管理层急于求成的功利心态"和"冒进机会主义行为"①，造成我国足球发展背离国情、脱离足球运动

① 阳艺武：《从"急"到"缓"——中国足球"厚积薄发"的发展思路探讨》，《天津体育学院学报》2012 年第 1 期。

固有规律的要求，致使我国足球当前局面的出现。由此，在我国社会转型与政府行政体制改革的双重背景下，解决问题的方案中自然少不了剥离政府干扰这一基本判断。即问题的产生根源即在于政府没有做好，改进这种困境依赖政府自然是行不通的。

其二，足球作为团体性运动项目，属于"大众"项目，在国外足球发达国家大多是"散养"的。而基于我国体育发展特征来看，原有的举国体制是一种政府主导的体育发展方式，在该模式推进下，我国在跳水、乒乓球、羽毛球等"小众"项目通过"圈养"取得了巨大成功，而"现有举国体制对于中国足球来说不好使，不可能靠抓'点'出成绩"，因为"这些集体球类项目，只有基础大，才能尖子尖"。① 顺此思路，自然易于形成依赖政府机制可以搞定"小众"项目而很难搞好"大众"项目。于是，推进足球等"大众"项目的发展必须将其推向社会，而不是"圈养"在政府的"箩筐"中。于是，在社会主义市场经济下对举国体制进行解构与重构，以化解举国体制与我国足球发展的"多层次矛盾关系"成为推进我国足球发展的应然举措。

其三，在当今社会，与主权国政府"四处碰壁"、寻求改革不同的是，有一些"超政府主体"却"八面玲珑"，诸如世界贸易组织、世界货币组织等。这种局面的形成与这些超主体组织在世界经济社会格局形成博弈中占得先机有关，而一旦它们取得优胜，则意味着它们成为代理该领域利益之争的主导者。在体育领域中，这样的组织也存在，国际奥委会、国际足联就是这样的组织。国际足联即是在 20 世纪 80 年代的体育经济化大潮中，占得先机，成为掌控足球巨大经济效益的"合法人"。在现存的利益格局下，从理性角度讲，国际足联这样的"超政府主体"首要规则就是必须树立唯一主体角色，反对诸如政府等其他利益挑战者的介入。在我国快速融入全球化的实践中，沿承国际现行举措带有明显的适合性。而且，当前经济成为足球的重要标签，推行职业足球，按照市场规律运行成为足球强国广泛采用的

---

① 杨桦、任海：《转变体育发展方式由"赶超型"走向"可持续发展型"》，《北京体育大学学报》2013 年第 1 期。

做法。于是，基于外周压力也好，顺应国际通行范式也罢，都涉及排斥政府干预足球运动发展的理念。

诚然，足球职业化发展方式，是一种以市场为基础资源配置方式的运行模式，但是，这并不意味着它就排斥政府的作用。即便是完善的职业足球运行体系中，政府的作用也是不可或缺的。因为，一方面足球职业化需要一定的宏观条件，这些条件包括法制体系、竞争规范、宏观经济政策、社会保障体系以及市场经济氛围等，它们的形成与维系需要政府的作用；另一方面，职业足球运行中自身存在的市场失灵问题也需要政府及时介入。于是，上述理论判断逻辑上是可疑的。理论上，任何事物的发展演化都是特定社会背景中，社会系统多方角力综合效应的呈现，是依赖多元动力源组合作用的；而且在时空差异化的条件下，事物发展演化本然显现差异性是一般特征，或者说那种步调一致、方式划一的演进实践只能停留在理论研讨中。于是，回归我国社会背景，客观审视我国足球发展的问题所在，并据此找出有效的实践策略是现实的。这也意味着，跳出固有的逻辑框定是必要的。显然，此处固有的逻辑框定指向政府无能论，即是那种认为依赖政府是无法解决我国足球发展问题的逻辑判断。诚然，在相当长的一段时间内，我国依赖政府主导的发展机制没有能够实现足球的快速发展，而后的政府主导的职业化改革或多或少由于政府的管制过甚也没有能够顺利达成预定目标，但这并不能就此判定政府在我国足球发展中低效性就此显现。事实上，先不谈新中国成立后足球水平的现实强弱，仅仅以举国体制践行前后的我国社会背景来看，当时我国社会组织发展滞后是极其明显的，在社会组织无法有力化解政府压力的背景下，政府充当组织足球发展的"发动机"，主导推进包括足球在内的体育事业发展多少具有历史无奈性。而且我们通常意义上的政府行为低效性的判断前提恰恰是有比对对象的。一般是在社会组织发育良好的理想状态下，在市场竞争充分的条件下展开的，一旦脱离该前提条件的约束，则有关比对行为成为一种不负责任的事后评价，是不具有特定历史意味的。在此语境下，提及我国政府促进足球发展的低效性具有明显的逻辑谬误。同样的道理，也可用以说明关于足球"圈养"

和"散养"的优劣之比问题。而且这种分析思路，还提示我们分析政府介入足球发展的可行性问题必须结合当前我国特定的社会背景条件。

当前我国足球发展的背景条件是什么，综合来讲，一是全球化加剧；二是体制改革引领的职业化提速。关于第一个问题，如果将全球化作为当前我国足球发展的社会背景，实质上该背景是西方主导体系的演变结果，是西方资本主义运行方式在足球领域的体现，并表现为以竞赛水平分类的旨在追求经济和政治利益的"有序"体系。而在该体系中，像我国这样的后发国家，由于足球水平低下，应然地处于边缘地位，或者说只能据有边缘性受"剥削"的位置。站在维护国际通行范式和全球化格局的层面，西方主导的反对政府介入足球事务思潮背后隐藏的是保护自身利益的冲动，而不是关于政府能否可以有效推进足球运动发展的论断。事实上，经济全球化发展理论研究业已揭示："任何一个成功发展资本主义经济的国家，或许除去工业革命先驱英国以外，都曾会经过国家干预、保护幼稚工业、以国内市场为基础的工业化发展阶段，美国、日本、德国皆是如此，今日的东亚后进国也如此，绝非'自然'发展升级的。"① 而且，从另一方面看，当前如果我们不推崇政府介入足球发展事宜，则意味着我国足球仍然将在相当长一段时间内处于低水平依附阶段，这显然是国人所不愿意看到的。关于第二个社会背景，可能也会产生相似的结果。诚然，我国职业足球运动的展开与发展，是在国际范式影响下，是政府主导的改革历程，甚至可以说是从原有举国体制的专业队"圈养"模式向社会化、市场化的"散养"模式的转移实践。这种转变本质上用带有社会化、市场化主导发展方式代替原有政府统揽型实践方式，其间政府逐渐退位是一个基本趋势。而现实的状况是，职业化后的我国足球的水平提升并不明显，甚至大有退步之嫌。国家队世界排名从职业化初期的五六十位到当前的近百位，无疑明证该问题。换句话说，当前我国足球职业化、社会化的散养方式在推进我国足球发展上是不力的。当

① 贺照田：《后发展国家的现代性问题》，吉林人民出版社 2002 年版，第 60 页。

然，关于该论断的反驳意见可以明确指出之所以如此是由于我国政府介入了职业足球，而我国现行的职业足球是一种"伪职业化"。细析该反驳理由，可以发现它带有明显的基于职业足球良性发展期望的逻辑出发点，即关注的是由于政府越位问题带来的我国职业足球发展问题，而非足球真实的发展状况。现实中，在以政府退位为特征的改革实践中，常态化地伴随政府缺位现象，并且该问题在社会组织成长不良的状况下，危害尤胜。如我国职业足球推出后，由于职业俱乐部建设不完善，在后备人才培养体系上存在明显缺失，使我国青少年足球人才培养体系断裂；而之所以如此，显然是与政府从我国足球发展中退位的改革实践分不开的。这种由于我国足球改革的无先例性，政府推进过程难免不会出现这样或者那样的问题。如果此时我们将由于政府尝试性实践所带来的问题归结为政府的无能或不能表征，显然是有失公允的，而且极易犯以偏概全的错误。反过来说，在我国体制改革背景下，当前足球发展实践方式的细微改动，都离不开政府的介入，当社会组织的承接不力，理性应用政府机制显然是合适的。如此看来，处于全球化冲击下的我国足球发展，由于自身市场机制的不完善，政府角色担当不应片面追求西方成熟体制模式，相反，应强调政府不仅要充当"无为之手"的角色，更多还要发挥其扶持之责。

进一步讲，在我国现有社会背景下，旨在促进我国足球发展的政府与市场发展策略选择上，还涉及两个关键性的因素。其一，涉及足球发展的时效性问题。在政府与市场发展范式比较中，政府短期高效性是被广为认同的，充当"救火队员"的政府，由于其资源调动性强，可以迅速动员全社会力量；加之其执行能力强，瞬时爆发力足。事实上，即便是最为反对（政府）构建主义理性的哈耶克，他也着迷于理性构建主义在模仿建构上的巨大优越性；而我国经济社会发展的成就恰恰又在另一个层面为后发赶超式发展国家的政府"利器"提供实证。当然，与政府瞬时效用突出相对应的是，政府具有"转身"慢的特性，往往滞后社会发展方向的调整，致使政府承载更多东西，无法满足社会诉求的多变性。于是，在长期发展实践中，政府的劣势也是相当明显的。其二，涉及我国足球发展目标问题。如果我们将我国足球发展目标定位于足球竞赛成绩的提升，即"冲出亚洲、走向世界"，那么此时政府主导微观发展是合适的、有效的；相反，一旦我们将其定位推进我国足球水平的实质性提升，以满足国民体育需求，则让渡市场或社会是适合的，而此时政府效用则更应体现在政策引导上。由此，在当前我国足球发展极其艰难的历史时期，我们确实需要给它注入"强心剂"，需要借助政府之手，哪怕是回到"圈养"模式，只要可以取得我国足球进步发展，其效果也好于当前的"一潭死水"。

此外，在制度经济学范式下，政府与市场作为人类精密设计的两种高端"武器"，都是为节约社会交易费用而建立的，其本身并无优劣之分，有的更多的是是否适合之别。从亚当·斯密的经济自由主义，到凯恩斯的干预主义，再到弗里德曼新自由主义以及今天盛行的多元治理，经济社会发展理论长期在市场与政府之间"浮荡"的历程恰恰可以证明政府在与市场的"比拼"过程中不是"一无是处"的。因为政府是有其优势之处的。政府的优势在哪里？首先，政府擅长计划，精于顶层设计；其次，资源动用能力强，瞬时加速能力足。此外，政府善于做全局性的大事。而且，当前社会经济发展实践更是证明，政府与市场不是一般意义上的对立关系。诚然，微观层面貌似政府管得多，市场就必然受到挤压的对立关系，然而这更多的是一种基于现存静态实践的经验性考量；一旦我们系统的宏观观察经济社会发展实践，就可以清晰地发现政府与市场的常态是相辅相成的。一方面，市场经济的良性运转离不开政府的"托底"作用，需要政府为其创设条件；另一方面，市场的有序运行，又可以减少政府介入的频度，使得它可以更专注于所长。纵观西方职业足球发展历程，固然可以承认其遵循自发秩序演进的规律，但是，从市场契约的制度保障到反垄断赦免，从竞赛场地资助到经济政策支撑，无一不体现政府的立场与作用。由此可以判定，我国在相当长一段时间内推行政府主导的足球发展，甚至在职业化后的相对长一段时间内，政府仍发挥关键作用，这本身并无过错。事实上，政府介入本国足球运动发展的例证，从足球产生之初就出现了，而后比较知名的诸如 20 世纪 70 年代意大利的"复兴计划"、日本的发展策略，以及德国的"天才计划"等。

这昭示着：政府强势介入本国足球运动发展是世界各国惯用之策，而非具有计划经济特征的社会主义国家独断之举。而且在当前我国足球发展不力的状况下，想要快速提升我国足球水平，而抛弃我国改革开放30余年最为宝贵的实践财富，是极不明智的自断臂膀行为，实质是将"孩子与脏水一同泼出去了"。

（二）"扶上马送一程"：我国职业足球发展中政府实践策略

诚如前文所述，在促进足球发展议题下，政府与市场作为两种推进机制，本身并不存在对立性，也不存在绝对的范式。尚处于发展中的我国足球，其对政府的角色要求显然是西方成熟职业体制所无法引向的，更多地需要政府主动介入是其现实诉求。当然，明确了政府在促进我国足球发展方面的能动力，仅仅是给出了我国足球发展方式上的大体趋向，在具体该如何规划足球发展中的政府与市场关系上并没有给出明晰的解答。这也意味着，当前我国足球发展方式选择上具体该如何操作的问题并没有得到解决。于是，逻辑上就需要找寻如何合理利用政府这只手。

在经济社会发展中，政府（国家）的作用往往被比作三只手，即"无为之手""扶持之手"与"掠夺之手"。其中"无为之手"，主要指向政府"守夜人"的角色，强调充分发挥市场之力，政府越小越好。当然，诸如市场失灵、国际竞争等现实无情摧毁了"无为之手"的逻辑根基，于是，追求社会经济发展以及社会福利的增加，就需要政府介入干预，以弥补市场不足或获得国际地位。这种旨在促进经济社会发展以及帮助增加社会福利的政府干预范式，即为"扶持之手"。而与政府"扶持之手"并存的，还有政府"掠夺之手"，即那种在促进经济社会发展或增加社会福利提升实践中，由于政府的非中性，而用以维护政府自身利益的实践。事实上，当前我国足球改革与发展实践中问题频发的根源，即可能与政府的"掠夺之手"有关。现实中，当我们将足球职业化改革作为我国改革的试金石看待时，足球改革就成了后续其他项目改革的探路者，为了改革而改革举措不断推出。现行的诸如管办分离等足球改革举措，多少就带有顺应国家改革总体布局而进行的试点改革意味。与此类同的，可能还包括推行足球职业化的基本动机与目标指向问题，当我们为了节约经费保障奥运争光，或者为了足球国家队竞赛成绩而不顾足球联赛有序运行规律，其恶性影响是不可避免的。由此看来，发挥政府在促进足球发展的扶持之手效用边界，实质即与政府"掠夺之手"有关。

另外，我国职业体育形成，由于其后发性，自然带有靶向，即西方完善的职业体育制度体系。从发展的角度看，这明显是有利的，只要我们"照葫芦画瓢"即可。这个"瓢"是什么？实质即是职业足球自身固有规律及其形成演进规范。在西方社会，职业足球形成是一个从游戏竞赛活动向市场化商业化迈进的历程，或者说是一个从社会走向市场的转变实践，其核心是围绕符合足球运行和市场规律的秩序体系建构。其中涉及足球运行规律的建构产生了联赛体系、俱乐部青训体系，而围绕市场规律则催生了商业运行体系、中介与转会运作体系等市场内容。事实上，这些内容是职业足球作为一种商业体育样式存在的基本特质，不论是自发形成，还是理性建构都无法摆脱该规律约束。党的十八大报告指出："经济体制改革的核心问题是处理政府与市场的关系，必须更加尊重市场规律，更好发挥政府作用。"① 换句话说，面向市场，发挥政府作用的前提是尊重市场规律，而不是干扰甚至背离市场规律。在此意义上，我国足球从原有举国体制向职业体制变迁，遵从政府理性建构主义立场，必须遵从职业体育市场化运行的内在规律。

基于上述分析，在足球职业化发展趋向下，旨在推进我国足球发展的政府，一方面需要在推行政府扶持效用的同时压制其掠夺性，另一方面则需要在遵从职业足球市场规律的基础上发挥政府作用。现实中，可以用"扶上马、送一程"来定位这种有条件、有约束的政府帮扶角色。而随之问题的关键就演变为"谁"扶"谁""谁"送"谁"，以及如何"扶"、如何"送"的问题。其实，前者相对来说很明确，即政府扶持职业足球的发展，并以此为抓手推进我国足球运动的发展。而后者则相对复杂，一旦扶错了地方，不仅无法实现帮扶效用，

---

① 胡锦涛：《坚定不移沿着中国特色社会主义道路前进　为全面建成小康社会而奋斗》，《人民日报》2012 年 11 月 18 日。

而且还会惊了马，造成严重后果；同样一旦我们无法保持"送"的节奏，"南辕北辙"不是危言耸听。事实上，"扶人上马"，首先，要有"甘当人梯"的奉献精神；其次还要有技术支撑；此外，还要有切勿碰"马"的禁忌。反映到现实中，则意味着首先要摆正政府推进职业足球发展的心态，是为了政府自身锦标利益，还是真心实意地想推进足球（职业化）发展以满足社会大众业余生活需要，这是必须明确的。从这个意义上讲，在我国足球发展过程中，政府需要在职能理念上实现两个基本转变：即从与民争利的锦标主义发展型政府向维护职业足球发展的服务型政府转变，从行政干预过多的全能政府向让市场充分发挥作用的有限政府转变。其次，在政府职能实践基点上，则应强调"尽本分"做好政府该做的事情，以发挥政府自身优势；同时要做市场不愿意也无法做好的东西，发挥市场帮手作用。这主要包括以下两个方面：其一是市场做不好，也是无法做的，如我国足球中长期发展规划、职业足球市场软硬件基础设施建设、职业足球扶持财税政策、职业足球市场失灵干预措施等。其二是市场不愿意做的。市场具有逐利性，无利的东西市场自然没有兴趣过问，这就需要政府提供服务。这就指向在当前转型背景下，无法盈利的东西，如青少年足球运动项目推广、足球文化体系培育、职业足球联赛制度规范体系建设等。此外，职业足球不同于专业足球的最大差别在于一个是自己"造钱"、"花钱"，而另一个却是"不造钱"只"花钱"，习惯了支配的政府往往不自觉地伸手干预职业足球"造钱""花钱"的全过程，这实质上就涉及对政府"掠夺之手"的限制问题。消解该忌讳，则意味着政府要积极推进自身制度建设，大兴民主之分，强化分权之利。

　　而"送一程"，实质上强调发展运行主体的主次分明，切勿干扰别人"远去"是基本原则。现实中，则意味着政府在对待职业足球发展问题上，要有明确的自我认识，切不可"跑到马前"，胡乱指挥。职业足球作为一种社会运行体，其存在背后有其自身的"自我生成系统"，可以"通过组织它们的那些要素再生产出组成它们的要素"①，

---

① ［德］卢曼：《社会的经济》，余瑞先等译，人民出版社2008年版，第33页。

从而实现自发指引职业足球运行的功效。这种系统自我生成规律，往往涉及系统构成要素之间具有紧密的衔接性和关联次序性，任何扰乱系统衔接性和次序性的举措，都可能从根本上破坏系统的自我生成，也即破坏了系统发展演化的基石。反映到职业足球运行中，球员、教练员及其经营管理人员，连同现金与实物资本一块密切配合构筑系统运行要素体系。先有职业足球俱乐部、职业足球竞赛，再有职业足球市场；先有后备人才培养体系，再有职业运动员、职业球员市场以及中介市场；先有城市职业足球市场，再有借助传播媒介的国内市场、国际市场，这些是职业足球自我生成维系的基本规律。而诸如球员培训、球员中介、职业足球转播与赞助等都是带有职业足球发展应然运行选择的结果，更是市场行为主体基于边际分析的理性选择结果。任何不良的干预，都可能导致整个职业足球运行发展的错位。从这个意义上讲，政府那种"拍着脑门"干预、"拉郎配"式推进行为，必然伴随政府越位、错位、缺位问题集中爆发，实质是政府跑到"马前"行为的显现；相反，那种通过制度规制、政策扶植与引导，目送职业足球正当发展的行为则更具合理性。

第八章 余论：中国特色职业体育 研究前瞻与思考

　　社会关系是如何运作、如何演化、又如何被形塑的，一直是社会科学研究的基本问题。人类学、历史学、经济学、社会学无一例外都以此为焦点议题，有的差异仅在于选取的视角以及基本理论假设不同而已。人类学、历史学研究更多是将视角集中于可资实证的事件，重视错综复杂历史进程中的偶然事件，并进行特征化阐释，以在特定的历史情境和社会意义上理解和诠释社会行为，架构社会关系效应；而社会学与经济学则以确定性找寻为旨趣，重视社会诠释性，探寻社会环境在社会关系运作与演化中的意义象征。而涉及社会异质性问题时，两者之间差异很大：前者强调变迁与发展以及隐含其中的关键性历史事件的效应，而后者更倾向于找寻与发现独立于时空制约的普遍性法则。如经济学家建立具有普遍性意义的竞争规律、供求规律等，并认为这是市场实践所固有的，是万能的，只要搞市场就需如此。换句话说，按照经济学、社会学的一般范式，西方市场经济和中国市场经济在这些问题上是一致的，社会主义市场经济和资本主义市场经济在理论上是没有子丑之分与寅卯之别的。进一步说，中国今天搞市场经济建设就需遵循西方已然成型的市场经济基本法则，进行类西方化运作。

　　作为一种思维方式，普遍性法则及理论演化的形成，可能与现代科学缘起成熟于西方工业文明之中有关。近代的自然科学，特别是以牛顿为首的物理、数学等，往往以追寻确定性为己任，认为："任何物体都保持静止或匀速直线运动的状态，直到受到其他物体的作用力迫使它改变这种状态为止。"（牛顿第一定律）按此规律，则意味着时间被无情地抽取掉了，过去与未来在确定性规律面前变得毫无意义或者说具有一致性，任何背离规律的发展与演化都是不存在的。随后，达尔文主义走上历史舞台，演化成为一个组织适应环境的优胜劣汰过程，多样性、变化、适应、选择、保留成为映射组织演化之关键所在，历史的逻辑逐渐站得住脚。这种先行的且为广泛社会认同的自然科学思维方式也往往为社会科学研究者所迷恋效仿。社会学的鼻祖奥古斯特·孔德在奠定社会学蓝图时就是以追求科学化为指向；后续的研究方法数学化完善不断提升，甚至到了经济学那里就逐渐演化并实现类自然科学模式的转变，数学模型、经济计量的大肆修炼，使得经济学成为类牛顿式物理学，哈罗德—多马模型、库兹涅茨曲线等告诉了我们要实现什么，就需做什么的详尽条件与要求。对科学化的迷恋，诱使社会科学研究形成了追随自然科学模式去探索获得具有普适性的理解人类社会生活之要义的理路，而忽视社会的文化建构性。事实上，一旦忽视社会的文化建构性，则意味着冥冥之中存在着某种社会法则，该法则会牵引着人类社会走向固态的结果；而不同社会模式之存在仅仅是它们之间存在的时空有别，或者说发展周期不同而已。如此，所谓中国特色之形塑不过变为理论上的空话，或者委婉言之为在中国特定时空中进行的社会关系建构活动，除此无别于西方。而现实中，文化之差异是广泛存在的；"创造性、适应性和灵活性是人类的基本特质"①，业已被证明。而文化多样性逐渐成为现代社会科学自我反思之结果，如库利强调社会过程形成之社会适应性、卡尔·波兰尼追寻经济社会演化机制中的嵌入性等。适应、变异与变迁等一系列反映社会文化建构性之概念逐渐为社会科学研究所推崇；社会互动、社会结构、社会制度被定义，并被看作是理解社会关系运作和社会秩序生成之要素所在。社会关系是社会互动建构的结果，其中社会实践事件是社会关系变迁的表征，在运作中由路径依赖、时空情境以及一些偶然事件确定，并经常以社会结构与社会制度样态显现出来。如

① ［美］康拉德·菲利普·科塔克：《文化人类学——欣赏文化差异》第14版，周云水译，中国人民大学出版社2012年版，第4页。

此，社会科学领域的发展演化顺应之迈入历史的逻辑，不确定性及其适应成为催生社会关系运作与演化之要点。

反映在经济学中，古典经济理论逻辑上认同经济行为主体处于一个机会集、无差异曲线、等成本曲线、价格与价值等组构的环境空间中，且具有完备的知识性（含信息），行为主体基于自身理性对环境情境进行有意识的反应。当然，这种有意识的反应——理性选择不是为了改变环境情境，而是为了适应情境。如此，则意味着行为主体的作用更多是体现在操作层面上，经济系统的整体变迁是行为主体所无法撼动的，因为它取决于外生的条件，由初始的规则、结构、路径所决定。而一旦迈入演化的历史逻辑中去，则经济发展的理论假设发生了明显的变迁，环境情境就不再是外生的，而成为经济系统演化的一个变量。环境推动经济系统演化，同时经济系统演化又反过来带动环境的变迁。此时，研究关注的是"一般性认知和一般性行为的动态变化，以及与其共同演化、处于不断重构和变化之中的经济体"①；而经济系统发展过程是由一系列具有不确定性的内外部因素所制导的，不确定性带来知识演化，催生知识分工和专业化，并引起组织、规则、行为机制的顺应性变迁，从而产生跳出传统经济锁定效应的演化发展图景。如此，演化结果所涉及的最优化过程，不再是通过"有意识的策略选择实践的"，而是"由竞争和选择过程完成的"。②

以制度规则演化为例，共识的规则的起源是由于社会关系的不协调而来的，经济系统为了解决不协调问题，选择与博弈出现某种约束不确定性的习惯设置即为规则。与规则沿用伴生的是某种结构关系及其运作样态。当然，新规则及新结构关系的出现，打破了原有关系的平衡，经济系统面临着结构性不协调的风险。这种风险孕育着新的骚动，扰动着系统关系层面的结构与功能的耦合。此时，内部约束力量的大小、潜结构的出现与否、结构自身修复机制强弱，将决定规则及

---

① ［瑞士］库尔特·多普弗：《经济学的演化基础》，锁凌燕译，北京大学出版社 2011 年版，第 27 页。

② ［美］萨缪·鲍尔斯：《微观经济学：行为、制度和演化》，江艇等译，中国人民大学出版社 2006 年版，第 45 页。

其衍生出的系统结构的能否存续。① 一旦规则稳定力量弱于复杂系统扰动因素，则意味着经济系统面临再协调问题，并催生新规则的出现与保留（成为制度），规则发生变迁。由此可以看出，规则制度的演化是自我强化机制强弱及其约束结构稳定与否的运作结果；甚至于"新的规则得以传播，并不是因为人们认识到它们更有效，或更能估计到它们会得到扩散，而是因为它们使遵守规则的群体得以成功繁衍生息。"② 在路径上，诺斯认为，存在由于考虑过去发生的沉淀成本而形成的锁定效应；但是，诺斯语境中的制度变迁锁定效应更多强调的是规则制度演化过程中的影响，或者更多是基于某一国、地区制度发展进程中由于旧有习惯所形成的对新型事物的厌恶倾向，是单一主体的分析视角。其意义在于揭示这种锁定效应往往会带来一市场的"马太效应"，即强者更强、先入者为主。事实上，后续诺斯即将非各态经历世界的不确定性求解放入到信念体系、文化、认知科学中去，提示人类的意识和意向性是关系经济变迁的重要因素。

如此来看，回归历史逻辑，而非单纯的经济学理路，方是探究经济演化之合理路径。在此路径上，首先要承认社会的文化构建性，将环境界定为系统变迁的变量；反映到经济社会系统中，则应是一种旨在规定与约束社会关系的，由共同遵守规则与习惯、相关互动结构与组织样态以及相关运作实践机制综合而成的人为构架。如此，也就有了演化的局部同质性和全局异质性。事实上，只有承认社会的文化建构性，才有不同文化语境中不同的社会运行规律，社会存在文化之差异与文化特色。也只有在这一层面上，中国特色之逻辑才有立足点。

演化过程中，有些特征是恒定的，这是不需要根据情境而频繁更新的，带有共识性，它们构筑了演化结果的局部同质性。另一些，则是变动的，这些可以在演化过程中被更新，并赋予内在特征。前述研究已显示，职业体育运行实体（俱乐部）在特定环境中交互作用，演

---

① 金观涛、刘青峰：《兴盛与危机：论中国社会超稳定结构》，法律出版社2011年版，第385页。

② ［英］弗里德里希·冯·哈耶克：《致命的自负》，冯克利等译，中国社会科学出版社2000年版，第13页。

化差异取决于实体对增长优势的选择，并反映在实体内在组织结构特征、依托环境特质，以及它们之间交互关系的支撑与协调过程。现实中，西方职业体育在欧洲与北美之间产生的制度规则、组织结构、运行机制等方面各具差异的样式，就与它们各自所依托的社会文化的差异性有关，这种社会文化差异借助内生式结构变迁显示出来。今天，以中国特色为取向的职业体育建设，则应秉承内源式发展理念，基于自身的社会文化特质，重塑有中国特色职业体育理论体系，避免落入西方模式锁定效应陷阱。

关于西方职业体育锁定效应，理念上其得以发挥的基础是先赋优势，即可以利用其资源禀赋优势的转化机制。当然，关于西方职业体育模式锁定效应，即西方职业体育提供了一种给定参照模式，而且进行形象化的包装，从而形成发展模式上锁定效应。这在前面章节已有论述，在此不再赘述；此处更多地涉及运作理念问题，即我们要以何种态度看待西方职业体育所型塑的全球秩序问题。在全球化背景下，从先发国家西方职业体育角度看，占据和掠夺后发国家遇到的最大困难无非是贸易保护主义或者说是国家干预主义，一旦消除这种国家干预主义，则依托比较优势战略，先发国家可以轻易利用其在经营方式和资源禀赋上的积累优势，进入后发国家，并占据该国市场。当然，换个角度看，对于后发国家而言，这显然是极其不利的，因为它们的资源禀赋，特别是人力资本禀赋上与先发国家具有巨大差异，在开放的自由竞争的激烈对抗中，很难不处于下风，而资源自主积累过程的长期性使得其超越式发展成为空中楼阁。从这个意义上讲，自由主义视域下的比较优势战略就成为锁定效应的理论依据之一，也是我国需要重点关注的不良理论趋向。理性的做法是：像我国这样的发展中国家完全可以利用政府的市场与非市场手段改善本国企业的国际贸易条件，并且政府干预还能够让整个社会产生"学习效应"，以"干中学"与"学中干"的方式增强本国企业（联赛、俱乐部）的市场竞争力。事实上，从经济发展角度看，不论是传统强国英国，还是先有强国美国，在其经济强势的发展过程中，无一离开了政府对国内产业的保护乃至直接扶持。同样，充分利用国内政策强力保护职业体育发展也为国外体育强国所广泛采用，如欧盟的足球产业政策。如此看来，摒弃比较优势战略的机械论观点，充分发挥政府的扶持作用是我国职业体育摆脱西方职业体育锁定效应所必需的。

另外，对于一般演化而言，差异性往往不是作为结果一次性显现出来的，因为，"演化中并不存在一个变异机制和选择机制的序贯发生过程"①，两者经常是同时发生，变异中有选择，选择的同时又会发生变异。环境作为变量存在时，在不确定环境和有限理性前提下，社会演化面临问题的解决往往得益于动态不断试错的实践，或者说一个适应性学习过程。如果将职业体育的演化实践及其结果看作一种类似文化演化适应生存过程，那么它在西方无疑取得了明显的成效，甚至于可以说它已然树立了标杆。西方职业体育用了百余年的发展演化历程，解释了职业体育是什么，找到了职业体育该如何经营，又需要什么样的运作机制和制度规范体系的答案。如此，作为后发者该如何看待或者适应现有职业体育运行样态（秩序）显然成为问题。

M. 盖尔曼（1997，中译本）认为，演化中的适应至少在三个层次上展开。第一层为直接适应，第二层为涉及图式选择与改变的竞争适应，第三层为经过达尔文式适者生存检验适应。循此思路，似乎很好地回答了上述问题。即对于职业体育局部同质性的规律，我们就要在第一层次上进行解决，现在适应不了的必须加紧适应。如职业体育以盈利为导向、以市场主体市场竞争为手段的运作方式，这些都须直接适应。而对于一些带有异质性的东西，则需要借助图式改变与选择加以适应。相关问题如后备人才培养，北美职业体育联盟依托学校体育的强势基础，而欧洲职业足球则借助自身俱乐部青训体系的"输血"，我国该如何办？显然片面学习西方是不行的，这就需要创新我国职业体育后备人才培养体系，如足球方面甚至可以采取北美和欧洲的结合样式，即校园足球和俱乐部青训体系相结合的样式。事实上，剩余的那部分内容，如何处理最为关键，因为它多带有全局异质性特

---

① 刘业进：《经济演化：探索一般演化范式》，中国社会科学出版社2015年版，第128页。

质，是我们要建立的中国特色职业体育之关键要素，如职业体育管理体制。这部分内容就需要经过检验、在不断试错的适应选择与变异实践中加以确认。

此外，遵循演化一般范式，前文已明确西方职业体育市场秩序形成是动态演化的结果，经历了长期基于特定环境的适应性选择过程，是暂时性的存在样态，没有明晰终点亦无对错之别。而在动态演化思路下，中国职业体育发展演化上，须基于自身特定条件，跳出西方锁定效应，构建自我的理论与实践体系。当然，该体系也是处于动态演化进程之中的。

将演化置于动态的、基于特定环境的运作语境中，则意味着需要特别重视不确定性的现实价值。事实上，自组织理论已然清晰，在动力学中，实践是一个外部参量，熵是与状态相联系的信息。系统在均衡状态时，熵产出最小，最近稳定性，也是最难以维持的；而远离均衡达到一定阈值之状态，往往更为重要，因为新的时空结构产生了，这一结构即为耗散结构。耗散结构是一种由一系列不确定性引致的长期相互作用所引起的、与对称破缺密切关联的长程有序性状态。也即远离平衡状态，不确定性达到一定程度，耗散结构的出现，才会发生演化；而且，耗散结构的演化引致在分支点上大数定律的缺陷。通俗地讲，在系统演化的临界点上，系统面临无穷的可能性，系统选择的状态是随机的。在现实社会演化中，不确定性的存在，使得演化实践的习惯（惯例）、选择、适应、变异（创新）成为可能，也为结构、制度、机制在涌现和自组织或他组织实践运作中被不断复制（模仿）、适应性学习及变异改造搭建平台。由此，跳出传统思维的决定论，服从非线性演化的现实规律，重视不确定性成为必需。而接下来的问题是如何正视与重视不确定性，并将其用于中国职业体育发展实践。

诚如前文所述，化解不确定性是西方职业体育市场秩序演化的基本动力机制，围绕之进行相关组织结构架设、制度规则体系建构和运行机制与治理体系建设，解答了职业体育在特定环境中生产如何运营、市场如何运作与维护、制度与组织如何协同与互动等问题，从而走向有序状态。以制度建设为例，西方职业体育的制度建设即具有历史演化逻辑之特征，是顺应特定社会经济条件的产物，产权制度、交易制度（特别是运动员交易制度）、组织治理制度无一不是如此。事实上，制度是什么？其本质上就是规范社会关系的一套规则。它给出了经济社会运行中人与人之间、人与物之间的可操作的行为规范，从而减少利益损害事件的发生。北美职业体育以联盟为运行组织架构，围绕之建立了一套从运动员资源配置到竞赛产品市场生产，再到产品售后利益分配的制度体系，其目的是减少不确定性。当然，在西方职业体育中，往往存在一个表面上的以追求不确定性为导向的运作逻辑，即强调追求竞赛产品生产环节的竞争平衡，以提升竞赛的观赏度，满足更多人欣赏需求。事实上，这一以竞争平衡为标志的追求不确定性或者说提升不确定性的现象，特别值得提防。因为该现象更多是基于经验性的认识而来，或者说带有经验性认识论的特质，认为只有充满悬念的比赛才能够吸引观众，才能够有市场。如果果真如此，西方各职业俱乐部还如此重视球迷群体培育干什么？又为何曼联俱乐部兴盛阶段恰恰是英超最为赚钱的时期，同样，今天巴塞罗那俱乐部和皇家马德里俱乐部两强争霸局面的西甲更能吸引人呢？问题的关键可能又回到西方职业体育模式的吊诡性上。因为，西方职业体育提供了一个静态的、具有自身特质的样态，而这种样态是经过了漫长演化而来的优势样态，是被理论家处理过的"知识创造"。由是，跳出西方样式的牵引，充分激发与把握不确定性，对于后发的中国职业体育显然意义更为重大。因为，唯有不确定性才能产生演化，也才能给各市场主体以冒险精神发挥的空间，并借由创造性破坏，形成有中国特色职业体育完备体系。

当然，当前中国职业体育面临众多不确定性，并往往被认为是制约职业体育有序发展的风险所在，是需要改革和力图解决的问题，故被广为诟病。事实上，就其根源可能与前期中国职业体育相关制度设置、组织架构及机制选择上的不适当有关。以制度建设为例，从举国体制而来，在运行中广泛依赖政府推动，而又无法消除政府行为的外部性，于是，制度等公共品的建构也就存在排他性，无法真正做到一视同仁。即出现樊纲（2015）提出的，"个人和企业不可以做政府不知道的事，而政府可以任意做它想做的事"；如此，只需遵循"法治的原则：用负面清单管理市场，用正面清单约束政府"即可。另外，遵循演化的观念，后发的尚待完善的中国职业体育，在运作过程中必然经历从混乱、不成熟、不完善走向有序、健康、完备的状态演变历程，期间各种不确定性常态化增加是事物发展演化规律使然。正视和把握这些不确定性，并充分利用之以博弈找寻解决之道，方能形成根基深厚、前景广阔的有中国特色的职业体育运行体系。

　　当然，对于尚待完善与发展中国职业体育发展而言，还有许多尚待解决的现实问题与理论问题，值得进一步思考与探索。本书是基于经济社会学这一研究视角上展开的，其间借用斯密德"状态—结构—绩效"分析范式（SSP 范式）也是更多地考虑到该范式在分析经济与社会互动现象时的特殊功用。不过，以探寻人类行为中涉及经济与社会的关系问题为旨趣的经济社会学，作为一个具有独立分析工具与方法论体系的研究工具，往往将分析主体进行组织化框架，并将环境作为整体外生变量处理。这也使本书研究实践中更多地强调职业体育市场体系（特别是结构体系及其运作体系），而没有将诸如法律、法治等对市场秩序密切相关的要素分割开来进行逐一分析。诚然，任何一个单一视角的研究讨论都无法全方位揭示事物运行发展的本质，本书也不例外。不过，本书基于历史演化路径关注市场如何形成，细致梳理西方职业体育市场秩序的演化历程，找寻其关键的、可识别的且有规律的特质，以为我用，算是在相关研究领域进行了有意义的跨学科研究尝试。

参考文献

一 外文文献

[1] Anderson, J. G. and Gerbing, D. W. , "The Evaluation of Cooperative Performance", *Journal of Business Logistic*, Vol. 19, No. 2, 1999.

[2] Andrew Zimbalist, "Reflections on Salary Shares and Salary Caps", *Journal of Sports Economics*, Vol. 11, No. 1, 2010.

[3] Apostolopoulou, A. , "Brand Extensions by U. S. Professional Sport Teams: Motivations and Keys to Success", *Sport Marketing Quarterly*, Vol. 11, No. 4, 2002.

[4] Cheung, Steven N. S. , "The Contractual Nature of the Firm", *Journal of Law and Economics*, Vol. 26, No. 1, 1983.

[5] Craig R. Coenen, *From Sandlots to The Super Bowl: The National Football League*, 1920 – 1967, Knoxville: University Tennessee Press, 2005.

[6] Daniel S. Mason, "What is the Sports Product and Who Buys It? — The Marketing of Professional Sports leagues", *European Journal of Marketing*, Vol. 33, No. 3/4, 1999.

[7] Ferguson, D. G. , Jones, J. C. H. , LeDressay, A. et al. , "The Pricing of Sport Events: Do Teams Maximize Profits?", *The Journal of Industrial Economics*, Vol. 39, No. 3, 1991.

[8] Fligstein Neil, "Markets as Politics: A Political – Cultural Approach to Market Institutions", *American Sociological Review*, No. 61, 1996.

[9] Fishwick, Nicholas, *English Football and Society* 1910 – 1950, Manchester: Manchester University Press, 1989.

[10] Fort, R. , "European and North American Sports Differences?",

Scottish Journal of Political Economy, No. 47, 2000.

[11] Gulati, R., "Network Location and Learning: The Influence of Network Resources and Firm Capabilities on Alliance Formation", *Strategic Management Journal*, Vol. 20, No. 5, 1999.

[12] Harold Seymour, *Baseball: The Early Years*, London: Oxford University Press, 1960.

[13] Helmut M. Dietl, Egon Franck, Markus Lang and Alexander Rathke, "Salary Cap Regulation in Professional Team Sports", *Contemporary Economic Policy*, Vol. 30, No. 3, 2012.

[14] Helmut M. Dietl, Markus Lang and Stephan Werner, "Social Welfare in Sports Leagues with Profit – Maximizing and/or Win – Maximizing Clubs", *Southern Economic Journal*, Vol. 76, No. 2, 2009.

[15] James Quirk, Rodney Fort, *Pay Dirt: The Business of Professional Team Sports*, New Jersey: Princeton University Press, 1997.

[16] John, Hargreaves, *Sport, Power And Culture— A Social And Historical Analysis of Popular Sports in Britain*, Cambridge: Polity Press, 1987.

[17] Kenneth Arrow, "What has Economics to say about racial discrimination?", *Journal of Economic Perspectives*, Vol. 12, No. 2, 1998.

[18] March, James G., Johan P. Olsen, *Rediscovering Institutions: The Organizational Basis of Politics*, New York: The Free Press, 1989.

[19] North, D., "Economic Performance through Time", *American Economic Review*, Vol. 84, No. 3, 1994.

[20] Pedro Garcia – del – Barrio and Francesc Pujol, "Hidden Monopsony Renta in Winner – Take – All Markets—Sport and Economic Contribution of Spanish soccer Players", *Managerial and Decision Economics*, Vol. 28, No. 1, 2007.

[21] Pedro Garcia – del – Barrio and Stefan Szymanski, "Goal! Profit Maximization Versus Win Maximization in Soccer", *Review of Industrial Organization*, Vol. 34, No. 1, 2009.

［22］Rob Ford and Jmaes Quirk，"Cross – subsidization，Incentives and Outcomes in Professional Sports Leagues"，*Journal of Economic Literature*，Vol. 33，No. 3，1995.

［23］Satoshi Shimizu，"The Creation of Professional Sports Leagues in Japan：A Cultural History of Human Networks"，*The International Journal of the History of Sport*，Vol. 27，No. 3，2010.

［24］Savas，E. S.，*Privatization and Public – Private Partnerships*，New York：Chatham House Publishers，2000.

［25］Ulrich Wassmer，"Alliance Portfolios：A Review and Research Agenda"，*Journal of Management*，Vol. 36，No. 1，2010.

［26］Umberto Lago，Rob Simmons and Sterfan Szymanski，"The Financial Crisis in European Football：A Introduction"，*Journal of Sports Economics*，No. 7，2006.

［27］Whannel，G.，*Fields in Vision：Television Sport and Cultural Transformation*，London：Routledge，1992.

［28］Wray Vamplew，*Pay up and Play the Game：Professional Sport in Britain*，1875 – 1914，Cambridge University Press，1988.

二　中文文献

1. 专著类文献

［1］［美］A. 爱伦·斯密德：《财产、权力和公共选择》，上海人民出版社 1999 年版。

［2］［德］阿多诺：《美学理论》，王柯平译，四川人民出版社 1998 年版。

［3］［英］阿尔弗雷德·诺思·怀特海：《过程与实在：宇宙论研究》，杨富斌译，中国城市出版社 2003 年版。

［4］［法］阿尔弗雷德·瓦尔、皮埃尔·兰弗兰基：《职业足球运动员的生活（1930—1995）》，于虹译，山东画报出版社 2005 年版。

［5］［美］阿兰·斯密德：《制度与行为经济学》，刘璨、吴水荣译，中国人民大学出版社 2004 年版。

［6］［美］阿伦·古特曼：《从仪式到记录：现代体育的本质》，花勇民、钟小鑫、蔡芳乐译，北京体育大学出版社 2012 年版。

［7］［德］埃德加·博登海默：《法理学—法哲学及其方法》，邓正来译，华夏出版社 1987 年版。

［8］［法］埃哈尔·费埃德伯格：《权力与规则：组织行动的动力》，张月等译，格致出版社、上海人民出版社 2008 年版。

［9］［加］埃里克·麦克卢汉、弗兰克·麦克卢汉：《麦克卢汉精粹》，何道宽译，南京大学出版社 2000 年版。

［10］［英］艾瑞克·霍布斯鲍姆：《资本的年代：1848—1875》，张晓华等译，中信出版社 2014 年版。

［11］［英］艾瑞克·霍布斯鲍姆：《极端的年代：1914—1991》，郑明萱译，中信出版社 2014 年版。

［12］［英］安东尼·吉登斯：《现代性的后果》，黄平、刘东、田禾译，译林出版社 2011 年版。

［13］鲍明晓：《中国职业体育评述》，人民体育出版社 2010 年版。

［14］［美］布拉德·汉弗莱斯、［美］丹尼斯·霍华德：《体育经济学》第二卷，赵长杰译，格致出版社、上海人民出版社 2012 年版。

［15］［美］C.E. 林德布鲁姆：《市场体制的秘密》，耿修林译，江苏人民出版社 2002 年版。

［16］［美］查尔斯·霍顿·库利：《社会过程》，洪小良等译，华夏出版社 2000 年版。

［17］［美］查尔斯·沃尔夫：《市场，还是政府：市场、政府失灵真相》，陆俊、谢旭译，重庆出版社 2009 年版。

［18］［日］川岛武宜：《现代化与法》，王志安、渠涛、申政武等译，中国政法大学出版社 1994 年版。

［19］［美］道格拉斯·诺斯：《理解经济变迁过程》，钟正生、邢华、高东明等译，中国人民大学出版社 2013 年版。

［20］［美］丹尼尔·贝尔：《资本主义文化的矛盾》，生活·读书·新知三联书店 1989 年版。

［21］［德］恩格斯：《反杜林论》，韦建桦、顾锦屏译，人民出版社1999 年版。

［22］樊纲：《制度改变中国：制度变革与社会转型》，中信出版社2015 年版。

［23］［德］冯·哈耶克：《哈耶克论文集》，邓正来译，首都经济贸易大学出版社2001 年版。

［24］［美］弗兰克·H. 奈特：《风险、不确定性与利润》，商务印书馆2006 年版。

［25］［美］弗朗西斯·福山：《大分裂——人类本性与社会秩序的重建》，刘榜离等译，中国社会科学出版社2002 年版。

［26］［法］弗朗兹·博厄斯：《人类学与现代生活》，刘莎、谭晓勤、张卓宏等译，华夏出版社1999 年版。

［27］［美］弗雷德里克·詹姆逊：《文化转向》，胡亚敏等译，中国社会科学出版社2000 年版。

［28］［英］弗里德里希·冯·哈耶克：《致命的自负》，冯克利等译，中国社会科学出版社2000 年版。

［29］高宣扬：《当代社会理论》，中国人民大学出版社2010 年版。

［30］葛杨：《经济转型期公有产权制度的演化与解释》，人民出版社2009 年版。

［31］［波］格泽戈尔兹·W. 科勒德克：《从休克到治疗——后社会主义转轨的政治经济》，刘晓勇、应春子等译，上海远东出版社2000 年版。

［32］顾晨光：《中国职业足球俱乐部成长研究——从"新制度经济学"的视角》，北京体育大学出版社2009 年版。

［33］郭劲光：《企业网络的经济社会学研究》，中国社会科学出版社2008 年版。

［34］贺照田：《后发展国家的现代性问题》，吉林人民出版社2002 年版。

［35］［英］亨特·戴维斯：《足球史（1863—2004）》，李军花译，希望出版社2005 年版。

［36］［英］杰西·洛佩兹、约翰·斯科特：《社会结构》，允春喜译，
吉林人民出版社 2007 年版。

［37］姜熙、谭小勇、向会英：《职业体育反垄断理论研究》，法律出
版社 2015 年版。

［38］金观涛、刘青峰：《兴盛与危机——论中国社会超稳定结构》，
法律出版社 2010 年版。

［39］［美］卡尔·波兰尼：《巨变：当代政治与经济的起源》，黄树
民译，社会科学文献出版社 2013 年版。

［40］［美］康拉德·菲利普·科塔克：《文化人类学——欣赏文化差
异》第 14 版，周云水译，中国人民大学出版社 2012 年版。

［41］柯武刚、史漫飞：《制度经济学》，韩朝华译，商务印书馆 2000
年版。

［42］［瑞士］库尔特·多普弗：《经济学的演化基础》，锁凌燕译，
北京大学出版社 2011 年版。

［43］李斌：《商品经济新秩序论》，长春出版社 1989 年版。

［44］李大钊：《史学要论》，时代文艺出版社 2009 年版。

［45］李燕领、王家宏：《我国职业体育的市场准入制度》，北京体育
大学出版社 2014 年版。

［46］厉以宁：《超越市场与超越政府——论道德力量在经济中的作
用》（修订版），经济科学出版社 2009 年版。

［47］刘汉民：《企业理论、公司治理与制度分析》，上海三联书店、
上海人民出版社 2007 年版。

［48］刘业进：《经济演化：探索一般演化范式》，中国社会科学出版
社 2015 年版。

［49］鲁篱：《行业协会经济自治权研究》，法律出版社 2003 年版。

［50］［德］卢曼：《社会的经济》，余瑞先等译，人民出版社 2008
年版。

［51］卢现祥：《西方新制度经济学》，中国发展出版社 2003 年版。

［52］［美］罗伯特·L. 海尔布罗纳、威廉·米尔博格：《经济社会
的起源》，李陈华、许敏兰译，上海人民出版社 2010 年版。

［53］［美］罗伯特·帕特南：《繁荣的社群——社会资本与公共生活》，转引自李惠斌、杨雪冬《社会资本与社会发展》，社会科学文献出版社 2000 年版。

［54］［美］罗兰·罗伯森：《全球化：社会理论和全球文化》，梁光严译，上海人民出版社 2000 年版。

［55］陆学艺：《当代中国社会建设》，社会科学文献出版社 2013 年版。

［56］［美］M. 盖尔曼：《夸克与美洲豹——简单性和复杂性的奇遇》，杨建邺等译，湖南科学技术出版社 1997 年版。

［57］［德］马克斯·韦伯：《经济与社会》第一卷，阎克文译，上海人民出版社 2010 年版。

［58］［美］迈克尔·利兹、彼得·冯·阿尔门：《体育经济学》，杨玉明、蒋建平、王琳予译，清华大学出版社 2003 年版。

［59］［澳］麦克林·赫德·罗杰斯：《现代社会游憩与休闲》，梁春媚译，中国旅游出版社 2015 年版。

［60］［美］曼瑟尔·奥尔森：《集体行动的逻辑》，陈郁等译，格致出版社、上海人民出版社 1995 年版。

［61］［德］N. 卢曼：《社会的经济》，余瑞先等译，人民出版社 2008 年版。

［62］［俄］普里戈金：《从存在到演化》，曾庆宏、严士健、马本堃等译，北京大学出版社 2007 年版。

［63］［美］乔治·J. 施蒂格勒：《产业组织》，王永钦、薛锋译，上海人民出版社 2006 年版。

［64］［美］乔治·麦可林：《传统与超越》，干春松等译，华夏出版社 2000 年版。

［65］［法］让·博德里亚：《消费社会》，刘成富、全志钢译，南京大学出版社 2001 年版。

［66］［法］让－皮埃尔·戈丹：《何为治理》，钟震宇译，社会科学文献出版社 2010 年版。

［67］［美］萨缪·鲍尔斯：《微观经济学：行为、制度和演化》，江

艇等译，中国人民大学出版社 2006 年版。

[68]［美］斯坦利·L. 布鲁：《经济思想史》（第 6 版），焦国华、韩红译，机械工业出版社 2003 年版。

[69]［美］斯梅尔瑟、斯威德伯格：《经济社会学手册》第二版，罗教讲、张永宏译，华夏出版社 2009 年版。

[70] 盛洪：《为什么制度重要》，郑州大学出版社 2004 年版。

[71]［美］史蒂芬·多布森、约翰·戈达德：《足球经济》，樊小平、张继业译，机械工业出版社 2004 年版。

[72] 孙立平：《断裂：20 世纪 90 年代以来的中国社会》，社会科学文献出版社 2003 年版。

[73] 唐娟：《政府治理论》，中国社会科学出版社 2006 年版。

[74]［美］W. 理查德·斯科特、［美］杰拉尔德·F. 戴维斯：《组织理论——理性、自然与开放系统的视角》，高俊山译，中国人民大学出版社 2011 年版。

[75]［法］瓦尔特·本雅明：《巴黎，19 世纪的首都》，刘北成译，商务印书馆 2013 年版。

[76] 汪波：《利益共容体、比较制度优势与制度变迁——区域兴衰中地方政府功能透视》，黑龙江人民出版社 2008 年版。

[77] 王景波：《论我国职业足球俱乐部品牌创建》，北京体育大学出版社 2009 年版。

[78] 王宁：《消费社会学》，社会科学文献出版社 2001 年版。

[79] 王一江：《国家与经济：关于转型中的中国市场经济改革》，张旱平、王义高译，北京大学出版社 2007 年版。

[80]［英］威尔斯：《文明的溪流》，袁杜译，江苏人民出版社 2010 年版。

[81] 邢建国等：《秩序论》，人民出版社 1993 年版。

[82] 徐国栋：《民法基本原则解释》（增删本），中国政法大学出版社 2004 年版。

[83]［英］亚当·斯密：《国民财富的性质和原因的研究》，商务印书馆 1972 年版。

［84］ 杨年松：《职业竞技体育经济分析与制度安排》，经济管理出版社 2006 年版。

［85］ 杨晓猛：《经济秩序的制度理性——以转型国家为例》，经济科学出版社 2007 年版。

［86］ 杨紫烜：《经济法》，北京大学出版社 2006 年版。

［87］ 于良春：《经世济民：经济学的历史、现状与未来》，山东大学出版社 2003 年版。

［88］ 于小千：《管办分离：公共服务管理体制改革研究》，北京理工大学出版社 2011 年版。

［89］ ［澳］约翰·福斯特、J. 斯坦利·梅特卡夫：《演化经济学前沿：竞争、自组织与创新政策》，贾根良等译，高等教育出版社 2005 年版。

［90］ ［英］约翰·洛克：《政府论》，丰俊功译，光明日报出版社 2009 年版。

［91］ ［英］约翰·汤姆林森：《全球化与文化》，郭英剑译，南京大学出版社 2002 年版。

［92］ ［美］约瑟夫·E. 斯蒂格利茨：《社会主义向何处去——经济体制转型的理论与证据》，周立群、韩亮、余文波译，吉林人民出版社 2011 年版。

［93］ ［英］约瑟夫·马奎尔、凯文·扬：《理论诠释：体育与社会》，陆小聪译，重庆大学出版社 2012 年版。

［94］ ［美］约瑟夫·熊彼特：《经济发展理论》，郭武军、吕阳译，华夏出版社 2015 年版。

［95］ ［美］约瑟夫·熊彼特：《资本主义、社会主义与民主》，吴良健译，商务印书馆 1999 年版。

［96］ ［美］詹姆斯·布坎南：《自由、市场与国家》，平新乔等译，上海三联书店 1989 年版。

［97］ ［美］詹姆斯·L. 多蒂、德维特·R. 李：《市场经济——大师们的思考》，林季红等译，江苏人民出版社 2000 年版。

［98］ ［美］詹姆斯·罗尔：《媒介、传播、文化——一个全球性的途

径》，董洪川译，商务印书馆 2005 年版。

［99］［美］詹姆斯·M. 布坎南：《宪法秩序的经济学与伦理学》，朱泱、毕红梅、李广乾译，商务印书馆 2008 年版。

［100］张保华：《职业体育服务业研究》，经济科学出版社 2009 年版。

［101］张保华：《职业体育联盟的特性与治理研究》，广东高等教育出版社 2013 年版。

［102］张亚泽：《利益秩序重构的政治逻辑——改革开放以来的社会利益分化和国家政治建设研究》，中国社会科学出版社 2014 年版。

［103］张叶：《美国证券法》，高等教育出版社 2004 年版。

［104］张维迎：《信息、信任与法律》，三联书店 2006 年版。

［105］张维迎：《市场的逻辑》，上海人民出版社 2010 年版。

［106］张五常：《凭栏集》，社会科学文献出版社 2001 年版。

［107］郑芳：《基于要素分析的职业体育治理结构研究》，浙江大学出版社 2010 年版。

［108］郑志强：《职业体育的组织形态与制度安排》，中国财政经济出版社 2009 年版。

［109］钟秉枢等：《职业体育——理论与实证》，北京体育大学出版社 2006 年版。

2. 论文类文献

［1］［美］巴里·斯玛特：《全球化与体育》，《体育文化导刊》2010 年第 3 期。

［2］鲍明晓：《职业足球的发展逻辑》，《体育科研》2015 年第 4 期。

［3］陈平：《剖析"中国模式"》，《中国国情国力》2014 年第 6 期。

［4］陈元欣、王健：《论我国职业体育俱乐部的企业集团风险投资融资方式》，《上海体育学院学报》2005 年第 1 期。

［5］程竹汝、卫绒娥：《价值·制度·角色——系统论视野中的现代司法结构形态》，《学习与探索》2002 年第 2 期。

［6］丛湖平、郑芳：《我国职业体育制度变迁的方式、路径及相关问

题研究》,《体育科学》2004 年第 3 期。

[7] 董红刚:《自生能力:职业体育发展的逻辑起点》,《武汉体育学院学报》2013 年第 10 期。

[8] 范可:《当代中国的"信任危机"》,《江苏行政学院学报》2013 年第 2 期。

[9] 付子堂、类延村:《诚信的自由诠释与法治规训》,《法学杂志》2013 年第 1 期。

[10] 高超:《西方产权理论在中国经济转轨过程中运用的缺失》,《求索》2004 年第 5 期。

[11] 高树枝:《论产权形成及其演变》,《宁夏社会科学》2002 年第 5 期。

[12] 龚波、陶然成、董众鸣:《举国体制创新与中国足球改革的互动》,《上海体育学院学报》2012 年第 3 期。

[13] 郭冬乐、李越:《市场秩序若干基本理论问题分析》,《浙江树人大学学报》2001 年第 1 期。

[14] 郭旭新:《论经济转型中的秩序——关于可持续发展的制度经济学解释》,《南京社会科学》2007 年第 1 期。

[15] [美] 哈罗德·德姆塞茨:《关于产权的理论》,银温泉译,《经济社会体制比较》1990 年第 6 期。

[16] 黄胜:《职业体育联盟的契约特性与契约选择分析》,《体育学刊》2013 年第 4 期。

[17] 郝勤:《政府在体育发展中的地位与作用》,《体育学刊》2004 年第 2 期。

[18] 洪银兴:《市场秩序的微观基础:契约和产权》,《学术月刊》2006 年第 3 期。

[19] 胡利军、杨远波:《中国职业体育发展研究》,《体育科学》2010 年第 2 期。

[20] 胡小明:《新世纪新体育》,《体育学刊》2000 年第 5 期。

[21] 胡鑫晔:《我国职业体育发展中的利益博弈》,《体育文化导刊》2011 年第 11 期。

［22］纪宝成：《论市场秩序的本质与作用》，《中国人民大学学报》2004 年第 1 期。

［23］金太军、姚虎：《政治逻辑及演化趋势：中国场域的实践》，《天津社会科学》2012 年第 2 期。

［24］［美］卡罗尔·索尔坦、［美］埃里克·尤西拉纳、［美］维吉尼亚·郝夫勒：《新制度主义：制度与社会秩序》，陈雪莲编译，《马克思主义与现实》2003 年第 6 期。

［25］李稻葵：《转型经济中的模糊产权理论》，《经济研究》1995 年第 4 期。

［26］李慧凤、蔡旭昶：《"共同体"概念的演变、应用与公民社会》，《学术月刊》2010 年第 6 期。

［27］李建华、张善炎：《市场秩序、法律秩序、道德秩序》，《哲学动态》2005 年第 4 期。

［28］李江帆、张保华、蔡永茂：《职业体育俱乐部体育竞争与经济收益关系研究》，《体育科学》2010 年第 4 期。

［29］刘金利：《情感营销：中国职业体育的主要营销策略》，《中国体育科技》2006 年第 3 期。

［30］李林林、宋昱、刘东升：《北美职业体育产品设计模式研究》，《体育文化导刊》2013 年第 10 期。

［31］李燕领、王家宏：《职业体育联盟的性质与最佳规模控制——以 NBA 与"英超"为例》，《西安体育学院学报》2013 年第 5 期。

［32］梁伟：《基于资本权力错配与重置的中国足球超级联赛股权管办分离研究》，《体育科学》2003 年第 1 期。

［33］廖年忠、谭洁：《我国社会转型时期体育的价值取向》，《体育学刊》2004 年第 2 期。

［34］林虎勇、刘爽、慎弘范等：《西方国家职业体育的"Sportainment"趋向及其启示》，《沈阳体育学院学报》2014 年第 5 期。

［35］凌平、何正兵：《美国职业体育管理体制初探》，《体育与科学》2003 年第 1 期。

［36］林勇：《论演化产权理论对经典产权理论的继承、批判与拓

展》，《学术月刊》2009 年第 6 期。

[37] 鲁长芬、陈琦：《从当代体育价值观的转变透视新时期体育功能》，《体育学刊》2007 年第 3 期。

[38] 卢现祥：《论西方产权理论运用在中国经济研究中的四大问题》，《贵州财经学院学报》2003 年第 2 期。

[39] 马忠：《权力介入：中国职业足球的"福"与"祸"》，《武汉体育学院学报》2006 年第 6 期。

[40] 孟琦、韩斌：《企业战略联盟自组织演化的协同动力模型构建》，《科技进步与对策》2010 年第 8 期。

[41] 欧亚敏：《对职业运动员流动的经济学分析》，《科技广场》2006 年第 6 期。

[42] 彭贻海：《国外职业体育市场开发的成就及其对竞技体育的影响》，《武汉体育学院学报》2004 年第 3 期。

[43] 佘发勤：《市场经济自由秩序探微》，《财贸研究》2009 年第 3 期。

[44] 沙振权、周飞：《企业网络能力对集群间企业合作绩效的影响研究》，《管理评论》2013 年第 6 期。

[45] 沈本秋：《美国文化全球化的层次结构分析》，《太平洋学报》2010 年第 12 期。

[46] 市场秩序评价体系课题组：《当代中国市场秩序的评价体系》，《教学与研究》1998 年第 1 期。

[47] 石春生、李向阳、方淑芬：《动态联盟组织模式及系统设计》，《管理科学学报》2008 年第 2 期。

[48] 石武、郑芳：《欧美职业体育联盟的比较研究》，《西安体育学院学报》2008 年第 1 期。

[49] 宋继新：《发展职业体育：完善举国体制战略的抉择》，《北京体育大学学报》2012 年第 2 期。

[50] 谭广鑫、胡小明：《以共享运动理念促进我国青少儿足球发展》，《天津体育学院学报》2012 年第 2 期。

[51] 谭世文、潘铁山：《对现阶段我国职业体育联赛管理体制的研

究》，《吉林体育学院学报》2010 年第 6 期。

[52] 唐炎、卢文云：《制约我国竞技体育职业化改革的相关问题探究》，《北京体育大学学报》2010 年第 3 期。

[53] 易鸣：《经济利益共同体的形成条件和制度安排》，《商场现代化》2009 年第 5 期。

[54] 阳艺武：《从"急"到"缓"——中国足球"厚积薄发"的发展思路探讨》，《天津体育学院学报》2012 年第 1 期。

[55] 王建国：《NBA 制衡机制的理论构建》，《上海体育学院学报》2005 年第 3 期。

[56] 王庆伟、王庆锋：《西方职业体育制度变迁的比较研究》，《体育与科学》2006 年第 1 期。

[57] 王庆伟：《我国职业体育联盟理论研究》，《体育科学》2005 年第 5 期。

[58] 王少春、白真、张博等：《中外体育文化相遇的发展格局》，《体育科学》2011 年第 5 期。

[59] 王晓东：《转型经济条件下商品市场秩序问题思考》，《商业经济与管理》2004 年第 6 期。

[60] 王泽普：《经济、政治、道德三种制度力量相互制衡》，《四川师范学院学报》（哲学社会科学版）2003 年第 2 期。

[61] 王琢：《行政制衡与机制制衡——论社会主义市场经济的制衡机制》，《财政》1994 年第 1 期。

[62] 魏成元、刘晓红：《市场经济秩序的本质属性及其启示》，《湖北社会科学》2002 年第 10 期。

[63] 翁建锋：《我国职业足球竞赛市场秩序研究》，《体育文化导刊》2011 年第 5 期。

[64] 巫东浩：《秩序及其数学理论》，《自然辩证法研究》1995 年第 5 期。

[65] 向昀、任健：《西方经济学界外部性理论研究评价》，《经济评论》2002 年第 3 期。

[66] 邢鸿飞、徐金海：《论独立规制机构：制度成因与法理要件》，

《行政法学研究》2008 年第 3 期。

[67] 徐家良：《双重赋权：中国行业协会的基本特征》，《天津行政学院学报》2003 年第 1 期。

[68] 杨桦、任海：《转变体育发展方式由"赶超型"走向"可持续发展型"》，《北京体育大学学报》2013 年第 1 期。

[69] 杨越：《体育强国：未来 10 年中国社会经济发展对体育事业的需求》，《体育科学》2010 年第 3 期。

[70] 易剑东、王会寨：《试论世界职业体育俱乐部兴起的历史背景》，《山西师大体育学院学报》2000 年第 1 期。

[71] 于永慧：《中国职业体育制度改革的动力与路径》，《体育与科学》2013 年第 1 期。

[72] 袁春梅：《我国职业体育利益相关者的利益冲突与协调》，《成都体育学院学报》2008 年第 6 期。

[73] 赵长杰：《北美职业体育经营模式对我国职业体育发展的启示——基于 2008 年奥运会后的分析》，《体育与科学》2011 年第 3 期。

[74] 赵立波：《事业单位管办分离若干重大理论与实践问题研究》，《中共福建省委党校学报》2012 年第 2 期。

[75] 赵凌云：《市场力量的综合分析与理论结论》，《中南财经大学学报》1996 年第 2 期。

[76] 张保华、何文胜、方娅等：《职业体育联盟的生产与经营行为分析》，《体育学刊》2009 年第 11 期。

[77] 张兵：《中外足球俱乐部球队一线球员构成的差异性探讨》，《河北体育学院学报》2005 年第 4 期。

[78] 张兵、周学荣、沈克印：《中国特色职业体育的内涵界定及其阶段特征构想》，《天津体育学院学报》2010 年第 6 期。

[79] 张兵：《论高水平职业联赛对国家队的供应效益——基于第 19 届世界杯足球赛球员来源特征研究》，《沈阳体育学院学报》2011 年第 5 期。

[80] 张兵：《职业体育竞争平衡的经济社会学分析》，《山东体育学

院学报》2012 年第 1 期。

［81］ 张兵：《内源性结构转型：关于我国职业体育缘起与发展实质的判断》，《天津体育学院学报》2013 年第 1 期。

［82］ 张兵：《职业体育市场伦理及其建构》，《上海体育学院学报》2012 年第 2 期。

［83］ 张兵：《过渡经济视域下我国职业体育产权结构形成与改进分析》，《天津体育学院学报》2012 年第 5 期。

［84］ 张兵：《走出政府中心逻辑：我国职业体育管办分离的理论与实践》，《体育与科学》2014 年第 2 期。

［85］ 张剑利、靳厚忠、秦椿林：《论政府对职业体育组织的培育和支持》，《成都体育学院学报》2008 年第 1 期。

［86］ 张林、徐昌豹：《现代职业体育俱乐部的本质与特征》，《上海体育学院学报》2001 年第 3 期。

［87］ 张林、戴健、陈融：《我国职业体育俱乐部运行机制的主要缺陷》，《上海体育学院学报》2001 年第 2 期。

［88］ 张林、戴健、陈融：《我国职业体育俱乐部的形成与发展》，《成都体育学院学报》2001 年第 1 期。

［89］ 张明科：《我国体育市场秩序的本质与作用的理论分析》，《体育与科学》2006 年第 2 期。

［90］ 张文健：《对职业体育联盟组织模式的研究》，《上海体育学院学报》2006 年第 1 期。

［91］ 张文健：《职业体育联盟的组织模式研究》，《上海体育学院学报》2006 年第 1 期。

［92］ 张维迎、柯荣住：《信任及其解释：来自中国的跨省调查分析》，《经济研究》2002 年第 10 期。

［93］ 张月、陆丹：《组织的全新界说与释义》，《中州大学学报》2008 年第 1 期。

［94］ 郑芳：《美国职业体育制度的起源、演化和创新——对中国职业体育制度创新的启示》，《体育科学》2007 年第 2 期。

［95］ 郑芳、杜林颖：《欧美职业体育联盟治理模式的比较研究》，

《体育科学》2009 年第 9 期。

[96] 郑志强：《论职业体育的市场特征》，《西安体育学院学报》2008 年第 6 期。

[97] 郑志强：《交易成本理论视角下职业体育的专用性投资分析》，《北京体育大学学报》2008 年第 11 期。

[98] 郑志强：《职业体育市场交易制度研究》，《西安体育学院学报》2010 年第 1 期。

[99] 周建超：《改革开放以来马克思社会有机体理论研究述评》，《毛泽东邓小平理论研究》2008 年第 11 期。

[100] 周平：《从产业组织理论角度探讨国外职业体育市场的主要特征》，《体育与科学》2005 年第 4 期。

[101] 周业安：《制度演化理论的新发展》，《教学与研究》2004 年第 4 期。

[102] 周雪光：《"关系产权"：产权制度的一个社会学解释》，《社会学研究》2005 年第 2 期。

[103] 庄德水：《政府创新：社会资本视角》，《公共管理学报》2006 年第 2 期。

[104] 卓萍：《基于 SSP 范式的公共组织绩效差异研究》，《厦门理工学院学报》2010 年第 2 期。

[105] 邹吉忠：《论现代社会的秩序问题》，《河北学刊》2002 年第 1 期。

[106] 邹吉忠：《现代制度与自由秩序的形成》，《北方论丛》2002 年第 2 期。

后　记

近年来，以中超为代表的中国职业体育备受关注。职业联赛红火开展，社会资本大肆进入，高水平外援不断进入，观众人数不断增加，经济效益不断提升，似乎迎来了最好的年代。然而这种繁荣并没有消解旧有的中国职业体育问题，诸如运行体制、管理体制等方面的问题依然存在，而且井喷式发展还滋生了诸如球员薪资过高、俱乐部亏损严重等一系列新问题。为何会如此，显然与中国职业体育尚未形成适当的治理体系和良好的市场秩序有关。

事实上，缘起于西方的职业体育，已有百余年发展历程，并形成了较为成熟的运行体系和较为有序的运行样态。从中国职业体育发展角度看，学习西方、借鉴西方带有明显逻辑应然性，然而学习什么？又如何学习，显然需要有所依托。其间，可能市场秩序及其演化就是一个关键变量。于是，逻辑上就需要首先分析什么是市场秩序，职业体育市场秩序又包含哪些关键变量；其次，本着"西学中用"的目的去考察西方职业体育市场秩序是如何一步步演化的，有什么样的规律性和可资借鉴之处；最后，再回到中国实践，解决中国职业体育如何进行市场秩序问题。本书即是基于这样的逻辑思路展开的。

谈及本书，自感存在众多不足。其中最为明显的是相关数据的匮乏，特别是国内职业体育相关市场运营数据的不足，虽然做了众多努力，走访多家俱乐部和数个协会，但无奈都以无果收场，如此不得不转换思路，压缩西方职业体育市场运营相关数据，转而在经济社会学理论范式下进行相关理论研讨以期代之。另外，职业体育市场秩序的建立需要一个前提，这个前提是职业体育综合治理体系的集中效用显现，而且它深嵌于特定社会背景之中，与法律制度、经济模式、市场理念等关系密切，市场秩序就是市场治理综合效应的显现。不过，关于职业体育市场治理问题本身就是一个极其宏大的研究议题，考虑到研究内容的适合度，故没有专门进行讨论，留待后续进一步研究。

另外，本书系笔者主持的国家哲学社会科学基金项目"基于 SSP 范式的西方职业体育巾场秩序演化与中国实践研究"（14DTY033）的研究成果，部分内容已在《体育科学》《天津体育学院学报》《西安体育学院学报》等期刊上发表，或已在"深化体育改革理论研讨会""全国青年体育理论研讨会""体育产业发展高层论坛""职业体育发展研讨会"等学术会议上交流。后续杂事太多，且深陷固有思绪之中，几次尝试修改，都未能成行，仅做简单调整，就急于见人，甚是惶恐。但转念一想，任何鲜活的思想都无法圆满地用文字去表达，且任何文字都带有某种不全面性，作为一个尚属年轻的学人，存在的问题与不足是不可避免的，权当自身学术进阶的见证。

张兵

2017 年 7 月 30 日